雇用契約における
明示条項と黙示条項

志水深雪（龔敏）著

成文堂

はしがき

本書は、イギリス法における雇用契約の発展、とりわけ明示条項と黙示条項の相互作用とその課題を中心に、その法理と課題を検討するものである。

雇用契約は、労働条件の取り決めにとどまらず、使用者と労働者の関係を基盤に信頼や公正を確保し、権利と義務のバランスを構築する法的枠組みである。本書では、イギリス法における雇用契約論の特質を明らかにすることを通じて、日本の雇用契約論に新たな視座を提供することを目指している。

日本の雇用契約論は、労働者保護を強調する一方で、「合意」という契約の基礎的な価値を十分に考慮してこなかった側面がある。これに対し、イギリス法は契約自由と当事者意思の尊重を基本原則とし、特に明示条項によって労使間の権利義務を明確に規定することを重視している。しかし、交渉力の格差や標準書式契約の普及による不均衡の是正を目的に、黙示条項を通じて信頼や公正を補完する仕組みも発展させてきた。イギリス法のこのアプローチは、労使関係の多様性が増す現代において、日本の雇用契約論に新たな方向性を示唆するものである。

本書は、イギリス法における雇用契約の明示条項と黙示条項の相互作用を中心に据えている。特に、黙示的な「相互信頼条項」がどのように形成され、使用者の権利行使を制約しつつ、労使間の信頼関係を構築する役割を担っているのかを分析する。また、イギリス法のこの独自の発展を、日本の雇用契約における課題と照らし合わせ、雇用契約の内容と解釈における新たな可能性を提示する。

本書の構成は以下の通りである。

第 I 編では、イギリス法における雇用契約の歴史的背景と、明示条項および黙示条項の基本的な法理を概観する。

第 II 編では、明示条項が持つ規範的役割とその限界を明らかにする。

第 III 編では、黙示条項、特に相互信頼条項の発展を詳細に検討し、黙示条項が果たす補完的機能とその課題を探る。

第Ⅳ編では、これらの考察を踏まえ、日本の雇用契約論におけるイギリス法の示唆を論じる。

雇用契約は、使用者と労働者間の不均衡な関係を調整し、公平性を確保するうえで重要な仕組みである。本書が、雇用契約における合意、信頼、そして公正という価値を再考するきっかけとなり、雇用契約論のさらなる発展に寄与することを願っている。

本書の内容の一部は、以下の初出論考に基づいている。本書全体にわたって散在的に反映されている場合もあるため、ここでは出典を一括して示すにとどめる。

①「イギリス雇用契約におけるimplied termsの新動向に関する一考察―黙示的相互信頼条項というimplied termを中心に」九大法学第88号（2004年9月）51-137頁

②博士学位請求論文「労働契約上の権利義務構成に関する比較法的考察――中国労働契約論の基礎理論構築のために」

③野田進・野川忍・柳澤武・山下昇編著『解雇と退職の法務』（商事法務、2012年3月）分担執筆（『みなし解雇』の法理――イギリス法からの示唆」275-292頁執筆）

④「イギリスにおける『株主被用者（employee shareholder)』制度の導入」季刊労働法246号247-258頁（2014年秋）

⑤「個別合意による労働法規制の適用除外――イギリス法を手掛かりに」法政研究82巻第2・3合併号（2015年12月）475-502頁

⑥「イギリスにおける労働契約の内容規制」日本労働法学会誌133号（2020年5月）52-67頁

本書の執筆にあたり、多くの方々から支援をいただいた。まずは、本書のために出版助成を認めていただいた久留米大学法学会に深く感謝したい。また、報告の機会を通じていつも刺激的な議論や貴重な研究のインスピレーションを与えてくださるイギリス法研究会および社会法研究会の皆様に謝意を表する。さらに、ケンブリッジ大学在外研究中の指導や、その後のインタビュー調査に快く応じて下さり、イギリス雇用法研究に多大な助力をいただいたCatherine Barnard教授およびSimon Deakin教授に感謝する。加えて、本書の出版に際し、成文堂の飯村晃弘氏には多大なご尽力をいただき、また、司法書士・行政書士すずき事務所の安永尚徳氏には校正作業において助力を賜った。お二人にも厚く御礼申し上げる。

私を研究者の道へ導き、学術的な探求の姿勢を示し続けてくださった恩師、野田進先生に心から感謝申し上げる。先生の一貫した信頼と惜しみないご指導は、学術的な困難に直面するたびに私を支える力となった。先生の導きがなければ、本書の完成は到底成し得なかったであろう。改めて深く感謝の意を表する。最後に、私の人生を支え続けてくれた家族に深く感謝する。天国で見守り続けてくれている母、共に歩み、絶えず励ましてくれる夫。そして、私の誇りであり、日々の喜びをもたらしてくれる長女と長男。彼らの存在が、私に研究をやり遂げる力を与えてくれる。

本書が、雇用契約論に新たな視座をもたらし、さらなる発展への一助となることを願ってやまない。

2024年12月　紅葉に彩られた高良山を望む大学の研究室にて

志水深雪（龔敏）

目　次

第Ⅱ編　明示条項の優位性

第Ⅳ編 「法による黙示条項」の形成規範：苦境と葛藤

序

1. 契約の本質と雇用契約の独自性

1.1 『ヴェニスの商人』[1] が語る契約の本質

契約は、私たちが築く秩序と信頼の礎であり、人間社会の核心にある存在である。その中核的なテーマを鮮やかに描いたのが、シェイクスピアの『ヴェニスの商人』であろう。この物語に登場する「1ポンドの肉」の契約は、契約の法的拘束力が持つ厳格さと、それがもたらす冷酷さを象徴している。友人バッサーニオを助けるため、アントーニオが金貸しシャイロックと交わした契約は、返済が滞れば自らの肉1ポンドを差し出すという非人道的な条件を含むものであった。法の名のもとにそれが正当化される様は、当時の契約社会の冷徹な一面を映し出している。

しかし、物語はそのまま残酷な結末へと進むのではなく、契約の絶対性に揺さぶりをかける瞬間を迎える。法廷の場で、バッサーニオの恋人ポーシャが見せた鋭い洞察は物語の転換点となる。「肉1ポンドの切除は契約で認められているが、血を流すことは契約に含まれていない」と彼女が指摘した瞬間、シャイロックの主張は崩れ去る。契約が形式に従うだけではなく、その背後にある正義と倫理が問われる場面である。この象徴的なシーンは、契約という枠組みが単なる文字通りの解釈ではなく、社会の価値観や公平性といかに結びつくべきかを示している。

このテーマは、現代においても依然として重要な意義を持っている。特に雇用契約[2]は、継続性や属人性、当事者間の交渉力や情報の格差といった他

1）ウィリアム・シェイクスピア（安西徹雄訳）『ヴェニスの商人』（光文社、2007年）。なお、シャイロックがユダヤ人商人であったことの文学史的意味は、ここではもちろん論外に置く。

2）本書は主にイギリスの雇用契約論を研究対象としているため、日本では雇用契約と労働契約を区別する必要があまりないという通説を踏まえ、引用部分を除き、特に説明がない限り、労働契約と同義で「雇用契約」という用語を統一して使用する。

の契約類型とは異なる特徴を持つため、契約の解釈や適用を巡る課題がより顕著である。現代の労働法理論においては、各国間で対応の差異は見られるものの、これらの特性が強調されており、その結果として、雇用契約における契約の自由には一定の修正が加えられ、一方の当事者に特別な保護を与える独自の法理が発展してきた。

例えば、多くの国では、雇用契約に特別な規制を設けることで、一方的な契約内容が労働者に不当な負担を強いることを防ぐ仕組みが整備されている。こうした規制は、単に法的拘束力を維持するためだけではなく、契約そのものが公平性と正義を実現する基盤として機能することを目的としている。

一方、『ヴェニスの商人』に示された契約の絶対性とその解釈の力は、現代の雇用契約にも通じるものである。契約履行の形式が重視される中でも、その内容が社会的正義や倫理的価値と調和することが求められている。この視点こそが、現代社会において契約の意義を考える際に不可欠である。『ヴェニスの商人』が描き出したこのメッセージは、何世紀を経てもなお、私たちの社会に問いを投げかけ続けているのである。

1.2　雇用契約の特殊性――契約法の枠を超えて

契約法の研究領域においても、雇用契約の特殊な関係性に着目する理論が展開されてきた。かつて注目を集めたのが、アメリカの契約法学者 Ian Macneil によって 1970 年代以降に提唱された「関係的契約論」である[3)]。この理論は、契約を一時的な取り決めとして捉える従来の「古典的契約論」に対する批判から発展しており、契約は当事者間の継続的かつ社会的な関係の中で機能するものとした。そして、雇用契約はその典型例として位置づけられた[4)]。さらに、近年では、法的概念ではないものの、人的資源管理の観点か

3）Macneil, I.R.(1974). The many futures of contracts. *Southern California Law Review*, 47 (3), 691-816. Macneil, I.R.(1980). *The new social contract : An inquiry into modern contractual relations.* Yale University Press.

4）日本社会における契約法の問題を関係的契約の視点から考察した重要な著作として、内田貴『契約の時代――日本社会と契約法』（岩波書店、2000 年）がある。イギリス契約法における関係的契約理論の最近の展開について、北井辰弥「イギリス法における関係的契約論の新たな展開」法学新報 129 巻 8・9 号（2023 年）1-36 頁。

ら雇用契約における労働者の黙示的期待への保護を唱える「心理契約」という概念も雇用契約論の中で取り上げられることがある[5)]。これらは、いずれも雇用契約における上記の特殊性に焦点を当てた理論と言える。

日本においても、雇用契約の特殊性という観点から民法と労働法が「一種の絶縁状態」にあると評される状況が長らく続いている[6)]。雇用契約においては、表面的な「合意」と実際の当事者意思との間に大きな乖離が見られることが多く、これにより雇用契約を「契約」として厳密に扱うことの限界が明らかになっている。その結果として、信義則や権利濫用の原則、さらに雇用契約上の付随義務などの「合意外規範」[7)]が、様々な場面で重要な役割を果たしてきたのである[8)]。

2．雇用契約論の進化の岐路：多様な働き方の時代に

一方で、「雇用」そのものも、歴史的な転換期を迎えている。急速に進展するテクノロジー、グローバル化、そして労働市場の流動化が、従来の雇用契約の枠組みを揺るがしつつある。ギグワークやフリーランスといった、組織に所属しない働き方や、時間や場所に縛られない柔軟な働き方が広がりを見せている。かつては就労における「壁」とされていた性別、国籍、年齢、さらには障害や疾病といった要因が、徐々に解消されつつある[9)]。

5）Collins, H., Ewing, K.D., & McColgan, A. (2019), 107-108.これについて、滝原啓允「労働契約の権利・義務――いわゆる付随義務論を中心として」有田謙司・石田信平・長谷川聡編著『労働契約法論』（成文堂、2024年）44-47頁も参照。

6）森田修「労働契約における＜合意の内と外＞――「民法と労働法」の基礎理論のために」『特集　労働契約における合意の外側』法律時報96巻3号（2024年）6頁。同論文では、このことについて、「戦後初期に於いては労働者の保護を『市民法原理』に掣肘されずに行うという政治的選択が作用していた」と指摘する。

7）野田進教授は、労働契約を構成する規範を「合意規範」と「合意外規範」に分類している。合意規範は当事者の主体的意思の合致に基づく規範とされるのに対し、合意外規範は、「合意そのものではないが、合意とともに作用し、合意の効力を補い・強化することにおり労働契約を基礎づける規範」と定義される（野田進「労働契約の多面的機能――労働契約論のフォーマット・チェック」日本労働法学会編『講座労働法の再生第2巻　労働契約の理論』（日本評論社、2017年）7頁以下参照）。なお、本書における「合意外規範」の概念は、上記の定義を参考にしている。

8）『特集　労働契約における合意の外側』法律時報96巻3号（2024年）所収諸論文も参照。

そもそも、雇用契約は時代や社会的背景に応じて常に再解釈され、進化してきた。一定の原則を維持しつつ、社会や組織の変化に応じて修正が加えられる過程は、雇用契約における「概念的適応」(conceptual adaption)[10]として理解できる。法律的、文化的、組織的な規範に適応しながら、雇用契約はその継続性と属人性を背景に、時代の変遷に伴って再調整を余儀なくされているのである。

では、このような時代において、雇用契約論はどのように対応すべきだろうか。多様な働き方や価値観が進む現代では、労働関係の多様性を前提に雇用契約論を構築する必要性がますます高まっている[11]。「合意」の価値は一層重要になり、「合意」外の規範も、各労働者との「合意」と無関係に形成しにくくなる。雇用契約の特殊性や当事者間の格差は否定できないが、それだけで雇用契約の「契約」としての側面が消失するわけではない。「合意」外規範は理論的に重要な進展をもたらした一方で、それが方向性を欠いたまま発展するにつれて、雇用契約の「契約」という側面が薄まり、「合意」の持つ価値が縮小あるいは低下する危険性があるのではないだろうか。本書は、この疑問を中心に据え、この問題提起を出発点としている。

3．日本における雇用契約論の課題

3.1　構造的課題――合意原則と就業規則法理の相克

このような状況において、日本の雇用契約論は一層複雑な課題に直面している。2007年に制定された雇用契約法では、合意原則が明確に強調されている（労契法1条・3条1項・6条・8条・9条）。しかし、この合意原則と根本的に対立するのが、強大な人事権と[12]密接に結びついた就業規則の法理である。使用者が一方的に作成する就業規則は、合理性と周知という要件を満た

9）厚労省「報告書：働き方の未来2035――一人ひとりが輝くために」https://www.mhlw.go.jp/file/06-Seisakujouhou-12600000-Seisakutoukatsukan/0000133449.pdf （最終アクセス日：2024年10月15日）

10）Deakin, S.(2001). The contract of employment：A study in legal evolution. Historical Studies in Industrial Relations, 2, 3.

11）両角道代「配転法理における合意と『合意の外側』――新たなバランスを求めて」『特集　労働契約における合意の外側』法律時報96巻3号（2024年）30頁。

す限り、雇用契約の内容として認められる（労契法7条・9条・10条）。そのため、合意原則と就業規則の間には様々な齟齬が生じ、雇用契約論の解釈が妨げられることがしばしばある[13]。

特に、不利益変更に比べて労働条件の設定においては、就業規則が容易に雇用契約の内容を構成してしまうため、当事者間の個別合意が形成される場面が限られてしまう。その結果、雇用契約論におけるその位置づけが難しくなり、個別合意の形成に関する規範の定立が軽視される傾向が続くことは避けられない。

このような背景を踏まえると、学説において優れた研究が積み重ねられている[14]にもかかわらず、それが判例に反映されることは稀であり、雇用契約における個別合意や当事者の意思の探求は十分とは言えない。したがって、個別合意論の発展はなかなか進まないのが現状である。

3.2　交渉なき契約条項の増加と「自由な意思論」の限界

しかし一方で、近年の労働保護立法が強化される中、その流れに逆行する交渉のない契約条項の増加が顕著となっている。たとえば、有期雇用労働者に関連して、労働契約法18条による無期転換申込権の発生や、同19条に基づく雇止め規制を制限する目的で、「不更新条項」や「更新限度条項」といった就業規則の条項や個別合意が急増している[15]。また、育休から復帰した労

12）「人事権」は、法的に明確な説明が困難で法概念として不要であるとする見解として、野川忍『労働法』（日本評論社、2018年）296頁以下、野川忍「正社員の法的位置――合意型正社員の可能性」野川忍編『労働法制の改革と展望』（日本評論社、2020年）166頁、川口美貴『労働法』〔第8版〕（信山社、2024年）、龔敏「労働契約と人事・雇用管理――一方的決定から労使対話へシフトすべき人事規制法理」前掲・有田ほか編著『労働契約法論』118頁以下。

13）たとえば、奥田香子「労働契約における合意――合意の保護とその射程」『講座労働法の再生第2巻』（日本評論社、2017年）42-43頁は、労契法10条のルールも合意原則の観点から自己矛盾であると指摘する。

14）野田進「労働契約における『合意』」日本労働法学会編『講座21世紀の労働法第4巻　労働契約』（有斐閣、2000年）19-40頁をはじめ、多くの優れた先行研究が存在するが、ここでの列挙は割愛する。

15）日本通運事件・東京高判令和4・11・1労判1281号5頁、日本通運（川崎・雇止め）事件・東京高判令和4・9・14労判1281号14頁など。

働者が契約社員になる旨を合意する事例も、この傾向の典型例である[16]。このような状況において、使用者の意思が強く反映されているにもかかわらず、「個別合意」の仮面をかぶってしまえば、簡単にはその影響を打破することができない。

「不更新条項」などに対して、学説では、公序良俗に反するとの見解も存在する[17]が、その適用にはハードルが高いと言わざるを得ない。これを背景にクローズアップされたのは、最高裁判決が展開した「自由な意思論」である[18]。この理論は、強行法規の適用除外や労働条件の不利益変更に対する労働者の同意の有無については、慎重に判断すべきとの立場から、単にかかる変更を受け入れる旨の労働者の行為だけではなく、「自由な意思に基づいてされたものと認めるに足りる合理的な理由が客観的に存在するか否か」という観点からも判断すべきとしている。このアプローチは、労使間の交渉力や情報格差に着目し、合意の限界を意識したものであり、労働者保護に寄与している点において、学説からも一定の評価を受けている[19]。

しかしながら、更新限度条項・不更新条項に関する最近の裁判例では、こうした「自由な意思論」は最初の契約締結時（労契法 19 条に基づく契約更新への合理的期待が生じる前）から更新上限条項が付された場合には適用されず[20]、契約更新時といった合理的期待が生じた後に上限設定が付された場合にのみ適用される[21]と解しているように読み取れる。そうすると、契約締結時に更新上限を設定すれば、雇用継続への合理的期待を否定する決定的な要素になりうるにもかかわらず、「自由な意思」論による審査すら受けられない。

もっとも、契約締結時のこうした「自由な意思」論に関してはいくつかの

16）ジャパンビジネスラボ事件・東京高判令和元・11・28 労判 1215 号 5 頁。

17）西谷敏『労働法』〔第 3 版〕（日本評論社、2020 年）499 頁など。

18）山梨県民信用組合事件・最 2 小判平成 28・2・19 労判 1136 号 6 頁。

19）例えば、川口美貴「労働契約における合意と自由意思」43-45 頁は、この判断基準を妥当とする立場から、意思表示の効力発生要件と証明責任を整理している。

20）日本通運（川崎）事件・東京高判令和 4・9・14 労判 1281 号 14 頁（同 1 審判決は横浜地川崎地判令和 3・3・30 労判 1255 号 76 頁）。

21）日本通運（東京）事件・東京高判令和 4・11・1 労判 1281 号 5 頁（同 1 審判決は東京地判令和 2・10・1 労判 1236 号 16 頁）。

理論的疑問が残る[22)]。これらの理論的な問題に対する明確な回答がないままでは、「自由な意思論」への丸投げは、様々な法理の展開を妨げる恐れもある。

このように、合意に対する規制が外部からの外枠的なものなのか、あるいは合意の内部からの実質化を図るものなのかが不明確であり、そのため合意の位置づけが曖昧になっている。この曖昧さは、「合意」の位置づけを不安定なものにしており、今後の法理の発展において重要な課題となるであろう。

4．令和6年滋賀県協議会事件最高裁判決がもたらす転機

4.1　職種限定合意と配転命令権の整序

3.1で指摘した日本の雇用契約論における構造的問題では、配転法理がその典型である。配転法理では就業規則の規定と配転実態により、使用者の広範な配転命令権が認められ、勤務地や職種を一方的に変更できることが、雇用社会の実態を追認する形で形成されてきた。

東亜ペイント事件最高裁判決により確立した配転命令に関する判例法理は、雇用契約論による規制（第一段階）と権利濫用法理による規制（第二段階）という二段階アプローチを採用している。しかし、従来の裁判例では、第一段階における雇用契約による規制が、配転命令権の根拠を認めるための「タテマエ」としての印象を払拭できない。その結果、職種限定や勤務地限定は配転命令権の存否を決定する中心的な要素であるにもかかわらず、裁判例は合意の認定に消極的であり、そのため配転命令権が広く認められる傾向にある。

また、限定合意が肯定された場合であっても、「念のため」論として権利濫用法理が持ち出されることがある[23)]。さらに、限定の合意が肯定されたとし

22）まず、労働者の意思表示に「自由な意思」が存在する場合、なぜ強行法規の適用除外という法律効果をもたらすのか。また、合意の認定に際して、労働者にとっての不利益の内容や程度といった合意の実体的要素を考慮しなければならない理由は何か。襲敏「就業規則による労働条件の不利益変更（2）――山梨県民信用組合事件」沼田雅之・浜村彰・細川良・深谷信夫編『労働法における最高裁判例の再検討』（旬報社、2022年）182頁、皆川宏之「労働法における労働者の自由意思と強行規定――民法改正を踏まえて」日本労働法研究雑誌700号（2018年）96頁なども参照。

ても、配転命令権が存在しないはずの場面においても、「特段の事情」を強調する裁判例が存在し[24]、配転命令権を排除できない状況が見受けられる。このように、合意認定に見られる雇用契約規制への怠慢と、それに伴う権利濫用法理の肥大化が顕著であるといえる。

4.2　合意再評価の新たな時代への道筋

しかしながら、2024年6月には、合意に対する再評価を意味する注目すべき最高裁判決が登場した[25]。この事案では、滋賀県社会福祉協議会において福祉用具を製作・改造する技術職として約18年間勤務していた原告労働者が、事前の打診もなく、総務課の施設管理担当への異動を内示され、配転命令の無効を求めて訴訟を提起した。第一審と控訴審は、職種限定の合意が認められたものの、配転命令には解雇を回避する目的があるため、合理的な理由があるとして、一審原告の請求は退けられた。

これに対し、最高裁判決は、職種限定合意が存在する場合には、使用者には、労働者の個別的同意なしに当該合意に反する配転を命ずる権限がないことを明確に示した。この判断は、職種限定合意がある場合に配転命令権が否定されると示した初の最高裁判決であり、重要な意義を持つ[26]。

すなわち、これまで人事権の陰に隠れていた労働者の意思が尊重され、「合意」の意義が改めて重視された点において、本判決は「合意」原則に沿った判断といえる。また、合意に本来認めるべき重みと価値に対する再評価が行われたことは、契約論への回帰という雇用契約論の方向転換のきっかけともなりうる。

23）日本レストランシステム事件・大阪高判平成17・1・25労判890号27頁など。
24）東京海上火災保険事件・東京地判平成19・3・26労判941号33頁。
25）滋賀県社会福祉協議会事件・最2小判令和6・4・26。
26）詳しくは、志水深雪（龔敏）「職種限定合意と配転命令権の存否―滋賀県社会福祉協議会事件」ジュリスト1605号（2025年）98-104頁参照。

5．本書の目的

5.1　イギリス法を検討する意味

本書は、日本における雇用契約論における方向性の調整に向けて、イギリスにおける雇用契約論の展開、とりわけ黙示条項の展開は理論的に有用であると考えている。「合意」に改めて目覚めた日本の雇用契約論と、「合意」やそれに関するコモン・ロー上の厳しいルールに縛られ、葛藤しながら、黙示条項を通じて、公正、信頼、期待への保護といった要素を黙示条項の形を通じて取り入れようとするイギリス法は、まさに日本とは逆の方向からのアプローチに見える。

5.2　契約の自由と当事者意思の尊重——イギリス雇用契約論の特徴

イギリスの雇用契約論は、契約自由と当事者意思の尊重という基本原則に基づいて構築されている。労使が契約内容を自由に決定できるという理念は、特に明示条項において強調され、これにより具体的な権利義務が明確に規定される。たとえば、コモン・ロー上の「口頭証拠排除の原則（parol evidence rule）」[27]により、書面による明示条項が契約内容を最終的に確定し、交渉過程での口頭の了解や黙示の合意は排除される。これによって、契約の安定性と予測可能性が高まり、労使双方にとっての契約履行の確実性が確保されるのである。

しかしながら、契約自由の原則には限界がある。特に、使用者と労働者との間に交渉力の格差が大きい場合、使用者が一方的に不利な条件を押し付けるリスクが生じる。1977年不公正契約条項法（Unfair Contract Terms Act 1977）[28]は契約における不均衡を是正するために導入されたが、雇用契約には限定的にしか適用されないため、明示条項の優位性が過度に強調される危険が残る。

27）第Ⅱ編第3章第1節参照。
28）第Ⅱ編第2章第2節参照。

5.3　明示条項と黙示条項が生む葛藤——イギリス雇用契約における緊張関係

黙示的相互信頼条項(implied term of mutual trust and confidence)[29]は、労使間の信頼を維持し、使用者による権利濫用を防ぐという重要な機能を果たしている。しかし、この条項が黙示条項として展開していることから、理論的にはその根拠をどのように裏付けるか、また明示条項との関係をどう整理するかについて、複雑な問題が生じる。黙示条項は、原則として明示条項に従属するという見解がある一方、相互信頼条項は特定の場面で明示条項に優越し得るため、これらの条項の相互作用には緊張関係が生じる。このため、契約自由を尊重しつつ、黙示的義務をどのように解釈し適用すべきかが、イギリス雇用法における重要な論点となっている。

どの国においても契約自由と労働者保護のバランスは重要な課題であるが、イギリスでは特に、契約自由と当事者意思の尊重が強調されているため、その緊張関係が際立っている。使用者と労働者の交渉力に大きな差がある中で、明示条項が過度に優位に立ちやすく、労働者に不利益をもたらすリスクが高まる。特に、書面労働条件通知書の交付義務が強化されたことにより、標準書式契約の利用が増加し、労働者が一方的な条件を受け入れる状況が広がっている。このような状況に対応するため、不公正解雇に関する制定法上の権利が拡充される一方、相互信頼条項をはじめとする「法による黙示条項」も大きく発展してきた。

第Ⅲ編で検討するように、コモン・ロー上、「事実による黙示条項」については明示条項が優先される立場が一般的であるが、「法による黙示条項」は、明示条項による権限行使を制約し得る。特に、相互信頼条項は、使用者が労働者に対して合理的な理由なしに信頼を損なう行為を行わないようにする役割を担っている。とはいえ、黙示条項は契約全体において明示条項と矛盾しない範囲で適用されるため、両者のバランスが法的な争点となることは少な

29) この黙示条項は、判例において「使用者は、合理的な理由なしに使用者と被用者の間の信頼関係を損なったり破壊するような行動をしてはならない」としばしば示されるが、この義務は使用者だけでなく被用者にも課されるものと解されている。本条項は、第Ⅲ編で検討する「法による黙示条項」の中核を成すものであり、その詳細については第Ⅲ編第4章を参照されたい。

くない。この葛藤は、イギリスにおいて特に際立った法的課題であり、今後の展開にも注目すべきである。

5.4　本書の目的

本書は、主にイングランド法・ウェールズ法（以下、「イギリス法」）における雇用契約の明示条項の優位性と黙示条項の推定手法を検討の素材とし、明示的合意の限界、黙示的義務の構成原理、およびその相関関係に関する雇用契約論上の課題について、示唆を得ることを目的とする。

イギリス法では、判例法体系のもとで、全ての契約は明示条項と黙示条項によって構成されると解されている。契約法一般において、明確に合意された明示条項だけでなく、慣行や制定法から黙示条項を推定する手法が多くみられる。契約が書面で作成され、全ての事項がまんべんなく明記されているような場合でも、注意深く検討すると、明示条項だけでなく黙示条項が含まれると判断されることが多い。少なくとも契約の一部が口頭でなされた場合、黙示条項が占める割合が高くなる可能性がより高い。したがって、契約内容や契約違反行為を特定するためには、黙示条項に対する理解が不可欠である。

次に、本書では、まず雇用契約における明示条項の役割とその限界を出発点とし、考察を進める。明示条項が契約内容を明確化し、当事者間の予測可能性を確保するという基本的な機能を果たす一方で、現代の複雑かつ多様な雇用関係において、標準書式契約の広がりにより、条項が標準化されやすく、これに対する画一的な規制では十分に対応できないリスクが存在することを指摘する。その上で、明示条項を補完し、時にはそれを超越する黙示条項や黙示義務の内容と概念を整理し、新たな雇用契約解釈の規範形成を試みる。

本書の目的は、この分析を通じて、雇用契約における合意形成の意義を見直し、今後の具体的な方向性を示すことである。多様化する労働環境に対応した柔軟でバランスの取れた雇用契約の在り方を模索しながら、これまで十分に注目されてこなかった視点や新たな示唆を提供することを目指している。

6．本書の構成

本書は、次のように構成される。

第Ⅰ編は、イギリスにおける雇用契約の概念をめぐる歴史的発展を踏まえ、契約法理における明示条項と黙示条項の関係、黙示条項を推定（imply）することの規範的根拠を検討し、雇用契約における黙示条項の特質と類型を概観する。

第Ⅱ編では、雇用契約における明示条項の優位性が一元化規制の下でどのように実現されているかを法理の実情に即して描く。

第Ⅲ編では、黙示条項の中でも当事者の合意に直接関連しない「法による黙示条項」について検討し、その中核的な概念である相互信頼条項を徹底的に分析する。特に、相互信頼条項を中心とする「法による黙示条項」が持つ複雑な側面（明示条項の解釈的規範形成の一環としての側面と、創設的規範形成としての側面の双方を併せ持つ点）に焦点を当てる。

第Ⅳ編は、こうした複雑な「法による黙示条項」の性格と形成規範に関する学説上の議論を中心に、黙示条項の形成規範として重要と思われる要素を指摘する。その上で、結論部分において、イギリスにおける雇用契約条項の整序と解釈の特徴をまとめ、日本法への示唆を求めたい。

第Ⅰ編　予備的考察
：雇用契約における黙示条項の推定

第1章　イギリスにおける雇用契約論の歴史と現代的展開

第1節　雇用契約の歴史的変遷：イギリス社会の影響と進化

1．概　説

イギリスにおける18世紀以前の労働形態は、封建的身分契約の色彩が濃く、主従関係モデルに基づくものであった。この関係を前提として、産業革命が始まった18世紀半ば頃に主従法[1)]が制定された。その後、20世紀初頭の労働組合や労働運動の発展により、いわゆる「集団的自由放任主義（collective laissez-faire）」を特徴とする労働法制[2)]の下では、労働者の権利擁護の役割は労働組合に大いに担われていた。第2次世界大戦後に、イギリスは「福祉国家」の体制を確立し、多くの労働立法により労働者の権利が強化された。こうした20世紀の社会立法と団体交渉の結果として、19世紀の主従関係モデルは、現代の雇用契約に取って代わられた[3)]といえる。

ところが、20世紀後半から、雇用契約の個別化が急速に進んだ。雇用契約をめぐる法制度は、柔軟性と規制緩和を重視する方向へとシフトし、1980年代以降には非正規雇用が著しく広がった。一方、差別、労働時間規制、安全衛生等の分野では、EU法からの影響が大きく、多くの労働立法が現れた。

1）The Master and Servant Act.

2）オットー・カーン＝フロイントは、イギリスの労働法を自発主義、棄権主義の集団的自由放任主義と評価した。Kahn-Freund, O.(1972). Industrial Relations and the Law in the 20th Century.“Stevens & Sons. 集団的自由放任の規範原理の弱点を指摘する見解として、Dukes, R.(2009). Otto Kahn-Freund and Collective Laissez-Faire：An Edifice Without a Keystone? The Modern Law Review 72(2)220-246. European Economics：Labor & Social Conditions eJournal.

3）Deakin, S.(2001). Contract of employment：A study in legal evolution. *Historical Studies in Industrial Relations*, 1, 1-36.

雇用契約は、コモン・ロー上の原則とこれらの制定法の狭間で揺れながら、新たな解釈規範を生み出す傾向も見られた。この傾向は、2020年のEU離脱後も続いている。さらに、近年では、ギグ・エコノミー等が急速に発展し、伝統的な雇用概念そのものが疑問視されることになった。ゼロ時間契約やフレキシブル・ワーキングといった様々な意味を持つ「柔軟な」働き方が拡大した。これら新たな契約形態や働き方の形態は、雇用契約の概念、範囲だけではなく、雇用契約の解釈の在り方にも多くの課題をもたらしている。

2．労働形態と規制の変遷[4)]

多くの国では、現代の雇用契約を論じる際に17世紀や18世紀の法制度まで遡ることはあまりない。しかし、イギリスの近代雇用法は、封建的な労働制度から産業革命期の契約ベースの雇用制度への移行過程で形成されており、その歴史的背景が現代の雇用関係に深く影響を及ぼしている。この歴史的経緯を理解することは、イギリスの雇用契約法の発展を正確に捉えるために不可欠である。特に、18世紀から19世紀にかけて制定された「主従法」（Master and Servant Acts）は、労働者と雇用主の関係を規定し、契約社会への移行を象徴するものであり、現代の雇用法の基盤となっている。ここでは、主従法の成り立ちを理解するために、その起源を示す封建時代の労働関係についても簡潔に触れることとする。

2.1　封建時代の労働関係：主従制度の起源

19世紀に入るまでの代表的な雇用形態の就業者として、①地主の屋敷で働くサーバント（servant）や労働者（laborers）、②住居、土地の使用権などの生活保障を受けながら、貴族の土地で働く農業労働者、③ギルト規則の下で働く技能労働者や徒弟等が存在していた。これら初期の雇用形態は、個人間の主従関係や地域の慣習、社会階層に基づくもので[5)]、近代的な契約関係とは異なり、階層的な社会構造に根ざした封建契約的な性格を持っていた。ま

4）Deakin, S.(2001), 6-7.

た、当時の雇用契約の規制として、1349年の「労働者規制法」(Ordinance of Labourers 1349) により形成された「就労強制・移動の制限・契約履行の強制」という枠組は、1563年に制定されたエリザベス「職人規制法」(Statute of Artificers 1563) においても基本的に踏襲されていた[6)]。

2.2　産業革命と「主従法」の影響

18世紀後半から19世紀半ばにかけての産業革命期において、社会の就労実態は小規模な職人労働から大規模な工場労働へと急激に移行した。この変化に伴い、労働者は過酷で危険な環境で働くことを余儀なくされ、雇用主による管理と支配が強化された。労働組合の結成や活動も経営者によって強く抑圧され[7)]、労働者に対する法的保護や雇用の安定は著しく限定されていた[8)]。このような状況は、階級間の経済格差を拡大し、社会的・政治的な不満を増幅させ、労働運動の広がりを促す要因となった[9)]。

この時期、労働者と雇用主の関係を規制するために制定されたのが「主従

5）たとえば、中世のイギリスに存在していた貴族・領主 (lords) とその家臣・農民 (their vassals or serfs) 間の封建的取り決め (Feudal Agreements) は、農民は貴族の土地で働き、その対価として住居、保護と土地の使用権を得るという相互義務に基づいたものである。

6）石田眞『近代雇用契約法の形成』(日本評論社、1994年) 28頁、小宮文人「中世イングランドにおける労働立法の一考察」専修法学論集第130号 (2017年) 216頁以下等。また、近代イギリスにおいて職人規制法や主従法などの制定法と対比されるコモン・ロー上の雇用契約法につき、契約の自由が妥当する範囲について検討した研究として、向田正巳「イギリス近代契約法におけるコモン・ロー上の雇用契約法について――特に農業労働の場合についての考察」滝沢昌彦ほか編『社会の多様化と私法の展開：小野秀誠先生古稀記念論文集』(法律文化社、2024年)、向田正巳「イギリス近代契約法におけるコモン・ロー上の雇用契約法について――農業以外の産業の場合について」駒澤法学23巻2・3・4号 (2024年) 49頁。

7）例えば、1799年と1800年の組合法は労働者が労働組合を結成することを禁止しているため、団体交渉の実現が極めて困難であった。

8）1833年工場法、1842年鉱山法など。

9）1790年から1830年の間に「労働者階級」が形成され、階級意識が芽生えた。この期間には人口の急増、産業革命、政治的反動が同時に起こり、労働者たちは団結し、自らの利益を守るために集団的な社会的役割を果たすように促されたと指摘されている。Thompson, E.P.(2013). *The making of the English working class* (Penguin Modern Classics). Penguin Classics. 参照。

法」(Master and Servant Acts) である。これらの法律は、労働者 (サーバント) と雇用主 (マスター) との間に明確なヒエラルキーを構築し、雇用主の権威を強化することを主な目的としていた。主従法は、労働者に対する保護をほとんど提供せず、むしろ職場規律の維持と雇用主の権限強化に重点を置いていたため、労働者が雇用主の命令に従わない場合には、契約違反として起訴され、罰金や禁固刑などの刑事罰が科される可能性があった[10)]。

主従法の下では、雇用契約には雇用主と労働者双方の義務が含まれていたが、実際には労働者に対し職務の忠実な遂行や雇用主の命令への従順を義務付ける内容が多く、労働者の権利は大きく制限されていた[11)]。当時のコモン・ロー裁判所もまた、主従法の影響を受け、雇用契約において相互の権利・義務を平等に考慮する枠組みは形成することはなかった[12)]。このような背景のもと、1823 年に最初に制定された主従法は、産業革命期における厳しい労働規制の中心的な法制度となった。

しかし、産業構造の変化や労働者の権利意識の高まりとともに、主従法の厳格な規定は次第に批判の的となった。特に、契約違反に対して刑事罰を課すという制度は、労働者の自由を著しく制限するものと見なされるようになったため、雇用契約違反を刑事ではなく民事問題として扱うべきとの考えが広まった。結果として、1875 年に主従法は廃止され、労働者に対する刑事罰の適用は終焉を迎えた。

2.3　近代福祉国家の台頭と雇用契約規制の萌芽

20 世紀初頭から、労働者がより良い条件を求めて組織化し、労働者の権利を擁護する労働組合が発展しはじめた。やがて労働運動が勢いを増し、社会

10) こうした主従法の特徴は、当時の経済状況や社会全体の考え方を反映しており、工場生産を維持するため、規律に従って働く従順な労働力の確保が最優先事項にあったといえる。

11) 例えば、安定した労働力を維持することを目的として、労働者が使用者の同意なしに離職する自由を制限する条項がしばしば含まれていた。

12) Deakin, S., & Wilkinson, F.(2005). *The law of the labour market : Industrialization, employment and legal evolution.* Oxford University Press. pp.71-74. 石田・前掲「イギリスにおける雇用関係の『契約化』と雇用契約の起源」272 頁。

の考え方が変化するにつれて、労働者により多くの権利と保護を与えるための新しい法律が制定され、近代的な労働法と雇用基準の発展につながった。

イギリスの社会福祉や最低賃金制度において、1909年賃金委員会法（Trade Boards Act 1909）や1911年国民保険法（National Insurance Act 1911）及びその前身である1909年国民保険法が、その基礎を築いた法律であると言われる[13)]。

まず、1909年産業委員会法は、労働条件の改善、労働者の権利保護や産業の規制、コーポレート・ガバナンス（企業統治）の強化に重点を置き、当時の社会的・経済的課題に対する政府の介入を強化した。具体的には、より効率的な労働市場の形成を促進するために、政府が運営する職業紹介所を設立することを定めるほか、「賃金委員会」（trade board）を再編し、低賃金や劣悪な労働条件が蔓延していた特定の産業において、最低賃金を定め、労働条件を規制する権限を与えるなど、同委員会の機能を拡大させた。

次に、1909年国民保険法は、労働者とその家族を病気や失業による経済的影響から保護するため、社会保険制度の確立を目指して制定された。同法は、疾病給付、失業給付、出産給付などのセーフティネットを通じて、国民の福祉に対する国家の責任を明確にする転換点となった。さらに、1911年の国民保険法は、1909年法で導入された制度の適用範囲を強化・拡大し、制度の履行・監督機関を確立した[14)]。

2.4　戦後の福祉国家と雇用規制の強化

第2次世界大戦中から、イギリスは、福祉国家の確立を目指して、労働者の権利を拡大し、不当解雇や差別に対処する法律を次々と制定した。

まず、1942年に、政府の委託で作成されたベヴァリッジ報告書（Beveridge

13）これらの法律は、いずれもハーバート・アスキス首相とデイヴィッド・ロイド・ジョージ財務大臣が率いる自由党政権の下で行われた幅広い改革の一環として制定されたものであった。

14）同法は、世界初の強制失業保険制度として知られており、イギリスにおける近代的福祉国家の形成に重要な貢献をした。Hellwig, T.(2005). The Origins of Unemployment Insurance in Britain. Social Science History, 29, 107-136.

Report (1942)）は、福祉国家の理念を唱え、貧困、病気、無知、不潔、失業といった「5つの巨人」[15]と闘うための社会保険制度を提案し、包括的な社会保障制度の基盤を築いた[16]。

次に、戦後は、完全雇用を目指し、雇用創出と労働市場の安定を促進する政策を続々と打ち出した。この時期には、労働組合は、組織化が進んだことを背景に、雇用権や賃金などの労働条件の改善に重要な役割を果たした。1963年に、最初の雇用契約法（Contracts of Employment Act 1963）が施行され、書面での労働条件明示と解雇予告が使用者に義務付けられた。同一賃金・差別禁止法の分野では、男女同一賃金の実現を目指す1970年均等法（Equal Pay Act 1970）、性差別全般を取り扱う1975年性差別禁止法（Sex Discrimination Act 1975）のほか、人種差別や障害差別など、さまざまな理由による差別に対処する法律が制定された。また、解雇通知期間、不当解雇規制など労働者に多くの権利を与えた1996年雇用権法、法定最低賃金を導入した1998年全国最低賃金法も成立した[17]。

このように、第2次世界大戦後のイギリスでは、より公平な社会の実現を目指し、福祉国家の確立と雇用権の推進を目的とする社会政策や立法の改革が行われた。その結果、社会保障に基づくセーフティネットが構築されたとともに、立法と労働組合による団体交渉により、職場環境が改善され、労働者の権利も強化された。

これらの改革は職場や社会の意識にも影響を与え、社会福祉と職場における平等の重要性が強調された。その結果、雇用契約は、これらの法的保護や労働協約の基準に基づき、賃金や労働条件などの内容が統一的に規定される

15）"Five Giants" of want, disease, ignorance, squalor, and idleness.

16）ベヴァリッジ報告書に基づいて、1946年に制定された国民保険法は、失業、疾病、出産、退職に対する給付を定め、さらに、同年に国民保健サービス（NHS）法も制定され、NHSが国民皆保険制度を提供する機関として設立された。

17）イギリスの最低賃金制度について、神吉知郁子『最低賃金と最低生活保障の法規制――日英仏の比較法的研究』（信山社、2011年）、藤井直子「イギリス全国最低賃金法の研究――「全国一律額」方式の実現――」日本労働法学会誌133号（2020年）244-258頁、菊池章博「イギリスにおける全国最低賃金法（National Minimum Wage Act 1998）の目的と性格――『社会的賃金』を分析概念として――」季刊労働法286号（2024年）145-154頁等を参照。

ことが増え、標準化が進んだ。

2.5　規制緩和と雇用契約の個別化：20 世紀終盤以降の変革

①　サッチャー政権と雇用契約の自由化

しかし、1979 年から 1990 年まで続いたサッチャー政権は、1984 年労働組合法をはじめとする一連の法律を通じて労働組合の影響力を弱め[18]、市場原理を重視した経済政策と雇用市場の柔軟性を促進する一連の改革を進めた。こうした改革には、経済における国家の役割を縮小し、賃金・労働条件の決定において市場原理の役割を強調することも含まれた。その一環として、雇用契約に関しては、労働協約ではなく、個別雇用契約への移行を奨励し、採用と解雇に関する雇用主の裁量権を拡大した。なお、公共部門の被用者についても民営化により数を削減し、仕事量や雇用保障等の労働条件を悪化させた。これらの政策は、経済効率と柔軟性の促進を意図したものであったが、一部の労働者の雇用不安の増大にもつながり、所得格差と労働者の権利に関する議論を活発化させた。他方で、立法目的・内容と現実の運用との間には大きな隔たりがあったため、多くの側面において、労働者に具体的な利益をもたらすことができなかったことも指摘されている[19]。

②　フレキシビリティとセキュリティの緊張

労働市場の柔軟性を維持し、団体交渉よりも個別雇用契約を促進させる労働政策は、サッチャー政権以降も、特に保守党政権下で継続した。また、国有産業の民営化と公共部門の雇用削減の傾向も続き、鉄道、公益事業、医療などの部門の労使関係に影響を与えた。

その後、1997 年から 2010 年まで続いた新労働党政権は、経済の柔軟性を維持しつつ、労働者権利を強化する必要性を認め、労使の利益のバランスを

18）たとえば、組合はストライキを呼びかける前に無記名郵便投票を実施することが義務付けられ、一定の賛成を得た場合にのみ争議行為を行うことが許されていた。また、職場における労働組合の影響力を低下させる政策を導入した

19）Ferdosi, M.(2021). The Development of Employment Protection Legislation in the United Kingdom (1963-2013). Labor History, 62 (4), 511-531.

図った。具体的には、トニー・ブレア政権が1999年に低所得労働者の保護を目的として、全国最低賃金を制定した。これは、それまでの保守党政権の自由放任的政策とは一線を画するものであった。また、1999年雇用関係法は、労働者の過半数が支持する組合承認の権利など労働者の新たな権利を導入した。さらに、不当解雇に対する保護、出産・育児休暇の改善、労働時間の制限を定め休憩を確保する労働時間規制の導入など、労働者の権利を拡大した。しかし、全体的な傾向としては、新労働党政権の下でも、集団的権利が重視されず、労働関係の個別化の方向性は変わっていなかった。

2010年以降、イギリス政府は給与凍結、年金改革、公共部門雇用のさらなる削減など、公共部門労働者に影響を与える緊縮策を実施した。また、デービッド・キャメロン率いる保守党政権は2016年労働組合法を導入し、ストライキ投票の基準値を引き上げるなど、労働争議に厳しい要件を課した。この法律は、労働組合の力をさらに制限するものとみなされた[20]。

このように、サッチャー政権後の労働政策は、労働市場の柔軟性の維持と労働者の適切な保護の確保との間の緊張関係によって特徴付けられる[21]。

2.6　進化を求められる雇用契約論：新たな挑戦と課題

2.6.1　ギグ・エコノミーの挑戦：雇用概念の再考

イギリスの制定法では、労働法の人的適用対象として、被用者（employee）と労働者（worker）の２つの概念が既に存在している。被用者は制定法上の多くの権利が適用される「前提」となるが、労働者は最低賃金規制や労働時間規制など[22]、基本的保護を与えるために設けられた、より広い概念とされ

20）同法の詳細については、鈴木隆「イギリス2016年労働組合法の成立」季刊労働法255号140-149頁、龔敏「イギリスの労働組合と労使関係」野川忍ほか編『労働組合の基礎―働く人の未来をつくる』（日本評論社、2021年）311頁以下。

21）EU各国の労働政策で重要な概念として論じられてきた「フレキシキュリティ（flexicurity）」（柔軟性を意味するflexibilityと安定・保障を意味するsecurityを併せた造語であり、労働市場の柔軟性と労働者の権利保障を両立させる政策を意味する）については、Wilthagen, T., & Tros, F.(2004). The concept of ‘flexicurity’：A new approach to regulating employment and labour markets. Transfer：European Review of Labour and Research, 10(2), 166-186. など。

る[23]。しかし、近年の雇用形態の多様化により、個人請負などのグレーゾーンに属する層が増加し[24]、両者及び自営業者との区分は必ずしも明確ではなくなっている[25]。また、本書第Ⅱ編第1章第2節で検討する「株主被用者」は、「被用者」と「労働者」の中間的な概念として位置付けられているが、その後制度が後退した。このように、「被用者」と「労働者」の区分が曖昧になる中で、雇用形態の多様化が進行している。

特に近年のギグ・エコノミーの台頭により、オンライン・プラットフォームを通じて働く人が増え、雇用形態と就労者の権利に関する問題が注目されるようになった。たとえば、いわゆるゼロ時間契約（Zero-hour contract）[26]や

22）1998年全国最低賃金法（National Minimum Wage Act 1998）、1998年労働時間規則（The Working Time Regulations 1998）。

23）被用者とは、「雇用契約に基づいて働く」ものであり、雇用契約とは、「雇用契約ないし徒弟契約」である（1996年雇用権法230条1項、2項）。労働者とは、「①雇用契約に基づいて働く者、または②これ以外の契約であり、当該個人が、自ら行う専門的または商業事業の依頼人や顧客の地位にない契約の他方当事者に対して、自分自身で労務やサービスを提供すること」を明示的または黙示的に約する契約に基づいて働く者である（1996年雇用権法230条3項）。

24）イギリスにおける個人請負等の保護状況について、内藤忍「イギリスにおける個人請負・業務委託型就業者（the self-employed）の保護の現状」季労241号（2013年夏号）80頁。また、イギリスの派遣就業をめぐる法規制について、神吉知郁子「イギリスの派遣就業をめぐる法規制」小西康之［ほか］『働き方と雇用における参入・展開・退出の法的課題』（労働問題リサーチセンター、2016年）を参照。

25）イギリスにおける労働者概念について、國武英夫「イギリスにおける労働法の適用対象とその規制手法」日本労働法学会誌108号（2006）184頁、岩永昌晃「イギリスにおける労働法の適用対象」日本労働法学会誌110号（2007）192頁、有田謙司「イギリス労働組合法制史における『労働者（workmen）』概念の形成」季労237号（2012）132頁、新屋敷恵美子「イギリス労働法における労働者概念――労働者概念における契約の要素と契約外的要素――」山口経済学雑誌61巻4・5号（2013）99頁、長谷川聡「イギリスにおける差別禁止法と労働法の人的適用範囲」季労241号（2013年夏号）71頁等を参照。

26）ゼロ時間契約とは、雇用主が労働者に最低限の労働時間を提供する義務も、労働者が提示された労働時間を受け入れる義務も負わない契約を指す。このような契約は、雇用者と労働者の双方に柔軟性をもたらすが、雇用の安定性や労働者の権利への影響から、論争の的となっている。ゼロ時間契約の労働者は、全国最低賃金（NMW）または全国生活賃金（NLW）、休日手当、違法な差別からの保護、法定傷病手当（資格要件を満たす場合）、安全衛生規則に基づく権利を持つ。また、かつて、一部のゼロ時間契約において、労働時間が提示されていない場合でも、他の雇用主の下で働くことを禁止する条項が存在していたが、このような兼業禁止条項は2015年に禁止された。

ギグ・エコノミー（Gig Economy）で働いている場合、ローリング契約（rolling contract）[27]、ペリパテティック（peripatetic）[28]、ロカム（locum）[29]契約の場合、その判断が難しい。

こうしたなかで、2017年に出されたテイラー報告書（Taylor Review）は、雇用の定義を明確にし、不安定な仕事に従事する労働者の保護を強化する必要性を強調したが、立法に結実するには至らなかった。その後、Uber事案の最高裁判決は、ウーバーのドライバーを労働者と判断し、最低賃金、有給休暇などの雇用法上の権利を認めたが、ウーバーのドライバー以外のプラットフォームワーカーに関する問題はなお残っている。ギグ・エコノミーの発展は、もともと雇用上地位の類型が細かく、判断が複雑であるイギリスにおいて、伝統的な雇用概念に疑問を投げかけ、労働者の分類や権利をめぐる議論を引き起こしている[30]。こうした形式上従来の意味での雇用によらない労働への対応が問われている。

2.6.2　柔軟な働き方の普及と課題

次に、柔軟な働き方（flexible working）[31]を請求する権利がすべての被用者に保障されていることも、雇用契約の内容規制に新たな課題を提起している。2014年までは、子育てや介護の責任を負う労働者のみが柔軟な働き方を

27）契約当事者のいずれかが契約終了をしないかぎり、自動的に更新される有期契約を指す。

28）職場を固定せず、さまざまな場所で働く人を指す。

29）ロカム・テネンス（locum tenens）の略で、ラテン語で“場所を確保する”という意味である。たとえば、常勤の医師などが休暇、病気やその他の理由で欠勤する場合、その代わりを一時的に務める医者がロカムである。

30）この問題については、國武英生「シェアリング・エコノミーと雇用関係――アメリカとイギリスにおけるUber訴訟をめぐる覚書」季刊労働法257号（2017年）139-154頁、滝原啓允「イギリスにおけるクラウドワークの進展と労働法の課題：：Uber型を念頭とした「労働者（worker）」概念に関する立法論とその焦点」季刊労働法260号（2018年）112-126頁、石田信平「クラウドワーカーの労働者性と労働者の脆弱性を起点として目的論解釈：イギリスUber事件最高裁判決」季刊労働法274号（2021年）170-194頁、石田信平ほか『デジタルプラットフォームと労働法――労働者概念の生成と展開』（東京大学出版会、2022年）103-182頁等を参照。

31）柔軟な働き方とは、日本におけるフレックスタイム制や在宅勤務など、従業員の多様なニーズに合わせた働き方のことをいう。

申請する権利を有していたが、2014年以降、同一の雇用主のもとで26週間以上継続勤務したすべての被用者が、柔軟な働き方を求める法的権利を持つようになった。さらに、2024年４月からは「26週間」の資格要件が撤廃され、出勤初日から柔軟な働き方を申請する権利が認められ、１年間に申請できる回数も２回に増加するなど、権利の拡大が実現している[32)]。

被用者は、雇用主が柔軟な働き方申請への対応に関する法定義務を遵守しない場合、または申請の拒否が誤った事実に基づいていると考えた場合、雇用審判所に申立てを行うことができる[33)]。具体的には、被用者が「法定申請」を行った場合、雇用主はその申請に対し、２か月以内に回答し、「合理的な方法」[34)]で対応する義務を負う。この「合理的な方法」には、申請者との協議などの手続的義務が含まれ、拒否する場合には法的に認められた理由に基づく必要がある。

雇用主がこれらの手続きを怠った場合、被用者はまず企業内の不服申立手続きを経て異議を申し立てることが求められる。さらに、企業内での対応に不満がある場合や、雇用主が対応義務を果たさなかった場合、労働者は決定の日または申請に対する対応がなされるべき日から３か月以内に、雇用審判所に申立てることができる。

特に、柔軟な働き方の申請が育児や介護、あるいは障害に関連して行われた場合、その申請を拒否することが、間接的な性差別や障害差別に該当する可能性がある。また、申請の拒否によって労働者が辞職に追い込まれた場合、みなし解雇として不当解雇の申立てを行うことも可能である。

32）Employment Relations（Flexible Working）Act 2023.

33）Employment Rights Act 1996, s. 80H(1). 具体的には、被用者が、(a)雇用主がフレックスワーク申請への対応における雇用主の義務を定めた第80G条１項を遵守しなかった（合理的な方法で対応する、決定期間内に決定を通知する、特定の法的根拠に基づいてのみ拒否するなど）、または(b)雇用主による申請拒否の決定が誤った事実に基づいていると感じた場合、雇用審判所に提訴できる。

34）いわゆる「合理的な方法（reasonable manner）」とは、たとえば、労働者の申請について、そのメリットとデメリットを評価すること、労働者と面談を実施すること、不服申立ての手続を用意することなどが挙げられる。労働者の申請に対して、どのような対応が望ましいか、ACASは具体的な行為準則を作成しており、使用者がそれを遵守することが期待されている。

こうした柔軟な働き方の普及は、雇用契約論において新たな類型の労使紛争に対応するための進化を求めている。この変化は、柔軟な働き方に関する権利義務の明確化、職場の公平性の確保、新たな当事者関係の構築を含み、使用者と労働者の契約上の権利義務の再定義を促進している。

まず、柔軟な働き方の申請が増加する中で、雇用主の対応が合理的であるか否か、また拒否の理由が法的に正当であるかという点が紛争の中心となりつつある。これにより、従来の雇用契約に内包される相互信頼（mutual trust and confidence）義務や誠実義務などの黙示条項が、柔軟な働き方の文脈で新たな意味を帯びることになる。すなわち、雇用主には柔軟な働き方に対して公正で透明な対応が求められ、不適切な対応が行われた場合、黙示条項の違反として法的な責任を問われるリスクが増大するのである。本書第Ⅲ編で論じるように、これらの義務の履行は、単なる形式的な手続きではなく、実質的な公平性と透明性を要求するものである。

次に、柔軟な働き方を利用する労働者が、評価や昇進において不利益を被ることがあれば、それは雇用契約に内在する平等原則や差別禁止の原則に反する可能性がある。この点で、雇用契約の黙示条項としての平等な待遇や差別の禁止が、柔軟な働き方においても適用されるべきであることは明らかである。従来の雇用契約は固定的な勤務形態を前提としていたが、柔軟な働き方の浸透により、多様な働き方が尊重されるべき時代となり、契約上の権利義務もこれに応じた適応が求められている。

さらに、従来の固定的な勤務形態に基づく雇用契約から、柔軟な働き方を含む新しい契約の枠組みへと移行する過程で、被用者と雇用主の間の信頼と協力の再構築が重要な課題となる。雇用契約の内容は、従来以上に対話と合意を基盤に形成されるべきであり、雇用主と被用者の協力義務や相互信頼義務がこれまで以上に重視される。特に、柔軟な働き方においては被用者のニーズと雇用主の業務上の必要性のバランスを取ることが求められ、そのためには両者の間での透明で誠実な協力が不可欠である。

以上のように、柔軟な働き方の普及は、雇用契約論において使用者と被用者の権利義務を再構築する機会を提供している。特にイギリスの雇用契約における黙示条項は、柔軟な働き方の新たな労使関係を支える理論的基盤として、その重要性を増している。この契約上の進化は、労使間の紛争を予防し、公平で持続可能な労働環境の実現に寄与することが期待されるのである。労使双方の協力と信頼に基づく新たな契約の在り方が、柔軟な働き方の実践を支えるための鍵となることは間違いない。

2.6.3　EU 離脱後の雇用契約論：適応と変革の時代

イギリスは 1973 年に欧州経済共同体（EEC、現 EU）に加盟して以来、EU 法の影響を強く受けてきた。特に1997年にマーストリヒト条約の社会憲章に加盟したことで、EU 指令を通じて被用者の権利が大幅に強化された。

しかし、2020 年 1 月 31 日にイギリスが正式に EU を離脱したことで、実質的に 2021 年以降、雇用分野において EU 法に従う義務がなくなった。ただし、イギリスは、不公正競争を避けるために既存の社会的保護の水準を引き下げないことに合意し、維持または改正する EU 法を選択するために、「2023 年 EU 法保持（撤回・改革）法」（RUEL）（Retained EU Law（Revocation and Reform）Act 2023、RUEL）が制定された。この法律に基づき、雇用法分野では、2023 年 12 月 31 日に失効するはずだった EU 雇用法の一部を維持・適応させるため、2023 年 11 月に「2023 年雇用権利（改正、撤回および経過措置）規則」(Employment Rights（Amendment、Revocation and Transitional Provision）Regulations 2023）が制定された[35]。こうして、EU 離脱は、EU 法に由来するイギリスの雇用法の将来に大きな疑問を投げかけ、今後イギリス法が EU の労働基準との整合性をどの程度維持できるかは、依然として不透明である。

2.6.4　新労働党政権による労働法改革の進展

2024 年 7 月に発足した労働党政権は、労働者の権利に関する法案を政権発足から 100 日以内に提出することを公約としており、その約束に基づき 10 月

35）2024 年 1 月 1 日以降、イギリスの法律体系において EU 法として維持されていた「Retained EU Law（REUL）」の特別な地位が終了し、「Assimilate Law」として国内法に統合された。

10日に157ページに及ぶ新しい雇用権法案[36]を発表した。この法案は2025年6月から7月にかけて成立する見通しであり[37]、「ここ数世代で最大の労働者権利」であると掲げられている[38]。新雇用権法案では、28項目にわたる雇用改革が予定されており、その主な内容は以下のとおりである。

まず、搾取的（exploitative）とされるゼロ時間契約の廃止が法案に含まれている。具体的には、一定期間定期的に働く労働者に対して、保障された労働時間の契約を与える権利を付与することが検討されており、これにより労働者は収入の安定を確保しつつ、ゼロ時間契約を希望する場合には選択できる形が提案されている。また、解雇と再雇用を繰り返し、不当に労働条件を変更する「ファイアー・アンド・リハイヤー」（fire and rehire）慣行の禁止も盛り込まれており、これにより労働者の権利が一層保護されることが期待されている。不当解雇に対する保護については、現行の2年間の待機期間を撤廃し、雇用初日から即時に適用されるようにする改革が提案されている。

次に、柔軟な働き方（2.6.2参照）がデフォルト化されることが法案に盛り込まれている。この改革が実現すれば、被用者にとどまらず、全ての労働者が初日から柔軟な働き方を選択できるようになり、働き方の自由度が大幅に向上する。また、育児・介護に関連する権利も拡大され、育児休暇や死別休暇（bereavement leave）が雇用開始初日から適用されるほか、妊娠中および出産後の女性に対する解雇保護も強化される予定である。最低賃金についても、生活費を考慮した水準に引き上げられ、年齢による賃金格差の廃止も予定されている。

加えて、労働者の権利を保護するため、新たな機関「フェアワーク・エー

36）https://publications.parliament.uk/pa/bills/cbill/59-01/0011/240011.pdf（最終アクセス日：2024年10月15日）。

37）Watson, I.(n.d.). Labour's new deal for workers：A fight postponed? *BBC News*. https://www.bbc.com/news/articles/c153dzy1kj4o（最終アクセス日：2024年10月15日）

38）Government of the United Kingdom.(n.d.). Government unveils significant reforms to employment rights. *GOV.UK*. https://www.gov.uk/government/news/government-unveils-most-significant-reforms-to-employment-rights（最終アクセス日：2024年10月15日）

ジェンシー」の設立が法案に盛り込まれている。この機関は、ホリデーペイの遵守や法の執行を強化し、使用者に対して法令遵守を支援する役割も担う。また、集団的労働関係法の見直しが進められており、前政権下で制定された労働組合に対する厳しい規制が撤廃されることで、労働者の団結権が強化されることが期待されている。

さらに、この法案に続き、労働者が業務時間外に連絡を受けない権利である「オフライン権（a right to Switch Off）」の導入など、さらなる労働法改革も検討されている。総じて、イギリスの雇用法は、労働者保護を強化し、現代の経済環境やライフスタイルに適応した柔軟な働き方を促進することで、雇用の安定性と生産性向上を図る方向にあり、まさに大きな改革を迎える過渡期にある。

このように、イギリスにおける雇用契約の進化は、歴史的、社会的、経済的、法的要因の複雑な相互作用によって形成されており、仕事の性質の変化と雇用者・被雇用者双方の権利を反映するために絶えず進化している。また、こうして形成した現代の雇用契約は、様々な雇用モデルを包含し、法的権利、コモン・ローの原則、契約合意の混合を反映していると言える。

第2節　雇用契約に基づく一元化規制

1．雇用契約概念の歴史的形成とその進化

第1節では、イギリスにおける雇用契約の形成を取り巻く社会と法規制の歴史的な変遷を概観した。しかし、こうした歴史的な背景の中で、雇用契約という概念が具体的にいつ形成されたのかは明確ではない[39)]。この問題を検

39）石田眞「イギリスにおける雇用関係の『契約化』と雇用契約の起源」根本到ほか編『労働法と現代法の理論：西谷敏先生古稀記念論集（下）』（日本評論社、2013年）260-261頁、石田眞『近代雇用契約法の形成――イギリス雇用契約法氏研究』（日本評論社、1994年）、石田眞「イギリスにおける『雇用契約』の起源」季刊労働法239号（2012年）156-168頁、石田真「雇用契約と労働者の階層的秩序――イギリス雇用契約法史の一断面」名古屋大学法政論集147号（1993年）457-496頁、石田真「イギリス雇用契約法の形成と『主従法』――1867年「主従法修正法」の成立をめぐって」名古屋大学法政論集144号（1992年）1-59頁。

討するには、そもそも雇用契約の概念をどのように捉えるべきかという根本的な問いを再考する必要がある。

イギリスにおける雇用契約について、石田眞教授は、雇用契約は請負契約とは異なるものとして発展し、工場制の下で従属労働を対象とする契約として、主従法などの制定法の展開を通じて形成されたと論じている。特に、近代雇用契約法の形成は1875年の労働法改革に大きな影響を受けたという。この見解に基づけば、現代の雇用契約に相当する「contract of employment」という概念に対し、19世紀の雇用契約は「contract of service」として認識されることになり、この区別が示すように、雇用契約の形成は19世紀の労働環境と法的枠組みに深く依存していたと考えられる。

一方で、雇用契約の概念がいつ形成されたかについては、イギリス国内でも学説間で意見の相違が見られる。Simon Deakin教授は、上級労働者の「契約モデル」の適用が産業労働者、農業労働者などに拡大するのは、20世紀に入ってからと認識しており、雇用契約概念の形成が想定よりも遅れ、福祉国家の台頭とともに20世紀中頃以降と主張する[40]。この見解は、雇用契約を義務の相互性を持つ長期的かつ包括的な契約として理解することを前提にしている。また、労働者の契約違反を刑事罰の対象とする主従法の存在を理由に、19世紀の主従関係は契約概念に適合しないとの認識を示している。しかし、このような理解に対し、Hugh Collins教授は、契約の一方当事者に刑事罰を課しても、契約関係であることを否定する理由にはならないこと、雇用契約の成立を義務の相互性を持つ長期的な継続関係と狭く限定すると、現代の一部の労務供給契約を雇用契約上の保護から除外することの正当化に繋がる恐れがあることから批判している[41]。

40) Deakin, S., & Wilkinson, F.(2005). *The law of the labour market : Industrialization, employment and legal evolution.* Oxford University Press. ディーキンの主張及び後述するコリンズ教授の批判について、石田眞「イギリスにおける雇用関係の『契約化』と雇用契約の起源」261頁以下で簡潔かつ正確に検討されており、参照されたい。

41) Collins, H.(2006). Book reviews : The law of the labour market. *Industrial Law Journal,* 35, 105. 石田・前掲「イギリスにおける雇用関係の『契約化』と雇用契約の起源」262頁。

本書では、雇用契約の歴史的起源そのものを詳細に掘り下げることはしないが、「雇用契約」とは、伝統的な主従関係に基づく労働関係とは異なる、現代的な契約形態を指すものとして位置づけている。伝統的な主従関係は、雇用主が絶対的な支配力を持ち、被用者がその指揮命令に従うという強い従属性を特徴としていた。それに対し、現代の雇用契約は、被用者の権利が法的に保護され、被用者と雇用主が対等な契約主体としての関係を形成することを重視している。すなわち、現代の雇用契約は、被用者の法的保護を含む権利と義務の均衡を基礎とし、雇用主の指揮権を認めながらも、その行使には合理性と公正さが求められる契約関係として確立されている。この進化は、主従的な関係から被用者の主体性を尊重する契約形態への移行を示しており、本書で議論される「雇用契約」は、こうした現代的な労働法の枠組みに基づくものである。

2．雇用関係の礎（コーナーストーン）としての雇用契約

2.1　雇用契約の役割と一元化された規制の構造

イギリスの雇用法は、コモン・ローの伝統を受け継ぎ、契約自由の原則を重視している。この原則は、被用者と使用者が自らの権利と義務を自由に定め、合意によって形成された契約条項が最大限尊重されるべきだとする考え方である。雇用契約は、被用者と使用者の法的関係を形作る「基盤」であり、その中で双方の基本的な権利と義務が確立される。法的規制は、これらの権利と義務を補完し、修正し、時に取って代わることもあるが、その根底には常に雇用契約が存在する。したがって、雇用関係の法的分析を行う際には、まず契約内容を確認することが不可欠である[42)]。

このように、雇用契約は、雇用関係における「コーナーストーン」としての役割を果たしており、労働条件の規制は主に雇用契約の解釈を通じて一元的に行われている[43)]。歴史的に、イギリスでは口頭による雇用契約が主流であり、基本的な労働条件や取り決めは口頭で行われ、労働協約がこれを補完

42) Collins, H., Ewing, K.D., & McColgan, A.(2019). *Labour law* (2nd ed., Law in context). Cambridge University Press. p.101.

していた。しかし、労働協約や就業規則には法的な拘束力が認められず、これらが雇用契約の一部となるためには、雇用契約に橋渡し条項（bridging clause）として組み入れることが必要であった。このような背景により、イギリスの労働条件は常に雇用契約という枠組みを介して構築されてきた。

さらに、イギリスには日本の労働基準法13条のような包括的な規定が存在しないため、制定法による権利義務さえも、契約に明示的に組み込まれるか、黙示条項として解釈されることが多い[44)]。その代表的な例が2010年平等法66条に基づく「男女平等条項（sex equality clause）」である。この条項は、労働条件に男女平等条項がない場合でも、契約に自動的に組み入れられ、法的効力を持たせる仕組みとなっている[45)]。このように、法規範が雇用契約を通じて労働条件に影響を及ぼすことが、イギリスの雇用法の特徴である。

2.2　標準書式契約の増加

ところが、1970年代後半から、標準書式契約（standard form contract）と呼ばれる雇用契約がイギリスで急増した。標準書式契約では、使用者側があらかじめ契約のひな型を用意するため、交渉することは通常想定されておらず、使用者が自らの裁量権を大幅に認め、自身の義務を軽減する条項が多く含まれている[46)]。

43）そのため、就業規則と個別合意等多元的規制を行っている日本法とは内容規制の手法が大きく異なる。野田進「労働契約の多面的機能――労働契約論のフォーマット・チェック」日本労働法学会編『講座労働法の再生　第2巻 労働契約の理論』（日本評論社、2017年）7頁以下。なお、交渉力格差を背景に形成された契約条項への法的規制の必要性が高い点においては、イギリスと日本の雇用契約論において課題が共通していると言える。

44）このような条項は、「法令による黙示条項」（statutory implied terms）や「課される条項」（imposed terms）と呼ばれることがある。ここでいう解釈は広義的なものであり、これらの条項の推定を含む。

45）Equality Act 2010. Section 66.「(1) Aの労働条件に（いかなる方法であれ）男女平等条項が含まれていない場合、男女平等条項が含まれているものとして扱われる。(2)［第64条(1)により本条が適用される場合、］男女平等条項とは、以下の効果を有する条項である。(a) Aの条項がBの対応する条項よりもAにとって不利である場合、Aの条項は不利にならないように修正される；(b) Aが、Bに有利なBの条件に対応する条件を有していない場合、Aの条件は、そのような条件を含むように修正される。……」。

このような実態の背景には、主に二つの要因が存在する。

第１に、当時のイギリスでは労働立法が活発化し、その一環として労働者に対する書面労働条件通知書（written statement）の交付が義務化された[47]。この法的義務を履行するため、使用者の間で書面労働条件通知書に代わる手段として、標準書式契約書を交付する慣行が広がった。つまり、使用者は標準化された契約書を用いることで、法的要件を効率的に満たすことを試みたのである。

第２に、労働条件の決定において、伝統的な集団的自由放任主義（collective laissez-faire）に基づくシステムや労働組合の影響力が低下したことが挙げられる。この結果、労働協約による労働条件の規制が減少し、その規制の場面が縮小したことで、標準書式契約の使用がさらに促進された。これにより、労働条件の規制が個別の雇用契約に集約される傾向が強まった。このように、労働条件が一元的に雇用契約に組み込まれるというイギリスの状況は、就業規則や労働協約など複数の法源が労働条件を直接に規律する日本の法制度とは対照的である。

３．労働協約と就業規則の組入れ（incorporation）

そもそも、イギリスにおいて、明示条項は必ずしも個別の雇用契約の条項とは限らない。この点は第２章で詳述するが、労働協約や就業規則に類似する書面[48]から条項が編入される場合もある。しかし、これらの条項がどの法源（sources）に由来するかにかかわらず、明示条項とは通常、当事者間で明示的に合意された内容を指す[49]。すなわち、労働条件の一部は、雇用契約以外の追加的な法源、たとえば労働協約などに含まれることもある。このような場合、裁判所は以下の二つの基準を用いて、その条項が雇用契約に組み入

46）Collins, H.(2007). Legal responses to the standard form contract of employment. *Industrial Law Journal*, 36（1）, 5-6.

47）1963 年雇用契約法により導入され、現在 1996 年雇用権法に定められている。詳しくは、第Ⅱ編第２章第１節を参照。

48）第２章で詳細に検討するが、イギリスでは、いわゆる就業規則に労働条件を定めることは必ずしも多くないが、労働者の権利を制限しうる書類が存在し、就業規則と類似する側面を持つ。以下では、便宜上、就業規則類似書面と呼ぶ。

れ可能かどうかを判断する。一つ目は、当事者にその条項を組み入れる意思があったかどうかであり、二つ目は、その条項が個別雇用契約へ組み入れられるのに適合性（aptness）があるかどうかである（詳細は第2章第2節参照）。

イギリス法における特徴として、労働協約や就業規則類似書面が雇用契約に組み込まれるためには、原則として当事者の明示的な組入れの意思が前提とされる点が挙げられる。また、当事者間で明確に合意された条項には高い優位性が認められる一方で、合意規範（agreed terms）と非合意規範（non-agreed terms）が明確に区別されている。特に、就業規則類似書面などの非合意規範については、個別合意として認められるためには、コモン・ロー上の厳格な要件を満たさなければならず、そのハードルは決して低くない。

このように、イギリスでは雇用契約における明示条項の組入れは、当事者の意思と条項の適合性という基準に基づいて厳密に判断されており、これが雇用契約の法的安定性と透明性を支えている。

49）たとえば、労使慣行及び商習慣も、「合理的、確実かつ周知されている（reasonable, certain and notorious）」ものであれば、労働契約の内容となりうる。ただ、第Ⅱ編第2章第1節で検討する書面労働契約通知書の義務化により、労働契約の内容になる場面が激減した。

第2章　雇用契約の明示条項とその法的効力

第1節　明示条項の定義とその役割

1. 明示条項とは何か：基本概念とその特徴

イギリス雇用契約における黙示条項に対して考察を始める前に、黙示条項の概念及びそれが雇用契約の中でいかなる役割を果たすかをあらかじめ明確にする必要がある。その前提的な作業として、明示条項の概念と特徴を確認しておきたい。

一般に、コモン・ローでは、雇用契約の内容は、明示条項（express terms）および黙示条項（implled terms）からなる。この二つは文字通りに対照的な概念である。もっとも、明示条項は、第2節で考察する通り、労働協約や他の書面から組み入れられる（incorporate）場合もある。しかしその根源（sources）[1]に関わらず、明示条項とは、通常当事者の合意を示すものと理解される。また、特徴的なのは、明示的に合意した内容でなくとも、「性質において明確である（specific in nature）義務も一般に明示条項と理解されることがある。そして、明示条項による義務は明確に線引きされた義務である以上（例えば、競業避止に関する特約に基づく義務）、被用者に課された無限定の（open-ended）服従義務と協力義務の概念を制限する役割を果たしうる[2]。いずれにしても一般に明示条項の範囲と性格は、黙示条項とは異なり明確であると考えられる。

1）たとえば雇用契約の場合、個別的に合意されたか、或いは労働協約や他の外部根源から編入されたかということを指す。

2）Adams, Z., Barnard, C., Deakin, S., & Bultlin, S.F.(2021). *Deakin and Morris' labour law*（7th ed.). Oxford University Press. p.238.

一方、それと対照的に、コモン・ロー上の雇用契約における黙示条項は、常に雇用契約当事者に負わせる様々な黙示的な義務として現われ、実際上、それらの義務が個々の雇用契約に読み込まれると多様な義務内容を表出しすることになり、「拡散的で限定がない（diffuse and open-ended）」[3]性格を持つ（詳細は第3章第2節で取り扱う）。

2．明示条項の強力な効力と優位性の根拠

イギリス法では、異なる解釈の余地がないほど明白性のある文言の契約条項については、その効力を否定することは難しい[4]。また、第Ⅱ編で詳しく検討するが、明確な合意があるときには、たとえ制定法上の労働時間の規制であっても雇用契約によりオプトアウトすることができるし、制定法上保障されている不公正解雇をされない権利等も、会社の株等と引き換えに、契約により放棄することが可能な制度が存在していた[5]。したがって、使用者側には黙示の一方的変更権は認められない[6]ことの反面として、配転条項、退職前の庭いじり休暇条項（garden leave clause）[7]、労働条件変更権留保条項等、使用者の裁量権や変更権を広く留保する弾力条項（flexibility clause）であっても「有効、明白、曖昧でない（valid、clear and unambiguous）」というコモン・ロー上の基準を満たす限り、その効力が否定されることはほとんど

3）Adams, Z., Barnard, C., Deakin, S., & Bultlin, S.F.(2021). p.238.

4）いわゆる偽装契約（sham contract）の問題は、明示条項の虚偽性を端的に表している（Autoclenz Ltd v Belcher,[2011] UKSC 41.）。この問題については、長谷川聡「書面による合意にもとづく偽装請負と労務提供者の被用者性」労旬1778号（2012年）48頁、新屋敷恵美子『労働契約成立の法構造』（信山社、2016年）298頁以降も参照。

5）これは「株主被用者（employee shareholder）」と称される。詳細については、第Ⅱ編第1章第2節を参照。

6）Securities and Facilities Division v hayes and Others［2001］IRLR 81（CA).

7）一定地位以上の労働者の秘密保持と競業避止を目的とする条項である。「Gardening Leave Clause」ともいう。使用者は企業秘密などの企業利益を保護するために、労働者が離職する前の一定期間（解雇の場合は解雇予告期間がほとんどである）に労働者に賃金支払い等の契約上の利益を保障しながら、職場から離れ、仕事をしないこと、同僚や取引先との連絡も取らないことを命じる措置である。この条項への法的規制に関して、Cabrelli, D.(2005). The common law control of garden leave clause：Public policy or trust and confidence. *Industrial Law Journal*, 34（1), 70, 2-4.

ない[8)]。この意味で、明示条項は絶対的な優位性を持つ。

3．明示条項の限界と黙示条項による補完

上述のように、雇用契約上の明示条項は当事者の合意を示すという点で限定的な役割しか果たせない。しかも、明示条項は「常に明白に規定されるわけではなく、仕事の方式を決定するという使用者権限の制限の下で、労働者が受諾した」ものであるため、性質上、雇用に関する全ての事項を決めているものではない[9)]。この不完全性（incompleteness）という性格は、明示条項の大きな特徴でもある。その一方で、コモン・ロー上は、被用者が使用者に対して「広汎な服従義務（diffuse obligation of obedience）」を負いつつ、使用者が契約の明示条項を超える指揮権をもつことが認められている。すなわち、コモン・ローにおいては、使用者の一方的な指揮権を認めることにより、明示条項の不完全性の問題を解消しようとしている。

具体的に言えば、雇用に関わる事項のうち、明示条項に定められていない残余の部分は、使用者の支配指揮権などの経営特権に漏れなく包括的に委ねられてしまうため、結果的に使用者は契約条項の形式を取らずに仕事の遂行に関する一定の規範を定める黙示的な権限をもつ[10)]。従来、雇用契約における黙示条項の重要な役割は、被用者の服従義務、忠実義務、注意義務という形で表れ、このような広汎な経営特権に根拠を与えることであった。

ところが、近年になり、使用者側の黙示相互信頼義務（the duty of mutual trust and confidence）、協力義務（the duty of cooperation）、誠実義務（the duty of good faith）などの名称で、被用者の権利保護を支える黙示条項が積極的に認められる傾向が生じ、注目を集めている。たとえば、被用者に対するセクシュアル・ハラスメントを放任することや黙認することが、使用者による協力義務の違反になるとされる[11)]。詳しくは、第Ⅲ編以降で検討するが、こう

8）Bateman & Ors. v Asda Stores Ltd［2010］IRLR 370（EAT）, Malone v British Airways［2010］IRLR 431（HC）. 評釈として、Reynold, F., & Hendy, J.(2017). Reserving in the contract of employment. Industrial Law Journal, 46（4）, 508-542.

9）Adams, Z., Barnard, C., Deakin, S., & Bultlin, S.F.(2021). p.236, 237.

10）Adams, Z., Barnard, C., Deakin, S., & Bultlin, S.F.(2021). p.236.

した黙示条項と経営特権の関係は、ますます変化する傾向にあり、従来の黙示条項のイメージを大きく動かしている。

第2節　明示条項の組入れ

1．労働協約の雇用契約への組入れ

1.1　労働協約の法的効力に対する法定の推定

イギリスでは、労働協約は、いわば「紳士協定」であり、通常は法的に執行可能な契約として扱われておらず、労使双方は協約の条項を守ることが義務付けられているわけではない。労働協約に法（Trade Union and Labour Relations (Consolidation) Act 1992）的拘束力を持たせるためには、1992年労働組合・労働関係法（統合）法第179条(1)項・(2)項に基づき、協約が書面で作成され、当事者がその協定を「法的に執行可能な契約とすることを意図している旨」が明確に記載されている必要がある。次の定めである。

「第179条：[労働] 協約が法的に執行可能な契約を意図したものか

(1) 労使協定は、以下の条件を満たす場合を除き、当事者が法的に執行可能な契約とすることを意図していないと推定される。

(a) 書面によるものであること、及び

(b) 当事者がその協定を法的に執行可能な契約とすることを意図している旨が（どのような表現であっても）記載されていること。

(2) これらの条件を満たす労働協約については、当事者がそれを法的に執行可能な契約とする意図を持っていたものと決定的に推定される。」

この規定により、労働協約には執行可能な協定が締結される可能性は残されているが、実際には労働協約の当事者が法的手段を用いて協定を履行させようとすることは稀である。労働組合と使用者は、協約の履行を促す強力な非法的制裁手段を持っており、組合はストライキをちらつかせることがで

---

11) Wood v Freeloader Ltd,[1977] IRLR 455 (IT).

き、使用者はロックアウトを実施し協約に反する就労拒否に対して賃金の控除で脅かすことができる。さらに、協約違反に対する差止命令などの法的制裁は、紛争を助長し長引かせるおそれがあり、当事者への影響を最小限に抑えながら双方の対立を解決するための助けにはなりにくい。こうした理由から、労働協約の当事者は通常、法的拘束力を求めることはなく、法定の推定もその現実を追認しているに過ぎないとされる[12)]。

1.2　雇用契約の明示条項による組入れ

ただ、労働協約の内容が法的拘束力を持たない場合でも、協約の条項が個々の被用者の雇用契約に明示的に編入されれば、その条項は法的に個別の雇用契約を通じて被用者と使用者の間で効力を持つことになる。例えば、労働時間や賃金の引き上げといった協約内容が被用者の雇用契約に取り込まれていれば、その部分については使用者と被用者との間で法的拘束力を持ち、使用者は協約に沿った対応をしなければならない。

その場合、裁判所は二つの基準を用いて雇用契約への組入れの可否を判断している。一つは、当事者に組入れの意思があったか、もう一つは、かかる条項が個別の雇用契約に組み入れるための適合性（aptness）があるか、である。

1.2.1　組入れの意図：意思の存否とその法的判断

一つ目の「組入れ意思」という要件は、たとえば雇用契約に、「この雇用契約は、関連する労働協約の内容に基づく」とする明確な組入れ条項があれば、認められることを意味する。また、そこまで明確でない場合でも、比較的に緩やかに認められる傾向が強い。判例では、労働条件通知書に「詳しい情報は、会社の情報フォルダに記載される可能性がある」という文言が記載されただけで、組入れ意思が肯定された事案がある[13)]。

12）Collins, H.(2019). *Labour law*（2nd ed.). Cambridge University Press. p.129.

1.2.2　個別契約への適合性：労働協約の法的組入れ基準

第二の要件である「個別契約に組み入れるための適合性」は、比較的厳格に審査されることが多い。具体的には、①その内容は明確なものであり、②その性格は、「個別的な権利義務」を発生させる効果を有するものでなければならない。たとえば、判例（Kaur v MG Rover Group Ltd 事件）では、労働協約の条項で「[会社] のために働きたい従業員はみな会社に残ることができる。人員削減が必要な場合であっても、全従業員協力の下、再訓練、自主退職……等によりこれを実現する」と定めていた場合に、高等法院と控訴院判決のいずれにおいても、この条項は集団的な目標と抱負を語ったものにすぎず、個別の雇用契約に組み入れられるには適切ではないと判断された[14]。また、この事案では、「[会社の]『ニューディール』の導入により、強制的な人員整理がなくなる。」という労働協約の条項があったが、これについて高等法院は、この文言のみ大文字で書かれており、個別雇用契約に組み入れることや契約上の拘束力を認めると判断したが、控訴院判決では、①大文字で表示されたとしても、しょせん「目標」に過ぎないこと、②その実現には他の従業員の協力が必要であり、個別雇用契約の内容としてふさわしくないことを理由に、その結論が覆された。

同様に、Malone v British Airways Plc 事件[15]では、労働協約には飛行機のクルーの定員数の下限が定められていたが、使用者（航空会社）は経営悪化を理由に、その定員数を一方的に減らした。そこで、客室乗務員らはかかる労働協約の条項が個別雇用契約にも組み入れられていたと主張し、クルーの定員数の削減について、差止請求をした。ところが、控訴院判決は、かかる条項が客室乗務員の労働条件に一定の影響を与えるものの、一種の集団的な保証に過ぎないこと、客室乗務員は実際にクルーの定員削減を拒否できる権利

13）Keeley v Fosroc International,[2006] EWCA Civ 1277；[2006] IRLR 961. Sanders, A.(2016). The content of contracts of employment：Terms incorporated from collective agreements or from other sources. In M. Freedland（Ed.), *The contract of employment*（p.453). Oxford University Press.

14）Kaur v MG Rover Group Ltd,[2004] EWCA Civ 1507；[2005] ICR 625（CA).

15）Malone v British Airways Plc,[2010] EWCA Civ 1225；[2011] ICR 125.

がないことを理由に、個別雇用契約への組入れの適合性を否定した。

2．就業規則類似書面[16]と関連文書の組入れ

労働協約に比べると、判例は、こうした、使用者が作成した、労働者の権利を制限する就業規則類似書面の組入れに対してより消極的であるように見える。たとえば、労働者が離職すれば、雇用契約上保障されている終身健康保険制度が利用できなくなることを定めた保険特約に関する事案[17]では、この保険特約は、労働者の契約内容にならないと判断された。その理由として、当該労働者には、その書面を見せられた証拠はなかったし、使用者から読むべきと注意されたこともなかったことが示された。

また、この判決では、イギリスで革新的な判決を出すことで有名なDenning裁判官が示した、「レッドハンドルール（Red hand rule）」も援用された。すなわち、相手の権利を制限し、自らの義務を免除するような免責条項（exemption clause）は、赤いハンドマークで指し示すくらい目立たせて、相手に理解させなければならない（もっとも、契約の公正性確保の視点から、このような明確な方法で示された条項については、当事者が実際にそれを知っていたはずと推定されることになり、後になってその存在や意味合いを知らなかったと主張することはできない）。

3．まとめ：合意外規範の組入れと当事者意思の重視

このように、イギリスでは、労働協約や就業規則類似の文書が雇用契約に組み込まれるには、原則として当事者の組入れ意思が前提とされている。また、明確な当事者間の合意については強い法的優位性が認められている一方で、合意に基づく規範（合意規範）とそれ以外の規範（合意外規範）は厳格に区別されている。特に、就業規則類似の合意外規範については、それが個別

16）イギリスでは、いわゆる就業規則（従業員ハンドブック）に労働条件を定めることは必ずしも多くないが、労働者の権利を制限しうる書類が存在することは、日本と変わらない。ここでは、便宜上、就業規則類似書面と呼ぶ。

17）Villela v MFI Furniture Centres Limited,［1999］IRLR 468（QB）.

合意として認められるためにはコモン・ロー上の厳格な要件を満たす必要があり、簡単には認められない。

本章では、明示条項に組み入れるさまざまな法源を検討し、労働協約や就業規則類似書面が雇用契約の条項とはみなされず、[個別] 合意外規範として扱われることを確認した。これらの規範が雇用契約の明示条項になるためには、比較的高いハードルが設けられており、個別契約の当事者の意思とは無関係に「合理的な労働条件」や「周知」などの基準で自動的に組み込まれる(日本労契法7条参照)ことはない。この点において、イギリスのシステムは、日本における労働条件決定の仕組みとは対照的であり、契約当事者の意思を重視する姿勢が明確である。

第3節　まとめ

これまでの議論を通じて、イギリスにおける雇用契約の明示条項が、労働法規制の一元化された枠組みの中で中心的な役割を果たしていることを明らかにしてきた。雇用契約は、単に労働者と使用者の権利義務を定めるにとどまらず、契約自由の原則に基づく法的枠組みの礎石であり、労働条件の解釈と規制の起点として機能している。この法的基盤は、イギリスの雇用関係に独自の特質を与え、労働協約や就業規則類似書面との複雑な関係を生み出しながら、法的安定性と個別の合意に対する強力な優位性を確立している。

特に注目すべきは、黙示条項が果たす契約補完の役割であり、これにより明示条項の不完全性を補完し、労働者の権利保護と公正な労働条件の実現に貢献している点である。たとえば、2010年平等法 (Equality Act 2010) 66条のような制定法が、男女平等条項を自動的に契約に組み込む仕組みを提供する[18]ことで、雇用契約の内容が社会の変化に柔軟に適応する可能性を持つ法的枠組を形成している。これにより、イギリスの雇用契約は、歴史的な進化を経て形成された法的枠組みと、現代的な労働環境への適応能力とを両立させている。

18）第Ⅱ編第2章第1節1.1参照。

また、労働協約や就業規則類似書面の雇用契約への組入れは、一元化された法的枠組みを通じて行われ、その有効性は契約内容の継続的な再評価と密接に結びついている。橋渡し条項の存在やコモン・ローの解釈を通じて、これらの文書が雇用契約の一部として法的拘束力を持つためには、厳格な基準を満たすことが求められており、これが雇用契約の強固な法的地位を支える重要な要因となっている。

本章では、イギリスの雇用契約における明示条項の特徴とその法的性質について検討した。この考察は、雇用契約の全体像を理解するための基礎を提供するものである。次章では、黙示条項の法的性格とその役割を詳しく検討し、黙示の規定が雇用契約の中でどのように位置付けられ、機能しているかを解明していく。

第3章　雇用契約における黙示条項の推定

第1節　契約法における黙示条項の歴史と役割[1)]

1．黙示条項の歴史的淵源

イギリス契約法では、契約当事者が明示的に合意した条項（express terms）に加え、裁判所や議会には、必要に応じて黙示条項（implied terms）を導入する権限が与えられている。黙示条項の性質を理解するためには、その歴史と理論的背景を理解することが重要である。しかし、その発展過程を特定するのは容易ではない。19世紀以前のイングランドでは、現在「契約法」として知られる法体系が独立したものとして存在せず、「契約違反」に対する訴訟は時代や状況に応じて多様な形態をとっていたためである。また、当時の判決は先例や理論的背景を明示しないことが多く、その系譜をたどることも困難であった[2)]。

この点について、Austen-Baker博士は契約法における黙示条項に焦点を当てた著書の中で、19世紀初期の関連判例の分析を通じて、黙示の概念が「債務負担引受訴訟（assumpsit）」に初めて明確に現れることを指摘している[3)]。引受訴訟は、正式な捺印証書によらない契約の違反に対するコモン・ローの救済手段であり[4)]、文書化されていない約束や取引に基づく信頼関係が破綻した場合に認められる訴訟方式として発展した。この訴訟形態は、契

1）本節の内容は、Austen-Baker, R.(2023). *Implied terms in English contract law*(3rd ed.). Edward Elgar Publishing. を主な参考文献としている。著者の独自の見解は引用するが、契約法に関する一般的な認識については逐一引用していないことを付記しておく。

2）Austen-Baker, R.(2023), 12, 17.

3）Austen-Baker, R.(2023), 17.

4）田中英夫編『Basic英米法辞典』（東京大学出版会、1993年）15頁。

約法の基盤となる「信頼の保護」という理念を具体化し、書面による契約が存在しなくても、信頼を裏切られた当事者を救済する役割を果たしていた。

また、引受訴訟での債務負担の推定は黙示条項そのものではないものの、黙示的な合意や行動に基づく救済を提供する手段として機能し、その性格は黙示契約に近い。この訴訟形態は、明示的な契約条項が存在しない場合にも契約上の義務を認定する点で、黙示条項の推定手法の発展において重要な舞台となったと考えられる[5)]。すなわち、引受訴訟を通じて、裁判所は当事者間の合理的な期待（正当な期待）を保護するため、明示されていない義務や権利を法的に認定する方法を模索し、これが黙示条項の概念的な基盤となった。

19世紀に入り、契約法が体系化されると、契約違反に対する訴訟が主流となり、引受訴訟はその役割を徐々に失い、最終的には1870年代の司法法（Judicatures Acts）により廃止された。その反面、黙示条項が契約法の一部として重要な役割を果たすようになった。もっとも、捺印契約（covenant）訴訟のように、厳格な要件を満たし、正式な契約を必要とする場合には、黙示条項が認められる余地はなかった。

以上のように、黙示条項の発展は、契約法の進化とともに複雑な軌跡をたどり、特定の法的文脈においてのみ展開することが多かった。特に商業分野では、契約条項の推定は、「商業の車輪に潤滑油を注ぐ」ような役割を果たし、取引の円滑化に大きく寄与したといわれる[6)]。これは、当事者間の合理的な期待を保護し、取引関係の信頼性を高める点で極めて重要であり、引受訴訟での黙示契約の推定にもその意義がうかがわれる。

2．黙示条項の理論的根拠

2.1　黙示条項の目的：解釈か創造か

現代に至り、契約法が特に商取引の分野で高度に発展しているにもかかわらず、なぜ依然として契約に黙示条項を推定する必要があるのか。この疑問は、契約法における黙示条項の役割と、その理論的な意義を考えるうえで重

5）Austen-Baker, R.(2023), 11-17.
6）Austen-Baker, R.(2023), 17.

要である。黙示条項は、雇用契約に限らず、さまざまな契約において、契約の構成（construction）や解釈（interpretation）のツールとして機能する。しかし、黙示条項をいかなる範囲で、いかなる理由により推定すべきかについては、契約法においても必ずしも明確に定義されていない[7]。

Austen-Baker 博士は、前述の著書の中で、黙示条項は解釈の技法としては不十分であると述べている。黙示条項がどの程度まで契約の「読み方（reading）」を示すかは、単なる程度の問題ではなく、推定する者の「趣旨（purpose）」や「好み（taste）」、すなわち法的なポリシーによって左右される。このため、「解釈（interpretation）」と「創造（invention）」の境界は曖昧であり、人によって異なる解釈が生じることがある。黙示条項の推定が単なる契約の解釈を超え、新たな法的義務の創造に至る場合、その正当性が問われることも少なくない。

2.2　黙示条項の多様性と解釈の機能

契約条項の推定という技法は、当事者の意図が十分に言語化されていない場合に、意図を補完し、契約の全体像を明確にする役割を果たす。この意味では、黙示条項は強行規定というよりも、後述する「デフォルト・ルール」として機能することが多い。ただし、黙示条項の種類によっては、その解釈的役割が異なることもある。

例えば、1979 年物品販売法 14 条 (2)[8]に規定されるいわゆる「強行的黙示条項」は、単なる解釈の手段にとどまらず、全ての契約に影響を及ぼす積極的な法原則として捉えられる。これに対して、立法、コモン・ロー、業界の慣習から導き出されるデフォルト条項は、当事者が契約で明示的に除外することが可能であり、除外されなかった場合に限りその条項が適用される。こ

7）Austen-Baker, R.(2023), 6.

8）Sale of Goods Act 1979, s. 14. 同条は、品質や適合性に関する黙示条項の存否について定めたものであり、以下のような内容が含まれている。「(1)本条および第 15 条に規定される場合を除き、また他の制定法に従う場合を除き、売買契約に基づいて供給される商品の特定の目的に対する品質または適合性について、黙示条項は存在しない。(2)売主が業として商品を販売する場合、契約に基づいて供給される商品が満足できる品質であるという黙示条項が存在する。……（略）。

のような条項は、契約の明示条項と競合することなく契約に含まれるため、解釈の一環として扱われる余地がある。しかし、前述のように、黙示条項の推定が裁判所の主観や法的ポリシーに左右されやすく、契約当事者の意図や合理的な期待と合致しない結果を招くことがあるため、この解釈的役割が適切であるかは議論の余地があり、契約の解釈といえるかどうかも慎重な検討が必要である。

特に「事実による黙示条項」は最も議論を呼ぶものであり、その推定の是非や適用範囲は契約法の重要な論点となっている。黙示条項の推定がどのような背景で行われるべきか、またそれが当事者間の意図や合理的な期待にどのように整合するかは、常に慎重な検討が求められる。

2.3　構成と解釈の多義性：黙示条項の意義と限界

2.1で検討したように、黙示条項の推定における「構成（construction）」と「解釈（interpretation）」の違いは、黙示条項の役割とその適用範囲を理解するために重要である。Austen-Baker博士は、「解釈」とは「契約の条項が持つ言葉の実際の意味を拾い集めるプロセス」とし、一方で「構成」とは契約全体の効果を確認するプロセスであると述べている[9)]。この区別は、黙示条項が契約の解釈にとどまらず、契約全体の意図や目的を達成するための補完的役割を果たしていることを示している。

Austen-Baker博士がこれを裏付けるために援用しているGerald McMeel教授の見解でも、黙示条項の推定は「解釈」ではなく、「構成」の一部として捉えられており[10)]、この見方は黙示条項が新たな契約内容の創造に近い側面を持つことを示唆している。また、「構成」には、単に契約の条項を理解することを超え、新たに［意味を］築き上げるというニュアンスが含まれており、この多義性が黙示条項の役割を複雑にしている。

9）Austen-Baker, R.(2023), 19.

10）McMeel, G.(2007). *The construction of contracts*. Oxford University Press. この点、Richard博士は、同著書は、「解釈、推定と修正」をサブタイトルとしていることからもうかがえると主張する。

この複雑さは、黙示条項が契約における補完的な役割を担いつつも、裁判所がその推定を通じて契約の枠組みを変えてしまうリスクがあることを示している。黙示条項の推定が「解釈」から逸脱し、法的な創造行為に近づくことで、当事者の合理的な期待や意図にどのような影響を与えるかは、黙示条項の適用において重要な検討課題となる。

2.4　黙示条項と「契約の神聖性」および「契約の自由」の対立

2.4.1　裁判所の介入と黙示条項の創造的解釈

黙示条項の推定を単に「当事者意思」の識別を超え、創造的なプロセスと捉える場合、これは、「契約の神聖性（sanctity）」および「契約の自由」という基本原則と理論的に衝突する。イギリス契約法の基礎にあるのは、契約内容が当事者間の自由な合意に基づくものであり、裁判所や議会はその合意に介入すべきではないという考え方である。契約が実行不可能な状況に陥ったとしても、それが当事者間で合意された唯一の取引条件である以上、裁判所がその内容を変更することは基本的に許されない。

さらに、当事者が強制力のない紳士協定や他の非拘束的条項を戦略的に契約に盛り込んだ場合、裁判所はそれらを無効と判断するか、履行の強制を拒否するにとどまる。これらの条項を新たに適法なものとして再構築したり、違約金を清算的損害賠償として再解釈したりすることは行わない。このような意味において、黙示条項の推定は、契約の当事者の合意を超え、法が当事者の意図を再定義する行為に等しい。そのため、黙示条項の正当性は常に議論の対象となり、慎重な検討が求められる。

2.4.2　当事者の意図による正当化とその限界

第2節の4で詳しく検討するが、「事実による黙示条項」のリーディングケースとされる Moorcock 事件では、黙示条項の正当化は推定される当事者の意図および合理性に基づくものとされている。これはイギリス法における伝統的な立場であり、「事実による黙示条項」の場合に限られず、契約条項の推定に幅広く適用されると理解されてきた。しかし、雇用契約などの特定の契約では、この立場は頻繁に挑戦を受けている。第2節で詳しく検討する「法による黙示条項」においても、契約の性格により黙示条項が推定されうるとする見解がある。

イギリス法が重視する「当事者自治（party autonomy）」と「客観主義（objectivism）」[11]に鑑みると、当事者の意図と無関係に裁判所が黙示条項を推定することは容易に正当化できない。特定の契約関係において、「必要な要素（necessary incident）」として「法による黙示条項」が推定される場合、それが既に確立された先例判決によるものであれば、当事者はその存在を知り得る状況にあると解釈される可能性がある。しかし、新たに導入される「法による黙示条項」に関しては、当事者がその存在を予見していたとは到底いえず、当事者の意図と無関係に裁判所が推定することには大きな無理が伴う。このような新たな黙示条項の適用は、「当事者自治」の原則に反し、その正当性に対する疑問を招きやすいと言える。

3．黙示条項と関連する契約上の概念

3.1　コモン・ローと制定法のアプローチの違い

そもそも、コモン・ローと制定法の国々では、契約の内容や解釈に対するアプローチが大きく異なる。コモン・ローの国々においては、黙示条項は単なる「隙間埋め」（gap filling）の役割を超えて、明示条項の解釈を補完する重要な要素として機能している。これに対し、制定法の国々では、契約内容が細かく規定されているほか、信義則（good faith）という強力な原則が存在するため、黙示条項の法理を導入する必要性は低いとされる[12]。

また、コモン・ローの国々では、黙示条項の推定が「契約の自由」という基本理念と衝突しやすく、理論的な困難に直面する場合が多い。一方で、制定法の国々では、信義則が法の隙間（lacunae）を埋める役割を果たしており、

11）イギリス契約法における「客観主義」とは、契約の成立や条項の解釈において、当事者の内心ではなく、外部から見た合理的な当事者の視点で判断するという原則を指す。

12）Austen-Baker, R.(2023), 3. 本節におけるコモン・ロー上の黙示条項の特徴に関する記述は、同書の2〜6頁に依拠している。

契約の自由や当事者自治に対する強いこだわりが少ないため、黙示条項に伴う概念的な困難（conceptual difficulties）は少ないとされる[13)]。特にイングランドとウェールズにおいては、信義則が一般原則として契約に適用されることはほとんどなく、学理上の概念（doctrinal concept）としての存在感は希薄である。

3.2　黙示条項と信義則の相違と共通点

黙示条項と信義則は、いずれも契約解釈を補完する役割を持つ点で共通しているが、その機能と適用方法には明確な違いがある。制定法体系における信義則は、契約外部から規制する一般原則として機能するのに対し、コモン・ローにおける黙示条項は契約内部に組み込まれたメカニズム（inbuilt mechanisms）として作用しているのである。

もっとも、イギリスの近年の裁判例では、黙示条項が制定法系における信義則と同様の効果をもたらす事例が増えており[14)]、学説においてもこの傾向が指摘されている[15)]。しかし、コモン・ロー諸国において信義則の受け入れには温度差があり、特にイングランドとウェールズでは、信義則が「規範的な概念」として認められることは少なく、裁判例においても信義則の援用には依然として慎重な姿勢が見られる[16)]。

ともあれ、黙示条項はコモン・ロー特有の要素であるが、近年では公正さを反映した法的要請が見られるようになっている点で、信義則と共通する部分がある。この点は、黙示条項の本質や役割をより深く理解するために、念頭に置く必要がある。

13）Austen-Baker, R.(2023), 3.

14）第Ⅲ編第4章参照。

15）Carter, J., & Peden, E.(2003). Good Faith in Australian Contract Law *Journal of Contract Law* 19, 155, Peden, E. Policy Concerns in Terms Implied in Law（2001）*Law Quarterly Review*, 117, 459.

16）黙示条項に基づく黙示義務を正当化する根拠を、契約上の必要性のみならず、信義則上の要請としての合理性に求めようとした裁判例として、Liverpool City Council v Irwin［1976］1 Q.B. 319（CA）も存在するが、最高裁判決では否定されることになった。

3.3 「強行規定」と「デフォルト・ルール」

制定法体系における強行法規は、契約の要素として機能し、一部の例外を除いて、コモン・ローの「法令による黙示条項」と類似する場合がある。しかし、「強行規定（mandatory terms）」と「デフォルト・ルール（default rules）」は異なるメカニズムを持ち、契約における役割も異なる。

まず、「強行規定」[17]は契約当事者が合意により排除できず、法的拘束力を持つ。これに対し、「デフォルト・ルール」[18]は、契約の条項が不明確な場合や特定の取り決めが欠けている場合に適用され、隙間埋め（gap-filling）として契約の一貫性と法的有効性を維持する役割を果たす。デフォルト・ルールは当事者の意思に基づき変更や排除（contracting out）が可能であり、柔軟な合意を尊重しつつ、合理的で公平な解決策を提供する。

一方、「黙示条項」は裁判所の判断や契約の具体的な文脈に応じた柔軟性と個別性を持ち、一般的なデフォルト・ルールとは異なる。しかし、広義にはデフォルト・ルールの一形態として捉えられる場合もあり、その機能は契約の当事者の期待や合理的な解釈に基づく法的枠組みを形成する。

これらの検討から、黙示条項と類似する法的概念の区別は実務上難しいことが分かる。このため、これらの概念を厳密に区別しようとする試みは、結論が導き出せない場合や非生産的な議論に終わる可能性があると指摘されており[19]、概念の厳密な分類よりも、状況に応じた柔軟な適用が実務において求められるのである。

4．「関係的契約」と黙示条項：新たな契約解釈の可能性

1970年代にアメリカのMacneil教授は、契約を静的で独立した取引と捉える古典的契約モデル対して批判を展開し、「関係的契約」モデルを提唱した。

17）説明するまでもないが、強行規定は、取引の公正性を保ち、社会的に弱い立場にある者（消費者、労働者など）を保護するために設けられており、当事者の意思に関係なく適用されることが義務付けられている。

18）デフォルト・ルールは、契約の柔軟性を保ちながら、取引の効率性と予測可能性を高める重要な機能を持つ。これにより、当事者間の紛争を予防し、契約の空白部分を合理的に補完することで、法的な安定性を提供する。

19）Austen-Baker, R.(2023), 10-11.

この理論は1980年代以降、契約法の新たな視点として注目を集めた[20)]。「関係的契約」理論は、契約を社会的・経済的関係の中で動的に形成されるものと見る視点から、従来の契約法が強調する「合意」と「履行」だけでなく、長期的な相互依存性、信頼、柔軟性といった要素が契約関係の本質において重要であると主張する。契約の履行は厳格な条項のみに依存するのではなく、当事者間の行動、慣習、そして信頼による全体的な関係性によって形づくられるべきであるとする点がこの理論の核心である。

関係的契約理論は、雇用契約をはじめとする長期の契約や複雑な契約など、変化する状況に柔軟に対応できる契約観として、イギリスの契約法研究者の間でも注目を集め、伝統的な契約法の限界を補完する視点として高く評価されている[21)]。しかし、イギリスの裁判の実務において、この理論が直接的に援用された例は少ない。

Austen-Baker博士は、関係的契約理論の視点から見ると、黙示条項は契約における実質的公正と当事者の履行期待を支える役割を果たすと指摘する[22)]。具体的には、契約の中には実質的な公平性や合理的な互恵性（reasonable reciprocity）を求める規範が存在し、その基準は当事者の交渉上の立場によって変化する。このような背景の下で、黙示条項の推定は、他の法体系に見られる信義則と同様に、契約に内在する法的要請を満たす役割を果たすとされる。

5．まとめ：黙示条項の意義とさらなる課題

黙示条項の発展は、コモン・ローの伝統的な考え方に根ざし、当事者の意

20）Macneil, I.R.(1974). The many futures of contracts. *Southern California Law Review, 47*(3), 691-816. Macneil, I.R.(1980). *The new social contract：An inquiry into modern contractual relations.* Yale University Press. 日本社会における契約法の問題を関係的契約の視点から考察した重要な著作として、内田貴『契約の時代――日本社会と契約法』（岩波書店、2000年）がある。

21）Austen-Baker, R.(2004). A relational law of contract? Journal of Contract Law, 20, 125, Brodie, D.(2017). Relational contracts. In M. Freedland(Ed.), *The contract of employment* (p.145). Oxford University Press.

22）Austen-Baker, R.(2023), 26.

図を起点としてきた。黙示条項は契約の機能を補完する手段として推定される場合でも、広義の当事者意図がその背景にあることが多い。しかし、裁判所が黙示条項を創造的に解釈することで、当事者の合意を超えた法的義務が生じる可能性があり、その正当性について常に議論が行われている。契約における実質的公平性や信義則に類似する原則は、黙示条項の推定に新たな視点を与えつつも、黙示条項が伝統的な契約法の枠組から完全に逸脱したわけではない。

本書の第Ⅲ編以降で検討する「法による黙示条項」は、このような伝統的立場と現代的要請の間で生じる緊張や葛藤を反映している。黙示条項が契約の解釈において果たす役割とその限界は、これらの相反する力の狭間で揺れ続けることが予想される。今後、黙示条項の解釈と適用における基準を明確にするためには、裁判所が当事者の意図と法的原則のバランスをどう取るかが重要な課題となるだろう。

第2節　黙示条項の多様性と分類

1．様々な分類方法

黙示条項には、様々な分類方法がある。たとえば、Steyn 卿は、黙示条項を、①一般的なデフォルト・ルールと、②その場限りで契約の空白を埋めるもの（ad hoc gap fillers）の二つに分類している[23]。この分類方法に対しては、黙示条項の根源による区別ができないこと、黙示条項の強行性の程度が必要であるにもかかわらず示されていないこと、デフォルト・ルールとまで言えないものの、強行性がある（mandatory）黙示条項も存在するから明確性に欠けるなどの批判が考えられる[24]。

また、「法と経済学のアプローチ」（Law-and-economics approach）[25]から、

23）Equitable Life Assurance Society v Hyman［2002］1 A.C. 408, 458-459（HL）.
24）Austen-Baker, R.(2023), 5.
25）「法と経済学のアプローチ」とは、法制度や法律の効果を経済学的な視点から分析し、効率性やインセンティブの観点から評価する学際的なアプローチを指す。

黙示条項を「強行規定」と「デフォルト・ルール」に分類することも可能である。強行規定とは、当事者がこれと矛盾する条項を合意することも、これを回避することもできない規定をいう。これに対して「デフォルト・ルール」とは、当事者が反対しないかぎり（すなわち、異なる合意をしないかぎり）適用される条項をいう。

なお、この二つの概念は、黙示条項の性質を理解する上で重要であるため、本節の3でもう少し検討する。

2．一般的な分類方法

こうした様々な分類方法が存在している中で、以下の分類は、一般的な教科書による分類であり、訴訟内容による分類とも親和性が高く、実務上理解しやすいとされている[26)]。

1　法令による黙示条項（terms implied by statute）

2　法による黙示条項（terms implied in law）

3　事実による黙示条項（terms implied in fact）

4　商慣習による黙示条項（terms implied by trade usage or custom）

第1の類型である「法令による黙示条項」は、当事者の意思に依存せず、制定法上の規定に基づいて契約に自動的に組み込まれるものである。この種の黙示条項は、主に消費者保護や労働者保護を目的とし、社会的公正の実現と維持に寄与する役割を果たす[27)]。たとえば、消費者契約において、これらの条項は当事者の合意を超えて消費者の期待を守るために設けられており、法的に当事者によって排除されることは許されない。

第4の類型である「商慣習による黙示条項」は、契約の明示条項に反しない限り、契約が締結される際に市場や取引、地域における関連する慣習が契約内容として推定されるものである。ただし、この種の慣習は、関係する地域や業界で広く受け入れられたものであり、外部の者でもその存在を容易に

26）Austen-Baker, R.(2023), 5-6.

27）たとえば、2015年消費者権利法（Consumer Rights Act 2015）における多くの規定は黙示条項として、当事者の契約に推定される。

確認できるものでなければならない。

3．コモン・ロー上の黙示条項

本書で詳しく検討すべきは、第2の類型である「法による黙示条項」と第3の類型である「事実による黙示条項」である。これら二つの類型は、しばしば「コモン・ロー上の黙示条項」と総称される[28]が、その性格は一様ではない。従来、この点が明確に認識されていなかったため、黙示条項の概念は極めて理解が難しいものとなっている。

具体的に言えば、裁判所が契約に黙示条項を推定する際には、当事者の意思を尊重して、厳格な要件を満たす必要がある。しかし、黙示条項に基づく特定の契約関係における当事者の義務は、当事者間の合意に依存するものではないから、そのような厳格な要件に適合することが困難な場合もある。

このような状況下で、1990年代後半以降、多くの裁判例や学説において、コモン・ロー上の黙示条項は大きく二つの類型に分けられると認識されるようになっている。第1は上記「事実による黙示条項」であり、第2は上記「法による黙示条項」である[29]。

「事実による黙示条項」は、その名称が示す通り、裁判所が当事者の意思として理解する事項に効力を与えるために、事実問題として推定される条項である。一方、「法による黙示条項」は、雇用契約など一定の種類の契約すべてに推定されるものであり、特定の当事者間の個別合意に基づくものではない。この種の黙示条項は、使用者と労働者の関係や地主と借地人の関係といった広範な法的関係に基づいており、雇用契約や借地契約において特に多く認められている。

28）Austen-Baker, R.(2023), 5.

29）この二つの類型の区別は、scally v Southern Health and Social Services Board ［1992］1 AC 294, 306-7（HL）事件の中で、Bridge卿により述べられている。

4．コモン・ロー上の黙示条項の推定要件

4.1　「事実による黙示条項」の推定要件と判断基準

4.1.1　推定基準：「公正な第三者テスト」と「取引効果テスト」

「事実による黙示条項」が、契約に推定されるためには、厳格な要件を満たす必要がある。特に重要な要件は、「公正な第三者（officious bystander）テスト」と「取引効果（business efficacy）テスト」である。これらの要件は、前述のコモン・ロー上の黙示条項に関する説明でも触れたものであり、契約法における黙示条項の推定において基本的な基準となっている。

「事実による黙示条項」のリーディングケースとされているのは、1889年のMoorcock事件である[30)]。この事案では、原告である船主は被告である埠頭業者と、栈橋で船を陸揚げする契約を結んでいた。栈橋はテムズ川に延びており、干潮時には必ず船が着岸しなければならなかった。栈橋に隣接する河床は埠頭業者に帰属しておらず、彼らはそれを管理していなかった。彼らは、そのスペースが船にとって安全かどうかを判断する措置を講じていなかったところ、栈橋に隣接する河床が凸凹していたため、船は着岸時に損害を被った。船主は契約違反を主張して損害賠償を請求した。

主な主張内容は以下の通りである。被告（埠頭業者）は、河床の状態を確認する義務を負うとの契約条項はなかったと主張した。被告によれば、そのスペースが船舶にとって安全な場所であるという黙示の保証はなく、河床の状態を確認すべきであるという表明もなかった。したがって、合理的な注意を欠いていたという証拠はなく、埠頭業者は船への損害の危険を予見することはできなかった。一方、原告（船主）側は、栈橋は船舶が低水位で接岸しなければ使用できないので、河床が安全であることは契約の暗黙の条件であったとし、このことを前提に、被告（埠頭業者）は、河床が船を横付けするのに安全であることを確認するために合理的な注意を払うことを、契約において保証していたとみなされなければならないと主張した。

判決では、船主側の主張が認められた。契約の全目的は栈橋を使用するこ

30）The Moorcock［1889］14 PD 64（CA）.

とであり、船が接岸しなければ桟橋を使用することはできなかった。したがって、埠頭業者は、船舶が損害を被ることなく安全に着岸できるよう合理的な措置を講じることを黙示的に保証したとみなされなければならない、というものである。

この事案で、Bowen 控訴院裁判官は、次のように判示した。「黙示の保証（implied warranty）あるいは法律上の約定と呼ばれるものは、明示の契約や明示の保証とは異なり、すべての場合において、当事者の推定される意図と理性に基づくものである。」

「公正な第三者テスト」に関しては、Mackinnon LJ in Shirlaw v Southern Foundries Ltd 事件が知られている。この事件で裁判所は「契約に明示する必要がなく、黙示的に存在することが明らかであり、当事者が契約交渉中に一人の公正な第三者（「お節介な傍観者」と訳されることもある）が提案すれば、両当事者は『ああ、もちろん』と（異口同音に）同意するだろう」と判断した[31)]。これは、黙示条項が当事者の意思に照らして当然の内容であることを示すための基準である。

「取引効果テスト」とは、黙示条項が当事者の意図通りに取引に有効性を与えるために必要不可欠なものであることを求める基準である[32)]。すなわち、黙示条項の存在が取引の促進に不可欠であると判断される場合に限り、契約に推定される。

こうした黙示条項は、上記二つの要件を満たす場合にのみ契約に推定されうる。この基準は裁判例により様々な表現で示されることがあるが、Simon 卿はこの判断基準を次のように整理している[33)]。①合理的かつ公平である、②取引が有効になるために不可欠である[34)]、③言うまでもないほどの「自明の理」である[35)]、④精確に表現できる、⑤当該契約の明示条項に反しない。

31）Mackinnon LJ in Shirlaw v Southern Foundries Ltd［1939］2 All ER 113（CA）.
32）The Moorcock［1889］14 PD 64.
33）BP Refinery（Westernport）Pty Ltd v Shire of Hastings［1978］ALJR 20, 26.
34）前述の business efficacy テストに対応する説明である。
35）前述の officious bystander テストに対応する説明である。

4.1.2　推定基準の解釈と限界：裁判所の慎重なアプローチと創設の回避

これらの基準の中で、①の合理性は契約に黙示条項を推定するか否かを判断する要素の一つとされるが、貴族院の判決は、一般的に、黙示条項を推定する際には必ず当事者の意思に基づくべきであり、合理性のみを理由に黙示条項を契約に推定することはできないとする立場を示している[36)]。すなわち、貴族院判決によれば、裁判所は合理的であるという理由だけで、安易に契約に黙示条項を推定する権限を有していない。

一方、②の基準では推定される黙示条項は契約にとって必要なものでなければならないとされる。この「必要性」という要件は、裁判所が当事者の意思について推論を行うための根拠を提供するものであり、この要件を満たすことで、裁判所が当事者のために契約を公然と「創設している」と見なされることを避けることができるとされる。貴族院判決の立場によれば、裁判所は単に黙示条項が合理的であり公正であるというだけで、契約に干渉することは許されないのである[37)]。

4.1.3　慎重さが求められる判断と推定の制約

これらの厳しい要件から見ると、裁判所は「事実による黙示条項」を契約に推定することに関して極めて慎重な態度を取っているといえる。たとえば、一方の当事者が黙示条項の存在を知らない場合や、両当事者が黙示条項に同意していた事実が不明確な場合、その条項を契約に推定することはできない。また、慎重に締結された詳細な書面契約が存在する場合、裁判所はその契約が十分な指針を提供していると判断し、黙示条項の推定を避ける傾向にある。さらに、黙示条項が契約に記載された明示条項と矛盾する場合には、その条項は契約に推定されることはない[38)]。

36）Liverpool City Council v Irwin［1977］AC 239（HL）. なお、HL（House of Lords）は、2009年にイギリス最高裁判所（Supreme Court）が設立されるまで、最上級の裁判所として機能していた貴族院を指す。2009年以降は最高裁判所がその役割を担っているが、歴史的な判例では貴族院の立場が引用されることがある。

37）Liverpool City Council v Irwin［1977］AC 239（HL）.

4.2 「法による黙示条項」：近年の展開と裁判所の柔軟なアプローチ

4.2.1 「法による黙示条項」の具体例と推定基準

一方、「事実による黙示条項」と異なり、近年学説や裁判例上で多く認められるようになったもう一つの黙示条項が「法による黙示条項」である。この類型の黙示条項は、前述のように特定の契約関係に基づくものであり、当事者の個別合意とは無関係と理解される。たとえば、雇用契約において、労働者には使用者に対して誠実に労務を提供したが、過失により使用者に損失を与えた場合に、それを賠償する義務が「法による黙示条項」として存在する。また、本書第Ⅲ編で検討するが、使用者にも「合理的な理由なしに労働者との間の信頼関係を損なったり破壊したりする行動をとってはならない」という黙示条項が存在する。

従来、貴族院の判決は、「法による黙示条項」に対しても、これらの義務が取引に効力を与えるために必要であることを要件として示した[39]。しかし、この「必要性」を中心とする伝統的な厳格な要件は、近年の裁判例や学説において次第に妥当性を失いつつあるように見える。

というのは、「法による黙示条項」は、従来の「公正な第三者テスト」に基づくものではなく、雇用契約の性質に対する裁判所の理解を反映した、より柔軟な基準に基づくものであると理解できるからである。すなわち、これらの黙示条項は、ある種の契約全体に対して適切または合理的に推定されるべきかという判断に依拠していると考えられる[40]。

4.2.2 「事実による黙示条項」との違い：広範な考慮要素と柔軟な判断基準

「事実による黙示条項」と「法による黙示条項」の違いについて、Bridge卿はScally事件（本書第Ⅳ編第2章第1節2.1.1参照。）において次のように述

38）ただし、明示条項の意味が不明確な場合、裁判所は契約の解釈をしなければならないが、その契約解釈の過程においては、黙示条項が登場し、明示条項の範囲を制限する場合もある。その場合明示条項と黙示条項が「矛盾せず」共存することができると考える見解が存在する。これについて、第Ⅲ編第1章第3節のJohnstone v Bloomsbury Health Authority［1992］QB 333（CA）事件を参照。

39）Liverpool City Council v Irwin［1977］AC 239（HL).

40）E McKendrick, E.(2021). *Contract law*（4th ed.). Red Globe Press. p.207.

べている。「特定の契約に取引有効性を与えるために必要な黙示条項を探る（search）こと［＝事実による黙示条項］と、法がより広範な考慮要素（wider consideration）に基づき、特定の契約関係における必要な付随義務として推定する黙示条項を探ること［＝法による黙示条項］の間には、明確な違いがある」[41]。後者の「より広範な考慮要素」を明確に定義することは難しいが、裁判所は2004年のCrossley事件において、法による黙示条項に関して、「必要性」という変幻自在（protean）で説明しにくい（elusive）概念に重きを置くべきではないとし、合理性や公正性、そして競合する政策要素との調和を考慮して、黙示条項の存在と範囲を認識すべきであると示した[42]。

第3節　雇用契約における黙示条項の特質

第1節および第2節では、契約法における黙示条項の法的性格やその理論的根拠について考察した。雇用契約における黙示条項は、契約法における一般的な黙示条項の原則や議論に基づきつつも、他の契約関係とは異なる、雇用契約特有の性格や特徴を持っていることが明らかになった。そこで第3節では、第1節・第2節で論じた「法による黙示条項」および「事実による黙示条項」に関連させながら、雇用契約における黙示条項の特質により深く接近し、その独自性を考察する。

1．経営特権と雇用契約における黙示条項

雇用契約における黙示条項は、契約法の一般的な黙示条項とは異なり、使用者の経営特権と密接に関連している。雇用契約の明示条項は当事者間の合意を反映するものの、その内容は限定的であり、すべての雇用に関する事項を規定することはできない。このため、明示条項の不完全性は、雇用契約の特徴の一つとなっている。コモン・ローでは、使用者が被用者に対して指揮

41）Scally v Southern Health and Social Services Board［1992］1 AC 294, 306（HL）.
42）Crossley v Faithful & Gould holdings Ltd［2004］EWCA Civ 293［2004］IRLR 377（CA）.

命令権を持ち、明示条項を超えた経営上の決定を行う権限を認められている。これにより、使用者は明示的な契約条項の形式を取らずに業務の遂行に関する規範を設定できる黙示的な権限を持つとされる[43]。

従来、黙示条項は使用者の経営特権に正当性を与える役割を果たし、被用者に服従、忠実、注意義務を課すことを中心に機能していた。しかし、近年では使用者に対する信頼関係維持義務、協力義務、誠実義務などの黙示条項が、被用者の権利保護を強化するために積極的に認められる傾向がみられる[44]。これにより、経営特権と黙示条項の関係に変化が生じ、雇用契約における黙示条項の役割が拡大している。

2．雇用契約におけるコモン・ロー上の黙示条項

2.1　雇用契約における「事実による黙示条項」

雇用契約における黙示条項は、前述の契約法の議論に対応して、特定の契約に推定される「事実による黙示条項」[45]と、すべての雇用契約に適用される「法による黙示条項」[46]に分けられる。

特定の雇用契約に推定される「事実による黙示条項」は、明示条項の不備（明示条項に欠陥がある時や定められなかった場合）を補うものであり、雇用契約に特有の事実状況に基づいて適用される[47]。その典型例として、勤務場所に関して何の明示条項もない場合、裁判所や審判所は、雇用契約には勤務場所に関する条項を欠いてはならないとして、労働者が毎日移動できる合理的な範囲内で使用者が勤務場所を命じる権限をもつという合理的な黙示条項を推定した判決がある[48]。

43）Adams, Z., Barnard, C., Deakin, S., & Bultlin, S.F.(2021), 236-237.

44）たとえば、被用者に対するセクシュアル・ハラスメントを放任することや黙認することが、使用者による協力義務の違反になるとされた裁判例として、Wood v Freeloader Ltd［1977］IRLR 455（IT).

45）肯定例として、Courtaulds Northern Spinning Ltd v Sibson［1988］IRLR 305（CA). 否定例として、Ali v Christian Salvesen［1997］IRLR 17（CA).

46）Smith, I.(1996). The creation of the contract of employment. In C. Osman et al.(Eds.), *Butterworths employment law guide*（2nd ed., p.15). Butterworths.

47）Shrubsall, V.(1989). *Contracts of employment*. Blackwell Science Ltd. p.18.

2.2　雇用契約における「法による黙示条項」

2.2.1　「法による黙示条項」の性格と機能

一方で、雇用契約における「法による黙示条項」は、全ての雇用契約に適用され、雇用関係の継続性や相互依存を反映する特性を持つ[49]。これらの条項は、時に合理性という法的要請から推認される側面を持ち、その点で従来の契約法上の黙示条項よりも柔軟に適用されることがある。具体的には、使用者の経営特権を制限し、使用者と被用者間の相互信頼や協力を維持し、労働者の権利保護という重要な機能を果たしている。このタイプの黙示条項は、雇用契約の不完全性を補完し、雇用関係の持続性を支える役割を担うだけでなく、時代の変化を反映する形で、「黙示義務」の形で現われ、今後も発展し続ける可能性が高い。

2.2.2　黙示条項の規制手段としての役割

法による黙示条項は、裁判所が特定の使用者と被用者の合意を生かすために用いられる一方で、雇用関係そのものに基づき雇用契約を規制（regulate）する手段としても機能する。そのため、「課される条項（imposed terms）」とも呼ばれ、当事者の意図に関係なく雇用契約に推定されることがある。これは、雇用法独自のルールと理念を反映する道具として理解されるべきであり、労働者の権利保護の手段として、当事者の意思から独立して適用される点で、伝統的な「黙示条項」とは異なる特徴を持つ。

2.2.3　法的根拠と学説上の議論

「法による黙示条項」は、雇用関係の継続性や契約の不完全性に根拠を持ち、コモン・ローの伝統的な要件に対して柔軟な解釈が可能である。しかし、その柔軟性が伝統的な雇用契約の枠組みを超えているため、黙示条項の限界を超越している可能性もある。これを背景に、雇用契約の役割そのものにつ

48）Jones v Associated Tunnelling Co. Ltd［1981］IRLR 477（EAT）. Courtaulds Northern Spinning Ltd v Sibson［1988］IRLR 276（CA）.

49）Deakin, S., & Morris, G.S.（2012）, 242.

いての学説上の議論を引き起こしている。有力な見解として、労働者保護法の強化により、従来の雇用契約の概念が広義の「雇用関係」という概念に取って代わられるべきとの主張がある[50]。しかし、これに対して、雇用契約、とりわけ黙示条項が実務上、有用な道具として存続すべきとの反論もある[51]。「法による黙示条項」が、コモン・ローの伝統的要素と新たな法的展開を融合し、今後も重要な役割を果たすことが期待される。

2.3 「事実による黙示条項」と「法による黙示条項」の区別の相対性

ただ、雇用契約における「事実による黙示条項」と「法による黙示条項」は、常に明確に区別できるものではない。この問題の複雑さは、本書第Ⅲ編で裁判例を通じて詳述するが、たとえば、健康を害するほどの長時間労働に関する明示条項が存在する場合、健康が害されない範囲で労働時間が決められていたとする黙示条項は、どちらに分類されるかは一概に判断できない。このような事例では、黙示条項の性質が曖昧となり、裁判所の解釈により判断が分かれることが多い。

特に「法による黙示条項」は、コモン・ロー上の推定要件が緩やかに適用されることを前提にしているため、ある意味では「法による黙示条項」のほうが法的な操作性に優れ、柔軟に利用される傾向がある。しかし、この柔軟性は契約の自由や当事者の意思を重んじるイギリス法の基本理念と相反する側面を持つことも否めない。「法による黙示条項」を過度に黙示の義務として雇用契約に持ち込むことは、コモン・ローの伝統的価値観に反し、司法の干渉を最小限に留めるべきという考えと衝突する場面も見られる。

したがって、雇用契約における黙示条項の推定は、常に契約の自由と法的介入のバランスを取る難しい局面に立たされる。まるで、微妙な均衡を保ちながら綱渡りをするようなものであり、その判断は時に司法の裁量に大きく

---

50) Hepple, B.(1986). Restructuring employment rights. *Industrial Law Journal*, 69, 74.

51) Freedland, M.(2003). *The personal employment contract*. Oxford University Press. p.5.

依存することになる。このように、黙示条項は、契約の枠組みを補完する役割を果たしつつも、その推定と適用には葛藤と緊張が伴うという、コモン・ローの根底にある法理の繊細さを映し出していると言えるだろう。

第Ⅱ編　明示条項の優位性

第1章　明示条項による法的規制の適用除外・放棄

第Ⅰ編では、雇用契約における明示条項と黙示条項の内容およびその機能について、全体像を俯瞰した。続く第Ⅱ編では、イギリスにおける明示条項の優位性をさらに検証し、いくつかの制度を題材としてその特徴を鮮明に描くことを目的とする。

コモン・ローにおいては、当事者間で合意された明示条項は契約の中心的要素として重視され、特に書面による明示条項は法的に強い効果を持つ。これは、書面による最終的な合意に至った当事者の意図を示す他の証拠、たとえば交渉の初期段階の口頭の話し合いの内容などは基本的に考慮されないとする「口頭証拠排除の原則（parol evidence rule）」によって裏付けられている。このルールの根拠には、①契約内容の確実性、②当事者の認識と確認の容易さ、③紛争の事前予防を促進するといった要因が挙げられる[1)]。

本章では、労働者の個別合意に基づき、特定の労働法規制の適用を除外する３つの制度に焦点を当てる。すなわち、①労働時間の上限規制からのオプト・アウト制度、②株式の付与と引換えに不公正解雇の申立権等を放棄する「株主被用者」制度、③不公正解雇の申立権を訴訟前に放棄する「和解契約」制度の３つである。

これらの制度の分析を通じて、明示条項の法的効力と、その適用除外が労働者の権利や保護にどのような影響を及ぼしているのかを掘り下げる。こうした検討により、現行の明示条項優位の原則が持つ実態や、その裏に潜む限界が浮かび上がってくるだろう。そして、本章の議論を土台として、第２章では標準書式契約における明示条項の規制を詳しく見ていく。そこでは、書面契約が労働者に与える影響や、その法的効力の限界にどのような問題があ

1）McKendrick, E.(2021), 170.

るのかをより深く探求していくことになる。

第1節　法定労働時間規制のオプト・アウト

1．制度の変遷

イギリスでは、長い間、労働時間に関する統一的な立法規制が存在しなかったが、1996年のEC労働時間指令（Working Time Directive）を受けて1998年に労働時間規則を導入し、週労働時間が48時間に制限された。しかし、この規則ではEC指令も認めているように、労使の個別合意によって週労働時間の上限を除外することも可能である。つまり、使用者は労働者の自由意思による合意および労働時間の記録を条件として、週48時間の労働時間の上限を超えて労働させることができる。

当初この制度の実施期間は、EC労働時間指令の発効日（1996年11月23日）から7年に限定されていたため、2003年末に欧州委員会は改正に向かって審査手続きを開始したが、その交渉は数年間も続き難航していた。欧州委員会は、2004年に各加盟国に対し、労働協約が締結されていない場合のみ個人によるオプト・アウトを認めることを協議文書で提案したものの、イギリスをはじめとする同制度利用国の反対により通らなかった。同提案の修正案も翌年に挫折したが、数年間の交渉を経て、2008年6月に同制度利用国が労働時間の定義を変更することで譲歩する代わりに、同制度を維持することで合意に達した。その後、イギリス議会は、2008年12月にこの修正案を拒否する改正案を可決し、イギリスでは今なお労働時間のオプト・アウト制度を維持している[2)]。

このように、このオプト・アウト制度は他のEU加盟国でも導入されているものの、イギリスでは特に根強く、書面による明示条項の優位性を如実に示す代表的な事例である。これにより、書面契約が労働時間規制の適用を個別合意によって柔軟に変更し、労使間の契約条件を具体的かつ法的に拘束力

2）Adams, Z., Barnard, C., Deakin, S., & Bultlin, S.F.(2021), 324-325.

のある形で確立する力を持つことが示されている。

２．オプト・アウト合意の締結と取消：明示条項の力とその制限

もっとも、すべての労働者が労働時間規制のオプト・アウト合意書を締結できるわけではない。特定の職種（船員、飛行機や他の交通機関で勤務する者、トラック運転者、貴重品運送車両の警備員等）はこのような合意を締結することはできず、労働時間の規制を自らの意思で外すことは許されない。また、16歳・17歳の年少者は１日８時間かつ１週間で40時間を超えて働くことができず、自分の意思でこの労働時間規制を外すこともできない。

また、使用者は、職場協定（workforce agreement）の中でオプト・アウト合意を包括的に設定することはできず、個別労働者ごとに締結意思の有無を確認する必要がある。打診された労働者は、自分の意思で締結するか否かを決定する。このように、書面による明示的な合意が求められ、締結を拒否しても解雇などの不利益取扱いは禁じられている。ただ、労働者が同意した場合は、合意書を交わさなければならない[3)]。

オプト・アウト合意書の実際の例として、以下のような文言が記載されることが一般的である：

「**私**＿＿＿＿＿（労働者の氏名）**は、１週間の平均労働時間が48時間を超えて勤務することがあることに同意する。私の考えが変わった場合、**＿＿＿＿＿（３か月までの一定期間）**前に書面により使用者にこの合意の終了を予告する。**」

この文言からもわかるように、労働時間のオプト・アウト合意に関して興味深いのは、労働者のみがこの合意をいつでも取消すことができる点である。ただし、労働者は使用者に対して少なくとも７日前に予告しなければならず、事前に書面で合意した場合には、この予告期間を最大３か月まで延長することも認められる。

このように、労働時間規制のオプト・アウト制度は、書面による明示条項

３）その形式は特約でも、雇用契約に含まれる条項でも良い。かかる合意書に期間を設けるか否かも当事者の自由とされる。

の効力を示す一方で、その適用には厳格な制限と労働者保護のための規定が存在する。具体的には、適用範囲を特定の職種や年齢層に制限すること、オプト・アウト合意の締結を拒否しても解雇や不利益な取扱いを受けない保障があること、さらに労働者が予告すれば合意を取り消すことができる点など、労働者の権利を守るための制度的な担保が設けられている。

3．利用実態と制度設計の特徴

実際、この労働時間規制のオプト・アウト制度はどのように利用されているのだろうか。やや古い調査であるが、Catherine Barnard 教授の実証研究[4)]によれば、被用者にとって、収入を増やすためであること、仕事の性格上（病院、国際法律事務所等）、長時間労働がやむを得ないこと、自律的に働きたいこと等が主な締結動機になる。一方、使用者にとって、かかる制度を利用する動機は、新たに人員を採用するコストを節約すること、顧客等のニーズに応えるためであることのほか、EC 指令に求められる煩雑な規則等を避けるというのも大きな要因の１つである[5)]。しかし、労働者の健康被害や生産性の低下等の問題の背景には、労働時間規制のオプト・アウト制度の存在があったと指摘されている[6)]。

このように、オプト・アウト制度は労働者の権利保護を後退させるリスクを抱える反面、明示条項による合意により契約自由を尊重する側面が強調されている。労使双方にとって利用しやすいシンプルな制度設計がその実用性を高め、明示条項の優位性が制度の活用を後押ししているともいえる。しかし、それと同時に、長時間労働の弊害を助長するという問題も無視できない。

4）Barnard, C., Deakin, S., & Hobbs, R.(2003). Opting out of the 48-hour week：Employer necessity or individual choice? An empirical study of the operation of Article 18(1)(b) of the Working Time Directive in the UK. *Industrial Law Journal*, 32(4), 233-252.

5）同研究によれば、使用者にとっては、個別合意によるオプト・アウト制度が明快であること、労働時間記録の面において手間が少ない等のメリットがある。

6）ただし、同研究は（EU の批判と労働党の反対により）同制度が廃止されても、使用者は、他の労働時間規制適用除外制度の利用に移行するだけであって、長時間労働の状況を改善できると楽観視できないと指摘する。また、同研究は、従業員代表制度等が発達していないことも原因の一つとして強調しているが、ここでは詳述しない。

こうした書面契約の限界に対して、現行法がどのような規制を設けているのかをさらに掘り下げ、明示条項の課題に向き合うことが求められる。

第２節　「株主被用者制度」：合意による不公正解雇の権利の放棄

１．株主被用者（employee shareholder）とは

株主被用者制度は、被用者が特定の雇用権を放棄する代わりに、雇用主から株式を受け取る仕組みである。この制度の下、労働者は不公正解雇からの保護や法定の退職手当請求権といった重要な権利を放棄する一方、雇用主側は、税制上の優遇措置を享受できるメリットがあった。具体的には、被用者または「株主被用者」としての採用予定者は、2000ポンド以上の価値を持つ株式を会社から付与されることと引き換えに、不公正解雇[7]や剰員整理手当など雇用法上の権利を放棄する制度というものであった。

この制度は「権利を手放して株を手に入れる制度」(share for rights scheme) と揶揄されることもあり、その導入当初から賛否が分かれていたが、政府は制度の利点として次の点を強調していた。雇用主側には、競争の激しい労働市場から有能な人材を引き付け、被用者が会社の株式を所有することで責任感や生産性が向上する効果が期待された。被用者側には、株式の価値が上昇する可能性や、売却時のキャピタルゲイン税の一部控除といった経済的メリットが提供された。また、株式の付与は、被用者が会社から信頼されているという心理的な満足感を与えるとされた[8]。

７）ここでは、「通常」不公正解雇を指す。

８）Department for Business, Innovation and Skills (BIS).(n.d.). Employee shareholders：Detailed guidance. https://www.gov.uk/guidance/employee-shareholders（最終アクセス日：2024年10月15日）‘A company that may wish to employ an employee shareholder’ および ‘A person that may wish to become an employee shareholder’ の部分を参照。

2．導入の経緯

2.1　雇用法改革の背景及びビークロフト報告書

2010年から始まった連立政権の改革計画は、経済成長と雇用創出を目指し、「弾力的、効率的、公正的」労働市場の構築を目標として掲げた。この計画には、労働者の権利拡大を目指す制度改正[9]もあったが、企業の負担を軽減し、新規事業を促進するための様々な改革が含まれており、不公正解雇制度の適用資格要件の延長や雇用審判所の有料化などの措置が講じられた[10]。

実際、これらの改革案のもとになったのは、話題になっていたビークロフト報告書[11]であった。ビークロフト報告書は、ベンチャー資本家であったアドリアン・ビークロフト氏（Adrian Beecroft）が、キャメロン首相の依頼で作成した雇用法改革に関する総括的な報告書である。同報告書は、「多くの雇用法や規制が効率化や競争力を妨げており、……高失業という全国的問題を悪化させるだけである」として、幅広い雇用法制[12]に対する大胆な改革提案を満載していた。それが2011年10月にデイリー・テレグラフ紙に掲載されると、すぐに大きな議論を巻き起こし、賛否が交錯する事態となった。

ビジネス・イノベーション・職業技能省（Department for Business, Innovation & Skills、以下「BIS」という）のヴィンス・ケーブル（Vince Cable）大臣は、ビークロフト報告書の多くの点について肯定的であったが、「補償を伴う無過失解雇（compensated no fault dismissal）」の導入という提案には懸念を示

9）たとえば、柔軟な働き方（flexible working）を申請する権利をすべての労働者に拡大すること、2015年より導入される予定の男女共同育児休暇（shared parental leave）など。

10）具体的には、2013年4月に不公正解雇制度の適用資格要件を1年から2年に引き上げられ、同年7月には雇用審判所が有料化された。また、2013年起業・規制改革法（Enterprise and Regulatory Reform Act 2013）に基づく多くの改正点も実施された。同法の概要について、鈴木隆「イギリスにおける規制緩和の動向と労働法制への影響」季刊労働法243号（2013年冬季号）117頁を参照。

11）ビークロフト報告書について、http://s.telegraph.co.uk/graphics/viewer.html?doc=357771-employmentlaw　から全文を閲覧することができる（最終アクセス日：2024年10月1日）

12）不公正解雇、零細企業の適用除外、雇用審判所制度、柔軟な働き方、移民制度の簡素化、集団的剰員整理、労働者派遣など広範な雇用法制が改革の対象とされていた。前掲ビークロフト報告書2、3頁を参照。

した。彼は、すでにイギリスが柔軟な労働市場を形成していることや、新たな解雇制度が労働者の不安を高める可能性を指摘し、慎重な検証が必要だと主張した[13]。この立場は、社会から広い支持を得られ、BISが作成した同年9月の調査報告によれば、過半数の企業はこの新たな解雇制度の導入について支持しておらず、経営側でさえも必ずしも歓迎しているとは言えなかった[14]。

2.2　法改正に至る経緯

2.2.1　オスボーン演説

ところが、こうした状況にも関わらず、2012年10月、保守党大会でのジョージ・オスボーン財務大臣の演説[15]により、新たな雇用ステータスである「株主被用者」の導入が公表された。オスボーン大臣は、この制度を「企業、被用者、政府の三者間の自由な合意」として位置づけ、特に新規企業や中小企業に適した制度であると強調した。彼は、被用者が雇用法上の権利を株式に置き換えることで、労使間に新たな形のパートナーシップを生み出し、政府はこれに対する税制優遇措置を提供することを約束した。この演説が契機となって立法が実現したのであり、「株主被用者」制度は「演説から生まれた立法」とも呼ばれていた。

13）ヴィンス・ケーブル大臣の意見について、Department for Business, Innovation and Skills（BIS）.(2012, May 21). Statement by Vince Cable on the Beecroft report on employment law. https://www.gov.uk/government/news/beecroft-report-on-employment-law（最終アクセス日：2024年10月1日）を参照。

14）Prassl, J.(2013).'Employee shareholder 'status'：dismantling the contract of employment', *Industrial Law Journal*, 42, 301, 310.

15）ジョージ・オスボーン氏の演説原稿は以下を参照。
Osborne, G.(2012, October). *In the face of the great economic challenges of our age we here resolve：We will press on and we shall overcome* [Speech transcript]. New Statesman. http://www.newstatesman.com/blogs/politics/2012/10/george-osbornes-speech-conservative-conference-full-text（最終アクセス日：2024年10月1日）。

2.2.2 「無過失解雇」との違い

オスボーン演説直後、BISが新しい雇用ステータスの概要を公表した際、社会の反応は大きく分かれた[16]。労働組合側、特にイギリス労働組合会議（TUC）や全国都市一般労働組合（GMB）は、この提案に強く反対し、労働者の権利が不当に奪われるとして批判した。また、イギリス人事協会（CIPD）[17]もこの制度に否定的であった。一方、経営者側の一部からは、労使双方に利益をもたらす革新的な提案として歓迎する意見もあったが、従業員持株制度と雇用法上の権利の放棄が相容れないことや、企業の社会的信用に悪影響を及ぼす可能性があると疑問を呈する声も多く、賛否が交錯していた[18]。

興味深いのは、ヴィンス・ケーブル大臣が「無過失解雇」制度には反対する一方で、「株主被用者」制度には否定的な態度を示さなかったことである。彼は、被用者がこの制度を自発的に選ぶこと、差別的な取扱いや休日労働拒否などを理由とする不公正解雇から保護される権利がなお残っていること、急成長する企業にとってはとりわけ魅力的な制度である点を強調し、「無過失解雇」とは異なる制度であると説明した[19]。すなわち、彼は、「被用者株主」制度について、労働者の自由選択の余地と活用範囲の限定性を重視し、「無過失解雇」制度とは異質なものと認識していたのである。

2.2.3 諮問を経て法案成立へ

このような状況の下に、政府は、短期間の意見聴取（consultation）を経て、「株主被用者」制度の導入を急いだ。通常3か月かかる諮問がわずか3週間で終了し、寄せられた200件以上の意見の多くは導入に慎重なものや反対意見であった[20]。しかし政府は、計画通りに制度導入を進める姿勢を崩さず[21]、

16）Prassl, J.(2013), 311.

17）イギリスの代表的な人材育成管理専門研究機関（Chartered Institute of Personnel and Development）。

18）労働側、経営側、法曹関係者からの反応について、詳しくはJILPT、「海外労働情報（イギリス）：自社株提供の従業員に対し解雇規制を緩和――成長促進策の一環で新提案」（2012年11月）を参照。

19）http://www.libdemvoice.org/vince-cable-mp-writes-my-view-on-george-osbornes-employee-ownership-scheme-30780.html を参照。

2013年に成長・基盤整備法案（Growth and Infrastructure Bill）第23条として法案が上程された。

この法案は連立政権の支持を受け庶民院で可決されたが、貴族院では強い反対に遭い、何度も修正案が求められた[22]。最終的には、制度適用に際して専門家による助言の提供を義務付けるなどの譲歩を加えた[23]うえで成立し、2013年4月に国王裁可が与えられた。

2.3　根拠規定

その結果、2013年成長・基盤整備法（the Growth and Infrastructure Act 2013）第31条により、「被用者株主」という新たな概念が導入された。また、これに伴い、1996年雇用権法（Employment Rights Act 1996）には205A条が新設され、いくつか関連の改正が行われた。実際、2013年9月1日より、この新雇用ステータスは内閣府の命令により施行されることになった[24]。

3．制度の概要

3.1　「株主被用者」になるための要件

「株主被用者」となるためには、以下の要件を満たす必要がある：(a)被用者が株主被用者になることについて使用者と合意していること、(b)使用者が被

20）BIS, 'Consultation on implementing employee owner status'（Dec 2012）. https://www.gov.uk/government/consultations/consultation-on-implementing-employee-owner-status-2（最終アクセス日：2024年10月1日）から諮問結果を閲覧することができる。

21）政府は、諮問終了後まもなく、計画通りに改革案を進めることを公表した。その際、かかる雇用ステータスの名称が「owner employee」から「employee shareholder」へと変更された。Prassl, J.(2013), 311–312.

22）2013年成長・基盤整備法案の立法過程及び「被用者株主」制度に関して行われた貴族院・庶民院間の議論について、http://services.parliament.uk/bills/2012-13/growthandinfrastructure/stages.html　（最終アクセス日：2024年10月1日）を参照。

23）JILPT,「海外労働情報（イギリス）：持株従業員の解雇規制など緩和――今秋に制度導入」（2013年7月）http://www.jil.go.jp/foreign/jihou/2013_7/england_02.htm（最終アクセス日：2024年10月1日）、Prassl, J. (2013), 312も参照。

24）「株主被用者」制度に関する以下の説明は、これらの根拠規定に加え、施行日にオンラインで公表されたガイドライン（BIS, Employee shareholders–Detailed guidance.）に基づいてまとめられたものである。

用者に自社または親会社の株式を付与することになっており、その株式の価値が付与時点で2000ポンド以上であること、(c)株主被用者制度の詳細および株式に関連する権利について、契約条件明記文書を被用者に交付していること、(d)被用者がこの合意に異議を唱えていないこと。

これらの要件を満たせば、求職者も現職の被用者も「株主被用者」となるための申し込みが可能である。一方で、この制度に参加したくない場合、求職者手当を受けている求職者であっても、自由に拒否する権利がある[25)]。また、現職の被用者が株主被用者になることを拒否し、そのために解雇やその他の不利益を受けた場合、雇用審判所に申し立てることができる。

3.2　株主被用者が失う権利・失わない権利

株主被用者となった労働者は、以下の権利を失う（205条(2)）：(a)教育訓練に関する申請権[26)]、(b)柔軟な働き方の申請権[27)]、(c)通常の不公正解雇からの保護（ただし、自動不公正解雇理由による保護は除く）[28)]、(d)剰員整理手当の受給権[29)]。また、株主被用者は、母親・父親休暇[30)]や（2010年追加父親休暇規則に基づく）追加父親休暇中に職場復帰を希望する際の予告期間が通常（前者は8週間、後者は6週間）よりも長く、16週間とされている（205A条(3)、(4)）。

一方で、株主被用者が引き続き保持する権利も多く、次の権利は失わない：(1)自動不公正解雇[31)]からの保護、(2)法定傷病手当、(3)法定の母親休暇、父親休暇、養子休暇とその手当、(4)雇用契約終了の最低予告期間、(5)緊急時

25）BIS, Employee shareholders-detailed guidance. イギリスにおける求職者支援制度について、丸谷浩介「イギリスにおける求職者支援法の展開」季刊労働法232号（2011年）65頁を参照。
26）Employment Rights Act 1996, s. 63D.
27）Employment Rights Act 1996, s. 80F.
28）Employment Rights Act 1996, s. 94.
29）Employment Rights Act 1996, s. 135.
30）1999年両親休暇規則に基づく休暇。
31）自動不公正解雇理由となるのは、差別的理由に基づく解雇、健康・安全上の理由に基づく解雇である。また、被用者株主制度の導入により、被用者株主になることを拒否したことによる解雇もこの「自動不公正解雇」理由の一つとなった（1996年雇用権法104G条を新設）。

のタイム・オフ、(6)整理解雇における集団剰員整理に関する労使協議、(7)事業譲渡（雇用保護）規則（TUPE）の適用、(8)全国最低賃金の保障、(9)違法な賃金控除の禁止、(10)年次有給休暇、(11)休憩の権利、(12)パートタイマーや有期契約労働者に基づく差別の禁止、(13)差別されない権利。

3.3　手続的要件

株主被用者制度を導入するにあたって、使用者と被用者（または被用者になる予定の者）は契約を結ぶ必要があるが、この契約は、以下の手続きを経ない限り効力を持たない。

3.3.1　書面労働条件通知書（written statement）の交付

まず、使用者は被用者に対して、株主被用者としての権利や株式に関する情報を含む「書面労働条件通知書」（本編第2章第1節参照）を交付しなければならない（旧205A条第（5）項）。この文書には、被用者が失う権利や職場復帰の際の予告期間、株式の議決権や配当権の有無、会社解散時の資産分配に関する権利など、詳細な条件が記載される必要がある。また、複数の種類の株式がある場合は、与えられた株式が他の種類とどのように異なるかを説明する必要がある。

3.3.2　独立した適正な助言の提供

次に、労働者は契約条件について、独立した適正な助言を受ける必要がある。この助言は、弁護士、労働組合が認定する適切な助言者、助言センターが認定する適任者の職員[32)]、または国務大臣が認定した法律専門家[33)]などによって提供される。この助言は、労働者が契約内容を十分に理解し、情報に基づいて判断を下せるようにすることを目的としている。したがって、助言の独立性を確保するために、使用者は社内弁護士や特定の弁護士を指定することはできない。また、労働者が助言を拒否した場合、使用者は契約の締結

32）法律や法的サービスへのアクセスなどについて助言を提供する組織。

33）BIS, Employee shareholders-detailed guidance. 7頁を参照。

を勧めるべきではない。ただし、助言を受けるための費用は採用予定者を含めて会社側が負担し、被用者や採用予定者が株主被用者契約を締結しない決定をした場合でも、会社がその費用を負担する必要がある。

3.3.3　熟慮期間の設定

労働者が助言を受けた後、7日間の熟慮期間が設けられており、この期間中に株主被用者契約の実質的意味や法的効果を十分に理解し、契約を締結するかどうかを慎重に検討することが求められる。この熟慮期間の設定は、労働者が雇用法上の重要な権利を放棄する可能性があるため、衝動的な決断を避け、十分な時間を持って冷静に判断できるようにすることを目的としている。

4．株主被用者が保有する株式について

株主被用者が雇用法上の権利を放棄するという大きな代償を支払って手に入れた株式には、どのような価値と法的保障があるのであろうか。

4.1　株式の価値

株主被用者制度の適用には、労働者に付与される株式が付与時点で2000ポンド以上の価値を有することが要件とされる[34)]。また、労働者は株式の価値について異議がある場合、契約締結前に再評価を求めることができるし、株主被用者になることを拒否することもできる。ただし、その際の費用は労働者の負担となる。使用者は株式の価値に関する説明責任を負い、労働者は株主被用者契約を拒否する自由を持つ。

34）その株式は、使用者たる会社またはその親会社の株式でなければならない。また、付与時点における株式の価値が2000ポンド未満であったことが後から判明されれば、当該個人が雇用審判所に申し立てることができる（たとえば法定剰員整理手当または不公正解雇の申立として）。そして、それが事実だと認定されれば、雇用審判所は、当該個人が株主被用者ではなく、雇用法上の被用者であると判示することができる（ただし、その場合、被用者株主に適用される税金の控除もなくなる）。なお、株主被用者に付与できる株式は、金額の上限も付与回数も制限がない（ただし、後述のように、キャピタルゲイン税の控除を受けられる株式の上限額が50000ポンドとされる。）。

4.2　株式の種類と権利

付与される株式は完全払込済みでなければならず、万一会社が破産しても労働者が負債を負うことはないが、株式からのリターンも期待できない可能性がある。使用者は株式の種類や権利内容について詳細を説明し、売却・譲渡制限がある場合[35]はその内容も明記する必要がある。

4.3　株主被用者の退職と株式の処理

退職時の株式の処理方法についても、使用者はあらかじめ明示しなければならない。例えば、買戻し条項があれば退職時に株式が買い戻されるが、そうでなければ株式を保持することも可能である。ただし、売却に制限がかかる場合もある。

4.4　税制上の優遇措置

株主被用者に付与される株式は、所得税やキャピタルゲイン税の一部免除の対象となる。特に、最初の2000ポンド分については所得税が免除され、最大50000ポンドまでのキャピタルゲイン税の控除が適用される[36]。

5.　締結拒否を理由とする不利益取扱い・解雇の禁止

使用者は、被用者が株主被用者契約の締結を拒否したことを理由に、不利益な取扱いや解雇を行うことはできない[37]。このような拒否を理由とする解雇は「自動的不公正解雇（automatic unfair dismissal）」とされ、被用者に強い保護が与えられている。自動的不公正解雇とは、労働組合活動、妊娠・出産、法定権利の行使などを理由とする解雇が含まれ、これに対して被用者は申立権を失わない[38]。

35）株式公開会社か株式非公開会社かによっても、売却可能性がまったく異なってくる。

36）2013年財政法（Finance Act 2013）により、①最初の2000ポンドの株式について所得税及び国民保険料が免除され、②£50,000までの株式について、キャピタルゲイン税の控除を受けることができるとされる。

37）Employment Rights Act 1996, s. 47G.

38）Employment Rights Act 1996, s. 104G.

注意すべき点は、株主被用者が放棄するのは「通常の不公正解雇」に対する申立権であり、自動的不公正解雇（注31）を参照）の申立権は保持されることである。さらに、解雇理由が複数ある場合でも、株主被用者契約の締結拒否が主要な理由であれば申立ができる。

6．株主被用者ステータスの変更・終了

株主被用者としての地位は、取得した株式を売却しても自動的に終了するわけではない。雇用契約の一部として権利の一部が放棄されているため、株主被用者のステータスを終了するには、雇用契約そのものの変更が必要である[39)]。しかし、通常このような契約変更は困難であり、株式の価値が低い場合でも、労働者が放棄した権利を取り戻すことは簡単ではない。また、雇用契約の終了まで、使用者の同意がなければ失った権利は回復されない。

さらに、企業の性格（公企業か私企業かなど）、経営状況、および株式の市場価値によっては、付与された株式の売却が困難な場合もある。その結果、労働者が保持している株式が価値を持たない「紙切れ」となるリスクも否定できない。高スキルの労働者でない限り、この制度は労働者にとって魅力的な選択肢ではない可能性がある。

7．株主被用者制度に対する評価

7.1　制度の導入効果と利用実態

株主被用者制度は導入当初から様々な評価があり、実際の利用実態と制度の本来の目的との間には乖離が見られる。制度設計が複雑であることや、株式の価値に関する争いが生じる可能性などが問題視されており[40)]、制度のシンプルさという政府の主張が現実とは異なることが指摘されている[41)]。また、制度の利用は特定の業界に限られ、特にプライベート・エクイティ（未

39）BIS, Employee shareholders-detailed guidance. 12頁を参照。
40）Prassl, J.(2013), 317, 319, 320.
41）2014年1月の議会質疑を参照。http://www.publications.parliament.uk/pa/ld201314/ldhansrd/text/140109-0001.htm（最終アクセス日：2024年10月1日）

公開株式などの）投資業界などの特定の職種や、すでに会社の株を所有している管理職が主な利用者となっていた[42]。このため、税金の無駄遣いとして批判されることも多かった[43]。

7.2　従来の法制度との整合性

制度導入の背景には、景気政策としての側面が強く、従来の雇用法制度との整合性に問題があると指摘されている。従来の「被用者（employee）」や「労働者（worker）」という概念に加え、新たな「株主被用者」という中間的なステータスが導入されたことで、法的な解釈が複雑化し、労使双方に混乱をもたらしていた[44]。また、2006 年会社法（the Companies Act）に基づく従来の従業員持株制度との関係も微妙である[45]。というのは、企業は「株主被用者」制度の導入に際して元々の株式制度との調整や関連改定など、様々な煩雑な手続が必要となる。このような制度の不整合性は、企業のコンプライアンスコストや雇用審判所での争いの増加を引き起こす原因ともなっていた。

42）この制度の導入前に既に会社の株を多く所有している役員や管理職の節税方法として利用されることがほとんどであったようである。この点、財務省は、この制度が正しく利用されるようにモニタリングを行っていると話しているが、その効果が不明である。Andrew Bounds and Elizabeth Rigby, 'Shares for rights' helps cut executive bills'（Financial Times, 15 Sep 2013). http://www.ft.com/cms/s/0/cb93fa00-1c8b-11e3-a8a3-00144feab7de.html#axzz33uSF2CQI　を参照（最終アクセス日：2024 年 5 月 23 日）。

43）TUC が制度施行直前に、同制度の施行が納税者に 10 億ポンド以上の負担をもたらすと推定した。TUC,'Chancellor's shares for rights gimmick could cost taxpayers over £1bn'（30 Aug 2013). http://www.tuc.org.uk/economic-issues/economic-analysis/corporate-governance/chancellors-shares-rights-gimmick-could-cost（最終アクセス日：2024 年 7 月 15 日）。また、副首相のニック・クレッグ氏（Nick Clegg）も、2014 年 1 月に開かれた記者会見で、この制度がジョージ・オスボーン財務大臣の興味本位で始めた「ペット・プロジェクト（pet project）」の一つだと揶揄し、これらの廃止さえすれば、納税者が納めた多額な税金が返ってくるはずだと批判した。http://www.out-law.com/articles/2014/january/nick-clegg-government-should-abandon-pet-employee-shareholders-scheme-and-use-money-to-fund-tax-breaks/（最終アクセス日：2024 年 10 月 1 日）。

44）たとえば、改正された 2006 年雇用権法 205A 条に触れられていない権利（たとえば集団的労使関係法上の権利）などについて、「労働者」と「被用者」のどちらに準じて決めるべきか、不明な点も多い。Prassl, J.(2013), 318, 321.

8．株主被用者制度の失敗とその背景

株主被用者制度は、2013年9月に導入されたが、わずか3年後の2016年の秋に優遇税制の廃止が決定された。これに至った理由と背景には、以下のような要因がある。

8.1　制度の目的と実際の利用の乖離

この制度の本来の目的は、企業が従業員のエンゲージメントを高め、特にスタートアップ企業や中小企業の成長を支援することであった。しかし、実際には特定の富裕層や投資家が税制優遇を利用するために制度を活用するケースが目立ち、制度の不正利用が問題視された。このような制度目的と利用実態の乖離が、制度の後退を招いた大きな要因である。

8.2　労働者の権利保護の懸念

株主被用者制度は、労働者が雇用権を放棄することを前提としており、特に低賃金労働者や交渉力の弱い労働者が不当に権利を失うリスクがあると批判された。労働者保護の観点から見ても、この制度は労働者に不利な仕組みであり、労働者の権利保護が求められる社会の流れに逆行していたことが失敗の一因となった。

45）従業員持株制度は1829年にイギリスに初めて誕生したのもあって、従業員の経営参加意識や勤労意欲を向上させることや安定した株主を確保するという意味で重要な制度である。特に、「従業員100％株主制度」に基づく「従業員所有企業（employee-owned company）」として成功している企業もあり、注目を集めている。この点、Simon Deakin教授は、従来の従業員持株制度や従業員所有制度が労働生産性を高めるために効果的であることが既に十分すぎるほど検証されているが、雇用上の権利の放棄とリンクさせることは、逆効果であり、まったく不要であると指摘している。Deakin, S. 'Shares for rights-why entreprenueurial firms need employment law too' Financial Times（Feb 11 2013）http://blogs.ft.com/economistsforum/2013/02/shares-for-rights-why-entrepreneurial-firms-need-employment-law-too/http://blogs.ft.com/economistsforum/2013/02/shares-for-rights-why-entrepreneurial-firms-need-employment-law-too/ （最終アクセス日：2024年12月1日）。

8.3　政策の転換と政治的背景の変化

制度が導入された背景には、労働市場の規制緩和を進め、経済の活性化を図ろうとする政策があったが、2015年以降、労働者保護を重視する政策への転換が見られるようになった。テリーザ・メイ政権下では、企業の利益よりも「働く人々のための政府」を目指す姿勢が打ち出され、労働者の権利を強化する方向に舵が切られた。この政策転換も株主被用者制度の後退を後押ししたのである。

9．まとめ

株主被用者制度の失敗には、税制優遇の不正利用、労働者の権利保護に対する懸念、そして政策転換といった複数の要因が重なり、制度が当初の目的を達成できなかったことが大きく影響している。その結果、制度は本来の役割を果たすことなく、わずか3年で後退に至ったのである。

しかし、本節でこの制度を詳細に検討したのは、景気政策としての是非を問うためではない。この制度の導入から後退に至るまでの過程は、明示条項の法的効力とその限界を浮き彫りにしていると同時に、その反面で明示条項がいかに契約の内容を具体的に規律し、当事者の合意内容を強力に担保する役割を果たしているかを示している。また、このプロセスには、イギリス法が契約自由と当事者の自主性を重視する特徴が色濃く反映されている。合意の真意性を保障するための手続的なプロセスについては、本編第2章第3節で詳しく検討する予定であるが、こうした手続的保障は、契約の信頼性と当事者間の公正さを確保するために多くの示唆を含んでいると考えられる。

第3節　事前の合意による訴訟の放棄

1．制度の概要

最後に、イギリスで被用者と使用者が雇用関係を終える際に用いられる「和解契約（settlement agreement）」について触れておきたい。ここでの「和解契約」とは、被用者が裁判上の請求を放棄する代わりに、使用者が金銭的対価やその他の利益を提供する契約のことである。当初は「妥協契約（compromise agreement)」と呼ばれていたが、2013年7月の1996年雇用権法111A条の改正を受け、「和解契約」に名称が変更された[46]。

この契約により、被用者は雇用終了前に行われた和解に基づき、雇用審判所や裁判所への訴訟を放棄することになる。和解の内容には、被用者への金銭補償に加え、再就職を支援するための推薦状の交付などが含まれることが多い。和解契約が成立した場合、被用者はその契約で定められた事項について雇用審判所への申立を行うことが制限される。

「雇用終了前の交渉」について定めた1996年雇用権法111A条の導入目的は、和解交渉が後に不公正解雇訴訟の証拠として使用されることを防ぐ「証拠排除」の保護[47]と、使用者が法的リスクを恐れずに被用者と和解交渉を行うための「交渉の自由」を確保することである。要するに、111A条は訴訟リスクを低減し、和解交渉が安全かつ柔軟に進められるよう法的保護を提供する仕組みであり、雇用契約の終了をより円滑にするための重要な支援策となっている。

2．締結プロセス

「和解契約」は、柔軟な締結プロセスによる。使用者と被用者のどちらも、和解契約の提案をどの段階でも行うことができ[48]、合意した時間と場所で提案内容について話し合うことが可能である。法的要件ではないが、ACAS(雇

---

46) Settlement Agreements (under section 111A of the Employment Rights Act 1996),(29 July 2013) p.1.(file：///C:/Users/Owner/Downloads/settlement-agreements-under-section-111a-of-the-employment-rights-act-1996.pdf（最終アクセス日：2024年8月8日))。本制度に関する一般的な説明は、ACASのガイダンスに依拠している部分が多いが、以下、逐一に引用しないことを付言しておく。

47) コモン・ロー上の「証拠排除（without prejudice)」の保護は、自由でオープンな交渉を保障、促進することを目的とし、当事者間の交渉過程や提案内容等が裁判で証拠として用いられることによって当事者が不利益を被ることを防ぐ原則である。本書の初出論文⑤（はしがき参照）では「without prejudice」を「秘匿特権」と訳していたが、本書では読者への伝わりやすさを重視し、「証拠排除」と表記している。

48) 和解契約の提案者は、通常使用者であることが多いものの、労働者であることもありうる。

用調停仲裁局）の行為準則によれば、使用者は被用者が同僚や労働組合の役員を同席させることを認めるべきであるとされる。和解の提案を受けた被用者は、それを受け入れるか拒否するか自由であり、最初から話し合いを拒否することも、提案に対して修正を加えて合意に向けて交渉することも可能である。

3．内密取扱い（証拠排除）原則と「不当な行為」

雇用契約終了に関する和解契約の合意条件は、内密取扱い（証拠排除）原則に従い内密に扱われる。この原則により、和解交渉の内容は後に雇用審判所での不公正解雇申立において証拠として使用することができない。この保護は、既に発生している紛争に対しても適用され、使用者と被用者が和解契約を提案する際の交渉の自由を支えている[49)]。

ただし、この交渉内密取扱いの保護が適用されるためには「不当な行為(improper behavior)」が存在しないことが前提である[50)]。「不当な行為」とは、ハラスメントや差別[51)]、暴力、脅迫などの行為の他、相手方（通常は使用者が被用者）に不当な圧力をかけることも含まれる。例えば、被用者に合理的な熟慮期間を与えない場合、あるいは和解契約を拒否すれば解雇すると脅す場合などであり、さらには（1998年公益告発法（the Public Interest Disclosure Act 1998）の規定が適用されない状況であることを前提に）、被用者が使用者に対し、和解契約を締結しなければ使用者の社会的評価を損なうと脅迫する場合などが挙げられる[52)]。

49）1996年雇用権法111A条に基づく「雇用終了前交渉内密取扱い」原則は、コモン・ロー上の「証拠排除」原則と適用される場面や条件において異なる点があるが似た役割を果たす。

50）この点、コモン・ロー上の「証拠排除」原則も詐欺、不当な影響または虚偽の意思表示、恐喝があった場合に適用されない。

51）2010年平等法により禁止されている、年齢、障害、性適合(gender reassignment)、婚姻およびシビル・パートナーシップ、妊娠および出産・育児、人種、宗教または信条、性別、性的指向を理由とする差別。

52）なお、内部告発、労働組合員の身分又は法的権利の行使を理由とする自動不公正解雇、契約違反及び違法解雇（wrongful dismissal）に関する申立の場合にも内密取扱い原則が適用されない。

このような行為があった場合、内密取扱いの保護は無効となり、交渉内容が審判所での証拠として使用される可能性がある。また、不当な行為自体が申立事由となることもある[53]。しかし、適切な交渉が行われる限り、内密取扱い原則は当事者間の自由な合意形成を保障し、使用者も被用者も安心して交渉を進められる環境を提供する。この制度設計は、交渉の自由を保障するだけでなく、交渉過程の公正さと透明性を維持し、合意が強制ではなく自発的に形成されることを確保しているのである。

4．手続的要件

和解契約が法的拘束力を持つためには、いくつかの厳格な手続的要件を満たす必要がある[54]。第一に、和解契約は書面で締結され、その契約がカバーする訴訟の内容を明確に特定することが求められる[55]。第二に、被用者は契約内容や法的効果について、独立した適正な助言者から助言を受ける必要があり、その助言者の名前なども契約に明記しなければならない。さらに、助言者はその助言に対して職業上の保険などに加入している必要がある[56]。第三に、提案を受けた当事者には合理的な熟慮期間が与えられ、その期間は通常少なくとも10日間（暦日）とされる。最後に、和解契約がすべての法的要件を満たしていることが契約内に明記されることが必要である。

5．放棄契約と妥協（和解）契約を区別する視点

法律上求められていないものの、このような和解契約において、使用者は被用者に代償を払っているのか、それとも無償で訴訟の権利を放棄させているのかが、判例上、重視されることがある。2013年法改正前の事案である

53）ただし、「不当な行為」をしたか否かが、その後の不公正解雇に対する判断に直接影響せず、かかる行為をしたからといって、必然的に敗訴することがない。

54）ACAS Code of Practice on Settlement Agreements (under section 111A of the Employment Rights Act 1996).

55）たとえば、「これは、すべての類型の訴訟をカバーする最終的な合意である。」という漠然とした形をとる契約は、効力を有しない。

56）すなわち、自分の助言により被用者が被りうる損失をカバーできる一般保険又は職業免責制度に加入していなければならない。

が、BCCI v Ali and others 事件[57]において、高等法院大法官部は、被用者が特定の雇用紛争について訴訟の権利の放棄を合意するに際して、使用者が情報開示義務を負うか否かは、当該契約の性格が（無償の）放棄契約なのか、それとも（有償の）妥協契約なのかにもよると判示した。

【事実】

Y 銀行は1990年に、事業再編成の一環として約900名の被用者を剰員整理した。被用者である X らは、同年７月４日に、剰員整理手当や恩恵給付に加えて、「法令、コモン・ローまたは衡平法に基づく、既存または存在する可能性のある訴訟に対する最終的な解決」として、１か月分の賃金相当の金銭を受け取り、ACAS の書式による訴訟を提起しない旨の協定（本件協定）に署名した。しかし、Y 銀行は遅くとも1986年にはすでに支払い不能に陥っており、その後もこの事実を隠すために違法な事業運営を続けていた。1991年の破産清算後、数名の元被用者が別件訴訟を提起し、同訴訟で使用者が不道徳かつ不誠実な方式で事業を運営したことが雇用契約上の黙示的相互信頼条項に違反するとして損害賠償を請求したところ、同請求が認容された。これに続き、X らも同様の理由で損害賠償を請求したが、Y 銀行は、本件協定により X らには損害賠償請求権が認められないと主張した。X らは、支払い不能と不誠実な事業運営の事実を Y 銀行が開示していれば、協定に合意しなかったはずであるとして提訴した。

【判旨】請求棄却。

「X らと Y 銀行の間の「協定は、『放棄（release)』ではなく『妥協』的なもの（compromise）であるため、使用者は協定締結前に既存の不正行為や契約違反を開示する義務を負わない」。「放棄協定の場合、被用者に訴訟を放棄させるためには使用者が開示義務を負うが、妥協協定の場合にはそのような

57）BCCI v Ali and others［1999］IRLR226（Ch D). なお、本判決は、控訴院判決（BCCI v Ali,［2000］I.C.R. 1410（CA））において結論が覆され、X の控訴が認められた。しかし、控訴院は放棄契約と和解契約の区別について具体的かつ明確な判断を示していない。このため、本書では議論の核心に関連する高等法院判決にのみ焦点を当てる。この点に関する詳細は、第 IV 編第２章注16を参照されたい。

義務はない。妥協協定と放棄協定の本質的な区別は、後者には代償がない点にある。『放棄』協定であるか『妥協』協定であるかは、契約の形式ではなく、その実質によって判断される」。

第4節　まとめ

以上のように、イギリスにおける雇用契約では、明示条項が重要な役割を果たしていることが明らかである。その特徴は、以下のように整理される。

1．明示条項の役割と効果

明示条項は当事者の権利と義務を具体的かつ明確に定めることで、紛争の予防に一定程度貢献している。契約内容が明示的に記載されることで、証拠としての信頼性が高まり、当事者間の認識のズレを最小限に抑えることが期待されるからである。このように、明示条項の存在は契約の安定性と透明性を支える中核的な役割を果たし、労使関係の信頼性を高める要因となっているといえる。

2．適用除外の範囲と基準の明確性

次に、明示条項による法的規制の適用除外（オプト・アウト）に対する懸念もあるが、その適用範囲や基準が明確であるため、当事者は個別の合意を通じて柔軟に労働条件を設定することができる。個別の状況に応じた調整が可能であると同時に、法的な枠組みの中での保護も維持されている。この制度設計は、契約自由の原則を尊重しながら、法的安定性をも確保するバランスが取れたものとなっている点で注目される。

3．労働者の意思を担保する手続規制

明示条項を通じて労働者の個別合意が尊重されることは一見好ましいことであるが、労使間の交渉力の格差により、形式的には合意が成立しているように見えても、実際には「虚偽の合意」であるケースも少なくない。このよ

うな背景から、本当に労働者の意思に基づいた合意がなされていることを保証するための手続規制が不可欠である。特に、権利の放棄を伴うような重要な意思決定においては、手続的な保護が細やかに設けられている。この手続的な保障によって、労働者は自己の選択に基づいて行動し、自己の権利を守りつつ、柔軟な労働関係を築くことが可能となる。このような手続規制は、契約自由と労働者保護の両立を追求するイギリス法の特徴を如実に示しているといえよう。

4．シンプルな制度設計とその実務的意義

イギリスの制度設計は、そのシンプルさゆえに、労使双方にとって非常に利用しやすいものとなっている。明確な手続と合意の透明性が確保されているため、制度を利用する人々にとって、プロセスが分かりやすく、安心感を与えている。このシンプルさが、迅速かつ公平な労使関係の形成を後押しし、紛争を未然に防ぐ効果的な手段として機能しているのである。また、簡潔で理解しやすいプロセスは、実務における適用を容易にし、ひいては労使関係の安定にも大きく寄与している。しかし、その一方で、複雑でわかりにくかった「被用者株主」制度は、こうした明瞭性を欠いていたため、最終的には失敗の運命をたどった。

5．日本法への示唆

イギリスの雇用契約における明示条項の位置づけは、日本の雇用契約理論に対しても重要な示唆を与えている。労働者保護と当事者合意のバランスを適切に取ることが、柔軟で持続可能な労働環境を構築するための鍵であり、これからの法改正においても重要な指針となるべきである。

以上の分析を通じて、イギリスにおける明示条項の優位性とその限界が浮き彫りとなった。明示条項は、雇用契約における当事者の意思を尊重し、自由な合意形成を可能にする一方で、労働者保護とのバランスを常に問い直されている存在である。これらの事例から見えてくるのは、明示条項が契約自由と労働者保護の狭間で揺れ動く現実であり、法制度の設計においても慎重

な調整が求められるということである。

次章では、標準書式契約の限界と不当な契約条項に対する現行法上の規制について検討し、明示条項のさらなる課題とその対応策を探る。特に、標準書式契約の実効性が疑われる場面や、法的規制がどのように契約の自由を制約しつつも保護を与えているのかについて深掘りすることで、雇用契約上の明示条項の位置付けをさらに明らかにする。

第2章　標準書式契約における明示条項への規制

本章では、書面による労働条件通知書の交付義務が強化される中で、標準書式契約の増加がもたらした課題を検討する。その中でも、標準書式契約における不当な明示条項に対する規制に焦点を当て、現行法上の規制とその評価を行う。

第1節　書面労働条件通知書と標準書式契約の現状と課題

1．書面労働条件通知書

1.1　契約内容の可視化に向けた取り組み

イギリスでは、かつては口頭による雇用契約が主流であり、労働条件の詳細は労働協約などによって補完されていた。しかし、第Ⅰ編第2章で検討したように、労働協約の規範的効力や就業規則の最低基準効が認められておらず、雇用契約に組み入れられるためには、橋渡し条項（bridging clause）等の明示的な合意が必要とされる。さらに、日本の労基法13条のような規定がないため、制定法上の権利義務でさえも、契約上の効力を有するためには、黙示条項として雇用契約に組み込まれるという解釈がなされることがあり[1]、雇用契約の内容が不明確になることが少なくなかった。

このような背景のもと、雇用契約の内容を明確にするために、書面労働条件通知書の交付が法的に義務づけられ、その内容は段階的に強化されてきた。この通知書は、労働条件を明文化することで契約の可視化を進め、当事

1）たとえば、雇用権法に定められている解約予告権（解約予告条項）、雇用平等法に定められている同一賃金権（男女同一賃金条項）、最低賃金法に定められている最低賃金（全国最低賃金超過条項）。なお、制定法上の権利と契約上の権利には異なる救済方法が予定されている場合が多い。

者間の権利義務関係の透明性を高める狙いがある。

1.2　労働条件通知書の交付義務

使用者は、労働者を雇い入れる初日までに労働条件通知書を交付する義務を負っている[2)]。この通知書には、雇用契約の様々な基本条件が記載される[3)]が、2002年の雇用法改正により、雇用契約書や合意書（letter of engagement）の形式で提供することも可能となった。この改正は、雇用契約の透明性をさらに強化する目的があり、書面労働条件通知書と雇用契約の統合を促進するものと考えられる。

さらに、2020年の法改正では、その義務が労働者（ワーカー）にも拡大され、労働条件通知書の交付義務が一層強化された。使用者が通知書を適切に交付しなかった場合、労働者は雇用審判所に申立てる権利を有し、また通知書の内容に関して食い違いがある場合には、労使のいずれかからの申立を受けて、雇用審判所は、労働条件通知書の内容について宣告・決定することができる。また、使用者が特定の労働条件を変更する場合には、速やかに変更内容の通知が求められる[4)]。雇用審判所は通知書の交付義務違反を考慮して、不公正解雇等制定法上の権利に関する申立に関して、補償金（compensation）の加算を行うことができる。このような仕組みは、労働者の権利保護を強化するための重要な制度的担保となっている。

1.3　労働条件通知書の位置づけと雇用契約の解釈

労働条件通知書の交付は法定義務であるが、それ自体には契約としての拘束力がない。雇用審判所は当事者の意思を無視して、契約条項はこうである

2）1963年雇用契約法により導入され、現在1996年雇用権法（1条）に定められている。

3）一つの書類にまとめる必要がある情報、単独の書類に定めても良い情報、いつでも閲覧しうるか、合理的にアクセスできるその他の書類に定めても良い情報など細かく分類して定められている。

4）通常は効力発生日から1か月以内に通知する必要がある。ただし、その場合は変更の大枠を示せばよく、詳細については他の書類を参照させることができる（1996年雇用権法4条）。

べきとする独自の考えを展開することはできないものの、書面労働条件通知書の内容と整合性があるか否か、という視点から雇用契約を解釈することが認められている。ただし、雇用審判所の雇用契約に対する解釈権限は限られており、書面労働条件通知書がそのまま雇用契約の内容として解釈されることもない。それでも、労働者が通知書の内容を援用する場合、判例では「強い証拠」として扱われ、契約内容との相違があるときには、使用者側に立証責任が生じることになる。

２．標準書式契約の増加と使用者責任免除合意の規制

書面労働条件通知書の交付が義務化されたことにより、標準書式契約（standard form contract）を用いる使用者が増加し、1970 年代後半以降、その広がりが急速に進んだ（第Ⅰ編第１章第２節参照）。標準書式契約では、労働者と使用者の間で個別交渉が行われることは少なく、使用者が用意したひな型に基づき雇用契約が締結されるケースがほとんどである。このような契約形態は、使用者にとって裁量権を拡大し、自らの責任を軽減する条項を容易に盛り込む手段となりがちである[5)]。また、労働組合の影響力が低下し、集団的自由放任主義（Collective laissez-faire）に基づく労働条件決定システムが縮小したことも、標準書式契約の増加に拍車をかけた要因となった。

標準書式契約の広がりにより、使用者の責任を免除または軽減する条項の合意が増加し、これが労使間の交渉力の不均衡を深刻化させている。コモン・ローにおいては、標準書式契約に通常でない（unusual）条項や過酷な（onerous）条項が含まれている場合、相手方に対して注意を喚起する合理的な通知措置を取る義務が課される[6)]。この通知義務が果たされない場合、裁判所は当該条項の執行を制限または無効と判断する可能性があり、不利な条

５）Collins, H.(2007). Legal responses to the standard form contract of employment. *Industrial Law Journal*, 36(1), 5–6.

６）Interfoto Picture Library Ltd v Stiletto Visual Programmes Ltd［1989］QB433 (CA). この事案では、写真フィルムを貸し出す際、返却期限を超過した場合に高額な遅延料金を課す条項が納品書に記載されていた。控訴院は、この厳しい条項を相手方に明確に知らせていなかったとして、契約にうまく組入れていなかったと判断した。

件が相手方に一方的に課されることを防ぐ役割を果たしている。

しかし、こうした規制は厳しい条項の通知義務に限られており、通知が適切に行われれば条項そのものは適法とされるため、契約内容自体を根本的に規制するには至っていない。つまり、提供者が通知義務を遵守することで、厳しい条項を適法に契約に含めることが可能であり、使用者による一方的な契約内容の決定を防ぎきれていない。

では、こうした標準書式契約に対して、より根本的な規制は存在するのだろうか。実際、1977年に制定された不公正契約条項法（Unfair Contract Terms Act）は、極端に不公正な契約条項を無効にする可能性を含む法律であるが、次節で論じるように、その適用範囲は労働法分野では限られている。

第2節　明示条項への規制：1977年不公正契約条項法による不当条項規制の試み

1．立法趣旨及び関連規定

1977年不公正契約条項法（以下、「1977年法」）は、自らの契約違反に対する民事責任やその他の不法行為責任を免除する、不当な免責条項を規制する目的で制定された7)。この法律では、雇用契約に関連する規定として、まず、「人は、いかなる契約条項または特定・不特定の人々への通知に基づくものであっても、自らの契約義務違反、過失等による死亡や人身傷害に対する責任を除外・制限することができない」と明記されている（第2条）。これにより、たとえば、使用者が安全配慮義務を否定する条項を雇用契約に盛り込むことは許されないと解釈される8)。

さらに、第3条では、より一般的な規定として、「自らの契約違反の責任を除外・制限する条項」や「合理的に期待された契約履行の内容と根本的に異なる契約履行、もしくは自らの契約義務の不履行（一部・全部）を認める条

7）同法に対する考察として、田島裕「標準契約における不公正契約条項の効力」企業法学研究2012年1巻1号6頁以下。
8）Johnstone v Bloomsbury Health Authority［1992］QB333（CA）.

項」を、不公正条項と定義し、これらを相手方への抗弁として適用することを禁止している。しかし、同条の適用範囲は、①相手方が消費者である場合、または②事業者間の書面定型条項（written standard terms of business）に基づく場合に限られる。①の規定は2015年消費者権利法（第62条）[9]に移行されたため、1977年法は消費者契約への適用を終えた。一方、雇用契約への適用の可否については次にみるように議論が続いている。

2．雇用契約への適用の有無をめぐる判例・学説の立場

雇用契約への1977年法の適用については、1990年代の判例では、結論が相反するものが出されていた。

まず、1991年のChapman v Aberdeen Construction Group Plc事件[10]では、原告は雇用契約上、6か月間の解雇予告期間が保障されているが、十分な予告期間を与えられずに解雇された。彼の雇用契約には「解雇によりストックオプション制度に基づく権利が変更になったとしても、損害賠償の請求ができない」という契約条項が含まれていた。原告は、この条項が1977年法に違反するとして、違法解雇により被ったストックオプション関連の損害について、賠償請求をしたところ、判決は、雇用契約が場合によっては消費者契約に含まれうるとして、同法の適用を認めた[11]。

しかし、この判決はスコットランドの事例であり[12]、原告が上級管理職であったことに注意する必要がある。通常の労働者に関しては、この解釈は不

9）Consumer Rights Act 2015.

10）Chapman v Aberdeen Construction Group Plc 1993 SLT 1205；[1991] IRLR 505 (CSIH).

11）判決はこう述べた。「高給の役員が消費者と見なされるのに対し、臨時雇いの低賃金の窓清掃員は1977年法の保護が受けられないことは、変かもしれないが、このような例外（変則）は避けられない。また、『消費者』という用語は雇用関係において……使うのは不自然であるものの、これも法に基づく人為的な定義の不可避な結果かもしれない」。

12）スコットランドの法体系は、歴史的に大陸法の影響を受けて発展しており、特に契約法や不法行為法の分野でその影響が見られる。しかし、イングランドとの統合後は、イギリス全体の法的枠組みの中でコモン・ローの影響も受けるようになった。その結果、スコットランドの法体系は、大陸法の体系的な構造とコモン・ローの判例主義を併せ持つ混合法として特徴づけられる。

自然と言わざるを得ず、その後この立場を踏襲した判例はほとんど見られなかった[13)]。たとえば、1999年のJulian Brigden v American Express Bank Ltd［1999］IRLR 94（HC）事件では、原告は、採用から最初の2年間において、解雇予告手当さえ支払えば即時解雇ができ、その際に懲戒手続きも利用できないとする条項が含まれていた。高等法院判決は、雇用契約は同法にいう「事業者間の書面定型条項」に該当しないとして、1977年法の適用を否定した。

3．法制度改革委員会（Law Commission）による2005年法案と学説

こうした中、2005年に、イギリスの法制度改革委員会は、雇用契約の書面定型条項について規制することを含む法案を提出した。この法案は、雇用契約の書面定型条項を対象とし、1977年法第3条と同様の規制を設けていた（第12条)。この法案が成立すれば、使用者は自己の責任や義務を制限・除外する条項について、公正かつ合理的なものとして立証できない限り、当該条項が違法となるため、学説においても大いに期待されたが、成立には至らなかった。

他方で、学説においても、1977年法の適用に関して、その後も見解の一致が見られていない。一部の学説は、労働者は商品やサービスのユーザーではなく、むしろサービス［労務］の提供者であるため、雇用契約への適用は困難であるとし[14)]、判例の立場と一致する見解である。他方、雇用契約上の免責条項のみならず、1977年法の合理性基準をすべての雇用契約条項に適用すべきであるとの見解[15)]や、不公正な雇用契約条項に対して1977年法などの制定法と黙示条項によるアプローチを併用すべきであるとする見解[16)]もある。

13）賞与支払日在籍条項をめぐって争われたCommerzbank v Keen［2007］IRLR132（CA）. 事件判決も同旨。

14）Freedland, M.(2003). *The Personal Employment Contract.* Oxford University Press. 190-191.

15）Brodie, D.(2007). Square pegs, round holes and the Unfair Contract Terms Act. *Employment Law Bulletin,* 76, 2-3.

16）Collins, H.(2007). Legal responses to the standard form contract of employment. *Industrial Law Journal,* 36（1), 5-6.

4．まとめ

以上の検討から、イギリスにおける不公正条項規制の現状が浮き彫りとなった。1977年不公正契約条項法は、一般法として不公正な契約条項を規制する役割を果たしているが、特にイングランドにおいては、雇用契約上の不当条項に対する規制力が非常に限定的であることが明らかである。

一方、1996年雇用権法（Employment Rights Act 1996）第203条は、同法に定められている労働者の法定の権利を放棄させたり制限したりする契約条項を原則として無効としており、不公正解雇、最低賃金、休暇などの基本的な労働者の権利は、契約条項によって侵害されることはない。このように、本編第1章で検討したような除外制度が導入されない限り、労働者の基本的な権利は雇用契約の制限条項によって除外されることはないとされている。

しかしながら、契約上の福利厚生（各種の休暇・給付など）（benefits）に関しては、労働者の合理的な期待に反して制限・除外されるケースが依然として多く、これらの条項に対する規制は不十分なままであるのが現状である。

第3節　明示条項における合意プロセスの規制

1．個別合意の実質化

雇用契約における規制の必要性が認識されているものの、「理想的な規制」方法というものがあるだろうか。その答えは、容易には見出せないといえよう。「理想的な規制」は、どのような労働者像を想定するかによって変わり得る複雑な問題だからである。合意の「虚偽性」に注目するならば、当事者間の合意の範囲を外部から厳しく制限するアプローチが考えられる。しかし、雇用契約の個別性や多様性が進展している現状において、そのような規制が十分な効果を発揮するかは疑問が残る。また、当事者の合意が「真の合意」ではないとして否定することは、イギリスのように個別合意を重視する国だけでなく、他の法体系においても極めて困難な課題である[17)]。

本章の第1節と第2節では、イギリスにおける雇用契約の明示条項に対する外部規制の限界に焦点を当てた。しかし一方で、第1章の検討を通じて、イギリスでは当事者の実質的な合意形成を支援するための多様な手法が整備されていることも明らかになった。個別合意をどの範囲で許容するかは、各国の法体系や契約文化に依存するため、慎重な検討が求められる。仮にイギリスのように立法を通じて個別合意による規制の適用除外が認められる場合であっても、単なる合意の存在だけに依存する「裸」の合意論は危険であり、労働者が真の意思に基づいて選択できるようにするため、合意の実質化を実現する法的仕組みの整備が不可欠である[18)]。

特に、イギリスの法制度は、労働者の自由な意思形成を促進するために手続的要件を重視しており、雇用契約の規制における有益な示唆を提供している。本節では、これらの点に焦点を当て、イギリスの手法の意義とその示唆について掘り下げて検討することとしたい。

2．「合意」に対する手続的保障

2.1　明確性

イギリスでは、個別合意によって法規制の適用を除外するためには、まず書面契約の締結が必須であり、その除外の範囲も法律で定められているか、または書面により明確に特定する必要がある。たとえば、被用者株主制度では、法的助言の提供を通じた情報提供・説明義務を使用者に課すほか、合意に至るまでの熟慮期間を設けるなどして、実質的な合意形成を促進している。また、契約条件を明記した文書によって合意内容を明確化し、労使間の理解を深めることを重視している。これらの手続的保障は、被用者株主制度を利用しようとする個人が合意内容を理解し、真意または自由な意思に基づいて合意を形成する上で極めて重要である。

また、イギリスの被用者株主制度と労働時間規制のオプト・アウト制度を比較すると、制度自体の明確さが実質的な効果を大きく左右するだけでな

17）山梨県民信用組合事件最高裁判決・最二小判平成28・2・19民集70巻2号123頁が苦肉の策として示した「自由な意思論」の判断枠組は、論者によって解釈が異なる点からも、この点が読み取れる。

18）野田進「不利益な労働契約条項に対する『労働者の同意』：フランス労働法に示唆を求めて」法政研究81巻4号（2015年）342頁。

く、労使双方の合意形成にとっても極めて重要であることがわかる。

しかしながら、合意が明確に文書化されている場合、事後的な法的救済が困難になるという問題も残る。たとえば、日本の近年の裁判例における不更新条項を巡る事案では、使用者側による説明や署名押印などの手続が重視されている[19]が、判例における手続的規制は、具体的な事案に応じて異なるため、予測可能性が低く、その内容も十分とはいえない。したがって、より実質的な合意を担保するための法的仕組みの探求が求められている。

2.2　実質的な合意を担保するための仕組み

2.2.1　独立性をもつ専門家による説明・助言

まず、イギリスにおいては、株主被用者制度や和解契約における合意形成には、独立性を持つ専門家による説明・助言が前提条件となっている。この制度が必要とされる理由は、使用者側の説明のみでは以下のような限界があるからである[20]。

第一に、使用者による情報提供は、具体的な状況の説明に留まることが多く、労働者が自らの法的権利に及ぼす影響を十分に理解し、適切な意思判断を行うには不十分である。第二に、労使関係の現状を踏まえると、使用者の説明には誘導の意図が含まれることが多く、これが労働者の自由な意思決定を促進するどころか、労働者にプレッシャーを与え、自由な意思決定を妨げる可能性がある。特に、法的規制の適用を除外するという重大な影響を持つ合意の形成プロセスにおいては、使用者による説明だけでは不十分であることは明白である。

独立した専門家による助言を通じて労働者への情報提供・説明義務を使用者に課している場合、労働者は規制の適用除外によって自身の法的地位や権

19）近畿コカ・コーラボトリング事件・大阪地判平成17・1・13労判893号150頁、本田技研工業事件・東京地判平成24・2・17労経速2140号3頁など。

20）もちろん、個別合意を適切に機能させるために使用者の説明義務・情報提供義務が大きな意義をもつことは否定できない。この点、根本到「労働契約による労働条件の決定と変更」西谷敏・根本到編『労働契約と法』（旬報社、2010年）126頁以下を参照。

利喪失の可能性を十分に理解し、全体の利益と損失を総合的に考慮した上で意思決定を行うことが容易となる。この助言プロセスを経なければ合意書を締結することができず、助言にかかる費用は労働者が合意書を締結するかどうかにかかわらず使用者が負担するため、労働者は安心して助言を受けることができる。

さらに、労働者が使用者の影響を受けずに独立した意思決定を行うため、助言を提供する専門家の選定や依頼を労働者自身が行うことが求められている。このような手法により、助言の中立性・独立性が確保され、労働者が自由な意思に基づいて判断できる環境が整備されるのである。

2.2.2　熟慮期間

次に、株主被用者契約において、除外合意を行う前に必ず熟慮期間を設けることが求められている点も注目に値する。労働者は、特定の利益のためや使用者からの圧力を受けて、衝動的に権利を放棄する決断をすることが少なくない。また、一度その決断が文書化されると、後に法的介入によってその意思表示を否定することは極めて困難である。

このように、法的助言を受けた後に一定の熟慮期間を設けることは、労働者が冷静に考え直す機会を持ち、慎重な意思決定を行うための重要な手続的保障である。この措置により、労働者が軽率に権利を放棄するリスクを低減し、より実質的な合意形成を促進することが期待される。

2.2.3　「等価交換」の視点

これに加え、第１章第３節で考察した和解契約に関する判例は、労働者が訴訟申立権を放棄することに対して代償を得ているか否かを重視している。つまり、労働者が何の利益も得ていないにもかかわらず、自らの法的権利を真意に基づいて放棄することは通常考えにくく、むしろ、労使間の力関係の格差や使用者からの有形無形の圧力による意思表示である可能性が高いとされる。

ただし、代償が支払われている場合でも、その価値を客観的に判断することは容易ではなく、労働者が自由な意思に基づいて規制除外に合意したとは断定できない。特に、代償が存在しない場合、その評価は一層難しくなる。判例はこの点にまでは踏み込んでいないが、代償がある和解契約と代償がない放棄契約を区別する視点が必要である。特に、代償措置や交換利益がない場合に法規制による保護を放棄する合意は、原則として無効とされるべきだという見解も考えられる。

2.2.4　柔軟かつ公正な交渉プロセス

和解契約の交渉過程においては、当事者間のやりとりが内密扱い原則（第1章第3節3参照）によって保護されるため、労使が積極的かつ柔軟に交渉を行うことが可能である。一方で、交渉の過程において、自らに有利な結果を得るためにハラスメントや脅迫といった「不当な行為」を行うことは禁止されている。

日本においても、このような不当な行為があった場合、相手方の意思表示に瑕疵が認められ、合意の成立が否定される可能性がある。しかし、民法の意思表示の瑕疵に関する一般規定（日本民法93条～96条）に基づいてこのような主張を行い、判断を得ることは容易ではない。合意成立に対する予測可能性を高めるためにも、法律でこれらの行為を明確に禁止することには大きな意義がある。

2.2.5　重要な労働保護規制の除外に関する合意の取消

最後に、特に重要な労働条件である労働時間規制のオプト・アウトに関しては、労働者はいつでもその合意を取消すことができると定められている[21)]。労働時間規制の除外は、長時間労働による労働者の健康被害を引き起こす高いリスクをもたらし、一度合意するとその規制による保護が及ばない

21）Working Time Regulations 1998, s. 5(2)(b). 被用者はオプト・アウトの合意を撤回することができ、その際は最低7日間前に通知する必要があるとされている。雇用契約などでより長い通知期間が定められている場合は、それが適用されるが、通知期間が3カ月を超えることはできない。

状態が長く続くことは、労働者にとって過酷である。

この点については、労働者が随時合意を取消すことが可能となることで、使用者の法的地位が不安定になるという反論も考えられる。しかしながら、特に重要な労働保護規制の適用を除外する合意については、労働者に予期せぬ事態が生じる可能性も考慮すべきである。したがって、労働時間規制のみならず、同様に危険性を伴う他の法規制の適用除外についても、合意の取消を認める選択肢を残しておくことが妥当であるといえる。

3．手続的保障の限界と課題

被用者株主制度などの事例を見ても、労働者の権利喪失のリスクが高まるほど、手続的保障が強化される傾向がある。特に、独立した法的助言へのアクセスを義務化する制度は、実質的な合意を促進する点で評価できよう。しかし、こうした手続的規制を過大に評価することには、別の観点から警戒が必要である。

まず、手続的保障が整備されていても、実際の合意が使用者の圧力下で行われることは少なくない[22)]。たとえば、被用者株主制度において、法的助言や熟慮期間が保障されていたり、求職者が提示された株式の価値を権利放棄に見合わないと感じていたりしても、「承諾しなければ採用されない」という圧力のもとで合意するケースも生じうる。このような状況は、労使の力関係の不均衡によって、手続的保障の限界を超えてしまう。また、既に雇用されている被用者についても、このようなケースが皆無であるとは言い難い。

次に、合意が契約条件明記文書で文書化されている場合、事後的な法的介入が難しくなる。手続的保障は合意の真実性を担保するように見えるが、実際には合意の虚偽性を覆い隠し、後からの救済を困難にする側面がある[23)]。

さらに、個別合意による法規制のオプト・アウトや除外をどの範囲まで許容すべきかが問題となる。既述のように、イギリスでは、被用者の同意に基づいて雇用法上の権利を除外するオプト・アウト[24)]や、一定の金銭を受け取

22）西谷敏「労働契約法の性格と課題」西谷敏・根本到編『労働契約と法』（旬報社、2010）10頁。

ることで不公正解雇の申立権を放棄する妥協契約[25]が認められている。政府は2013年起業・規制改革法によって、これらの契約をさらに促進する方針を強化しており、被用者株主制度もこの延長線上にある制度と考えられる[26]。

もっとも、これまで述べた合意担保の仕組みなしに、労働者保護法の任意規定化や個別合意による基準逸脱の論議は慎重であるべきである。特に、重要な労働条件に関して、個別合意による規制の「オプト・アウト」を安易に認めることは危険であり[27]、各規制の性格と位置づけを明確にした上での判断が不可欠である。つまり、労働者が一定の利益を得ていることを理由に、「労使対等の立場」で合意したと評価することは短絡的であり、真の合意形成を実現するためのさらなる手続的保障が求められよう。

23）この問題は、有期雇用契約の不更新条項にも共通しており、説明会や署名押印によって不更新条項を締結した場合でも、手続の形式が整っているだけでは十分ではない点を認識する必要がある。龔敏「法定化された雇止め法理（法19条）の解釈論上の課題」ジュリ1448号（2012年12月）50-51頁、龔敏「有期契約の終了」法セ671号（2010年11月）を参照。なお、不更新条項の限界を合意内容の観点から論じるものとして、篠原信貴「不更新条項とその解釈」季労242号（2013）42頁、新屋敷恵美子「労働契約の終了と合意」季労245号（2014）119頁等。

24）たとえば、労働時間の規制として、週48時間を超えてはならないが、18歳以上の労働者の自由意思による同意があり、それが書面によりなされた場合、かかる規制がかからない。

25）2013年企業・規制改革法（Enterprise and Regulatory Reform Act 2013）23条により「和解契約」へと名称が変更された。

26）イギリスの元内国公務長（Head of civil service）であるガソ・ドネル（Gus O'Donnell）卿は、「昔の奴隷価格が銀20枚か30枚だったけど、今は2000ポンドになったのか。」とこの制度を奴隷制度に例える発言をした。Elizabeth Rigby（Deputy Political Editor), Nick Clegg urges end of ‘shares for rights’（2014年1月6日FT記事）http://www.ft.com/cms/s/0/97581034-7701-11e3-807e-00144feabdc0.html#axzz33kjPT8Fc　（最終アクセス日：2024年10月1日）。

27）西谷敏「労働契約法の性格と課題」西谷敏・根本到編『労働契約と法』（旬報社、2010）20頁。

第3章　まとめ：明示条項の優位性とその限界

第1節　明示条項の優位性：
コモン・ローにおける正統派の観点

1．明示条項の優位性の背景

これまでの議論を踏まえると、明示条項は黙示条項に対して優位に位置づけられていることは明らかである。その理由としては、明示条項における契約内容の確実性や当事者の意図を正確に反映する能力が挙げられる。イギリスの法制度においては、コモン・ローの原則である「口頭証拠排除の原則」[1)]などが、明示条項の優位性をさらに強化されている。書面化された明示条項は、交渉段階における口頭での合意や暗黙の了解を排除し、最終的な意思を明確かつ法的に確固たる形で表現する。その結果、契約の不確実性が大幅に減少し、労使間の権利義務が明確化され、紛争を未然に防ぐ役割を果たす。これは、雇用契約においても同様であり、明示条項は透明性と確実性を提供する信頼の基盤として機能する。

2．雇用契約における明示条項の優位性の課題

2.1　書面労働条件通知書と明示条項の法的効果

第2章で詳述したように、書面労働条件通知書の交付義務が強化されたこ

1）McKendrick, E.(2020). Contract law（4th ed.). Red Globe Press. p.170. 口頭証拠排除の原則（parol evidence rule）とは、契約書が当事者間の完全かつ最終的な合意を示すものである場合、契約書に記載されていない口頭やその他の証拠を用いて、その内容を補足、変更、または解釈することを原則として認めないルールである。このルールは、契約の明確性と法的安定性を維持するために設けられているが、詐欺や錯誤、未記載事項が存在する場合には、口頭証拠が例外的に認められることもある。

とにより、コモン・ローに基づく明示条項の優位性がさらに高まっている。書面労働条件通知書は雇用契約そのものではないが、雇用契約書として交付されうるようになっており、その内容は雇用契約の解釈においても大きな影響力を持つ。この結果、明示条項はさらに顕著な位置を占めることとなり、労使双方の権利義務がより明確に規定される。一方で、使用者の意図が強く反映された不公正な条項が労働者に不利に作用するリスクも増しており、労使間の交渉力の格差が拡大することで、不均衡な契約内容が適法に存在し得る状況が生まれている。

2.2　明示条項の優位性と法的制約

イギリスにおいては、雇用契約および雇用市場の柔軟性が強く重視されている。この背景には、契約自由の原則に対する強い信奉があり、当事者間の合意に基づく契約内容の決定を尊重する文化的・社会的風土が存在している。これにより、明示条項は労使間で柔軟に設定されることが期待され、法的規制をオプト・アウトする場合であっても、規制回避に対する強い抵抗が生じにくい状況が生まれている。このような契約自由の伝統的な考え方により、国家による介入や過度な規制が忌避されるため、規制の回避に対する抵抗感が比較的低いといえるのである。

もっとも、使用者が過度に有利な条項を設定し、労働者の権利を制限するリスクも無視できない。本編第2章で検討したように、コモン・ロー上では合理的な通知義務を通じて契約相手方の理解を促進する仕組みが存在する。また、1977年不公正契約条項法（Unfair Contract Terms Act 1977）は不当な免責条項や責任制限条項に対して一定の抑止力を持っている。ただし、この法律は雇用契約には限定的にしか適用されないため、労働者の権利が不当に制限される場合でも、規制が十分に機能しないことがある。その結果、雇用契約において明示条項が過度に優位に立つリスクが残っている。

3．明示条項による黙示条項の排除

雇用契約における明示条項は、契約当事者の明確な合意を反映しているが、全てを網羅するものではないため、黙示条項は明示条項が持つ不備や不完全さを補完する役割を果たしている。しかし、明示条項が存在する場合、コモン・ロー上の黙示条項は「任意的」または「指針的」なものとされ、自由に排除することができる[2)]。特に、契約当事者が明示条項に基づいて権限を有している場合、その権限は専ら当事者の意思により行使され、基本的には黙示条項に制約されることはないとされる。裁判例でも、「契約条項の言葉がシンプルで明確である場合、それに変更を加えるような推定をする余地がない」と判断されており[3)]、明示条項が存在すれば、その明示条項は黙示条項によって制限されないものと理解されていた。

第２節　明示条項の優位性がもたらす課題

１．明示条項の過度な優位性によるリスク

明示条項が過度に優位となることには、特に労使間の交渉力が不均衡な雇用契約において、いくつかのリスクが伴う。まず、標準書式契約の普及により、使用者は労働者に対して一方的に不利な条項を設定しやすくなり、労働者が個別に条件を交渉する余地が大幅に制限されるケースが多くなる。このような場合、一見労働者が自発的に合意したかのように見える明示条項でも、実際には不均衡な力関係のもとで形成された合意であることが少なくない。

特に、不公正な免責条項や過度な責任制限が明示条項として盛り込まれると、労働者は自らの権利を十分に理解しないまま、不利な契約を締結してしまうリスクが高まる。さらに、コモン・ローに基づく「口頭証拠排除の原則」により、後から労働者が契約内容に異議を唱えることが困難になることもあ

2）Adams, Z., Barnard, C., Deakin, S., & Bultlin, S.F.(2021). *Deakin and Morris' labour law*（7th ed.). Oxford University Press. p.239.

3）Rank Xerox v Churchill,[1988] IRLR 280（EAT). この事案では、「会社は労働者に他の地域への配転を要求することができる」と定められる明示的な配転条項が争点となっている。産業審判所における過半数の裁判官は、この（配転）権限が毎日通勤できる距離以内の職場という範囲においてのみ被用者に配転を強要することができると判示したものの、雇用控訴審判所において破棄され、上記の判旨が示された。

る。

このように、明示条項の過度な優位性は、使用者にとって契約の確実性を高める一方で、労働者に対しては権利の不当な制限を招くリスクが高まる。そのため、労働者保護の視点からは慎重な対応が必要である。

2．手続的保障の重要性

第2章第3節で検討したように、イギリスにおける手続的保障は、労働者保護の観点から一定の評価を受けている。特に、書面労働条件通知書の交付義務や、法規制をオプト・アウトする場合に求められる手続的要件は、労使間の公平性を確保する重要な仕組みとして機能している。労働者が契約内容を正確に理解し、慎重に判断できるよう、熟慮期間の設定や独立した助言の提供が求められる手法は、労働者の意思決定を支援する上で非常に有効である。

しかし、標準書式契約の普及により、労働者が不利な条件に同意せざるを得ない状況も考えられ、実質的な合意形成には依然として課題が残る。

3．現代雇用契約における変化

3.1　黙示的相互信頼条項の発展の影響

近年、雇用契約における明示条項と黙示条項の関係には大きな変化が見られる[4)]が、その変化は、相互信頼関係維持という黙示義務の発展によって主に引き起こされたものである[5)]。この黙示義務は、明示条項によって排除できないとの見解が有力であり[6)]、裁判例においても、黙示的相互信頼条項については、「明示条項と黙示条項は矛盾なく共存すべきである」という判断が示されている[7)]。

4）具体的な検討は、本書第Ⅲ編第1章第3節を参照。

5）Brodie, D.(1996). Commentary：The heart of the matter：Mutual trust and confidence. *Industrial Law Journal*, 25, 126.

6）Brodie, D.(1996). 126. See also Freedland, M.R.(2003), 164.

7）Imperial Group Pension Trust Ltd v Imperial Tobacco Ltd,[1991] IRLR 66 (Ch D). Johnstone v Bloomsbury Health Authority,[1992] QB 333 (CA). 第Ⅳ編第2章を参照。

相互信頼条項は、黙示条項の中でも中心的な役割を果たし、すべての雇用契約に存在する基本的な義務として位置づけられている。この条項は、裁判所での判断の積み重ねを通じて確立され（第Ⅲ編参照）、個別的な黙示条項の創設を促進し、他の黙示条項にも影響を与え、明示条項との関係に根本的な変化をもたらしている。

3.2　明示条項の絶対的優位性への挑戦

このように、判例法の進展に伴い「法による黙示条項」が発展する中で、本来は明確であるはずの明示条項の優位性が、状況によっては曖昧さを帯びるようになってきている。明示的な条項がある場合でも、それによって制約されない最低限の義務があるのか、またその内容が何であるのかについては、依然として議論が続いている。一部の裁判例では、明示的な配転条項に基づく権限行使が黙示条項によって制限されると判断されることもあるが、他方で「黙示的信頼条項は他の黙示条項と同様に、契約の明示的な規定に従属するべきである」とする判例も見られる（第Ⅲ編参照）。

さらに、学説では、黙示的信頼条項が明示条項による権利濫用を防ぐ機能を持つとの有力な見解もある[8]。黙示条項と明示条項の関係については、本書第Ⅲ編で詳しく考察する。

8）Brodie, D.(1998). Beyond exchange：The new contract of employment. *Industrial Law Journal*, 27, 101.

第Ⅲ編　「法による黙示条項」と相互信頼条項

第1章　雇用契約における「法による黙示条項」の具体像

第1節　「法による黙示条項」の理論的課題とその限界

1.「法による黙示条項」の不確実性と課題

第Ⅰ編第3章では、雇用契約におけるコモン・ロー上の黙示条項が、「事実による黙示条項」と「法による黙示条項」に分類されることを説明した。そこで述べたように（4.1.1を参照）、黙示条項が雇用契約に推定される条件として、契約を機能させるために不可欠かどうかを問う「取引効果テスト」と、その存在が第三者から見て「当然のこと」と言えるかどうかを判断する「公正な第三者テスト」という、2つの厳格な基準を満たす必要がある。

しかしながら、こうした「必要性」の観点からの厳格な基準は、「法による黙示条項」にはそのまま適用することは難しい[1]。というのも、「法による黙示条項」[2]は、雇用契約のように当事者間の交渉力格差が顕著な契約において、当事者の明示的な意思にかかわらず、裁判所がデフォルト・ルールとして推定するものだからである。たとえば、本編第4章および第5章で検討する相互信頼条項をはじめとする多くの黙示義務は、当事者がこれを明示的に排除することが想定されておらず、また、厳格な基準を経ることなく、すべての雇用契約に自動的に含まれると推定されている。この推定は、事実による黙示条項とは異なり、より広範な考慮要素（wider considerations）[3]、たと

1）Austen-Baker, R.(2011). *Implied terms in English contract law*. Edward Elgar Publishing. p.40.

2）「法による黙示条項」は、「課される条項（imposed terms）」や「黙示義務（implied duty）」とも呼ばれる。

3）Liverpool City Council v Irwin,[1977] A.C. 239. Brodie, D.(2008). *The contract of employment*. Thomson W. Green. p.57.

えば公正原理、リスク配分、当事者間の義務のバランスといった観点を考慮にいれて行われる[4)]。

このように広範な要素を考慮することが求められる一方で、問題となるのは、イギリス法の「形式志向」の特徴である。イギリス法は厳格な先例拘束性の原則を重視しており、これは、同じ判例法主義を採用するアメリカ法と比較しても際立つ特徴である[5)]。実質志向のアメリカ法では、法として認められるためには実質的な基準を満たす必要があり、適用に際しても様々な考慮や裁量が認められる柔軟な法が多い。それに対し、形式主義のイギリス法では、確定的で明確な基準を持つことが典型的な法とされており、上級裁判所が決定したものであれば、内容に不満があっても従わざるを得ないのが特徴である。もちろん、先例と異なる解決を図るために「区別（distinction）」という手法を用いる工夫もなされているが、イギリス法が形式主義を重視していることに変わりはない。イギリスの裁判官は、たとえ判決の内容に異論があっても、それに従う必要があり、形式的な基準は今日でもなお重視され続けていると言える。

この背景のもとで、「法による黙示条項」が直面する最大の理論的課題は、なぜ契約法の伝統的な要件を満たさなくても雇用契約に推定されうるのか、という点である。契約法の基本原則によれば、契約内容は当事者間の明確な合意に基づくべきであり、その内容は契約書や交渉によって明示されることが前提とされる。しかし、法による黙示条項は、当事者が明確に合意したわけではないにもかかわらず、雇用契約に自動的に含まれるものと推定されている。このため、従来の契約法の枠組みに基づくと、なぜ明示的な合意がない条項が契約に含まれるのかという疑問が生じるのである。

特に、黙示条項は裁判所によって判断されることが多く、契約当事者が意図していない義務が契約に含まれることになる。このような推定は、契約自

4）Crossley v Faithful & Gould Holdings Ltd,[2004] EWCA Civ 293,[2004] ICR 1615, para. 36. Geys v Société Générale, London Branch,[2012] UKSC 63,[2013] ICR 117, para. 56.

5）戒能通弘・竹村和也『イギリス法入門――歴史、社会、法思想から見る』（法律文化社、2018年）47-49頁。

由の原則と矛盾する可能性があり、法的正当性の議論が不可避となる。黙示条項が雇用契約に導入される背景には、契約の性質や特定の社会的・政策的な要請があるが、それでもなお、契約法の伝統的な要件である「合意」や「対価の交換」といった基本的な要件が満たされないまま適用される点が最大の理論的課題となっている。

2．「法による黙示条項」と「事実による黙示条項」の境界

「法による黙示条項」と「事実による黙示条項」とは、理論的には区別されるべきだが、両者の境界は必ずしも明確ではない[6)]。Hugh Collins 教授によると、判例においてこの区別が困難になる場合が二つある。

1つ目は、「事実による黙示条項」の状況の変化に伴って、「法による黙示条項」へと変容（metamorphosis）する場合である。すなわち、裁判官が当初、明示条項と「事実による黙示条項」を併用して問題解決を図っていた場合でも、類似した事案が蓄積することにより、これらの明示条項が「法による黙示条項」として扱われるようになることがある。このような変化によって、明示条項が存在しない場合でも、黙示条項がデフォルト・ルールとして定式化され、当事者を拘束する結果となる。たとえば、病気休暇に関する黙示条項や、賞与に関する裁量権の濫用を禁じる黙示条項がその例である。もっとも、「事実による条項」が、いつの時点で「法による黙示条項」に変わったのかは明確でないことが多く[7)]、これが問題を複雑化させる要因となる。

2つ目は、条項の機能的分類が誤って行われた場合である[8)]。ある条項が、本来は特定の雇用契約の文脈に限って適用される、「事実による黙示条項」であるにもかかわらず、裁判所によって「法による黙示条項」として誤って推定されることがある[9)]。その逆の誤分類も起こり得る。このような機能的誤

6）Collins, H.(2016). Implied terms in the contract of employment. In Freedland, M., Bogg, A., Cabrelli, D., Collins, H., Countouris, N., Davies, A.C.L., Deakin, S., Prassl, J. (Eds.), *The contract of employment* (kindle Edition, OUP), Location No.17059.

7）Collins, H.(2016), Location No. 17197.

8）Collins, H.(2016), Location Nos. 17190-17241.

分類（instrumental misclassification）が起こる理由は必ずしも明確ではないが、訴訟の当事者にとっては、誤分類は事実を歪める手段として利用され、自分たちに有利な結果を引き出すのに有利に働く可能性がある。

3．曖昧さがもたらす法的リスク

こうした曖昧さは、理論的な問題にとどまらず、実務でも混乱を引き起こす要因となる。特に雇用契約においては、黙示条項の適用が不明確な場合、当事者の権利や義務が不確定となり、契約の一貫性や予測可能性が損なわれるリスクが高まる。また、契約条件が予期せず変更されたり、黙示的に導入された条項が予想と異なる形で適用されたりすると、期待していた契約内容に当事者間で齟齬が生じる。こうした事態は、使用者が黙示条項の範囲を制限するために殊更明示条項を追加するなど、雇用関係の安定性に深刻な影響を与える可能性がある。

さらに、「法による黙示条項」は、先例がない場合に特に問題が顕著になる。初めて推定される黙示条項は、その適用範囲や正当性を示す法的根拠が不十分であり、裁判所の裁量に依存する部分が大きい[10)]。この不確実性は法の信頼性や安定性を損なう可能性があり、特に情報・交渉力に格差がある雇用契約では、当事者の予測が困難になる。こうした状況が多発すると、契約の安定性が損なわれ、当事者間に不安や不信感が広がる可能性がある。

第2節　法による黙示条項（黙示義務）の内容

1．体系化の困難

雇用契約を規律する「法による黙示条項」やデフォルト・ルールは、こうした理論的な課題を抱えつつも、裁判所の判断を通じて継続的に進化し、精

9）Collins教授は、第Ⅳ編第2章第1節2.1.1で検討するScally v Southern Health and Social Services Board事件について、「事実による黙示条項」なのに、「法による黙示条項」と誤分類したため、その後の貴族院判決により制限せざるを得なくなったと捉えている。Collins, H.(2016), Location Nos. 17217-17218.

10）Austen-Baker, R.(2023). p20.

緻化されている[11]。実際、法による黙示条項は、労働者と使用者間における黙示義務の形で「法的付随事項」(legal incidents) として具現化される[12]。

第1節で指摘したように、黙示条項は理論的課題が多く、その内容が必ずしも明確ではない。これが原因で、黙示条項を体系化することは困難であり、統一的な分類は存在しないという現実がある。こうした背景も踏まえつつ、イギリスにおける労使間の義務は、従来から「協力義務 (duty of co-operation)」「忠実義務 (duty of fidelity)」「注意義務 (duty of care)」という三つの基本的な義務に基づいて論じられることが多かった[13]。しかし、後で検討する相互信頼維持の黙示条項の発展により、従来の枠組みとは視点が異なる黙示義務も登場しており、使用者と被用者の義務を個別に示す方法が増えている。以下では、近年の代表的な教科書や黙示条項に関する主要な研究に基づいて、その概略を列挙する。

2．学説上の分類・体系化

2.1　Simon Deakin 教授らの見解

Simon Deakin 教授らは、2021 年に出版した教科書において、コモン・ローにおける雇用契約に推定される義務を、使用者が負う義務と被用者が負う義務に分けることなく、概念的に「服従、協力、配慮 (注意)」義務と「忠実、秘密保持、プライバシー [保護]」という二つのカテゴリーに分類している[14]。彼らの見解によれば、「服従、協力、配慮 (注意)」義務は、その潜在的な範囲が非常に広い一方で、実際には雇用契約における明示条項や慣行、労働協約から推定される条項によって制限されることが多いとされる。この

11) Collins, H.(2010). *Labour law* (2nd ed.). Cambridge University Press. p.102. 例えば、最低賃金を受け取る権利のようないくつかの法的権利も、その内容について正確かつ議論の余地のない説明をするために、黙示条項と見なされている。

12) Shell UK Ltd v Lostock Garage Ltd,[1977] 1 All ER 481, 487. Denning 卿は、この表現に言及している。Adams, Z., Barnard, C., Deakin, S., & Bultlin, S.F.(2021). *Deakin and Morris' labour law* (7th ed.). Oxford University Press. p.239.

13) イギリスの労使義務体系における従来の議論に関するより詳しい考察は、山川隆一「労使の義務論――いわゆる付随義務論を中心に」秋田成就編著『労働契約の法理論――イギリスと日本』(総合労働研究所、1993 年) 162 頁以降を参照。

14) Adams, Z., Barnard, C., Deakin, S., & Bultlin, S.F.(2021) pp.330-360.

点について、彼らは具体的に服従義務や相互信頼条項、そして相互の配慮義務、被用者の移動に関する黙示条項について詳述している。

さらに同書では、「忠実、秘密保持、プライバシー［保護］」義務については、被用者の忠実義務や秘密保持義務が言及され、使用者の被用者のプライバシーを守る義務にも考察がなされている。すなわち、コモン・ローの伝統的な立場では、プライバシー保護に関する権利を認めることに消極的であり、そのため2018年情報保護法（Data Protection Act 2018）が一定の影響を及ぼすことが期待されているものの、現時点では採用段階において、1974年犯罪者更生法[15]に基づく法的保護以外に、使用者は個人情報を求めることに特段の規制は存在しない。

ただし、採用後に被用者の個人情報を求める場合には、第4章で検討する黙示的相互信頼条項に違反する可能性がある。しかし、使用者は「経営上の必要性」を理由にこの主張に対抗することが考えられ、したがって一定の困難が生じると考えられる[16]。

2.2　Hugh Collins教授らによる分類[17]

Hugh Collins教授らは、「法による黙示条項」について、正確かつ議論の余地のない説明を行うことは常に難しいと指摘している。それでも、使用者と被用者の義務に分けて「法による黙示条項」の大まかで不完全な要約を提示することは有益であるとして、次のように使用者と被用者の義務を列挙している。

まず、使用者の黙示義務として、以下の四つが挙げられる。①被用者の健康と安全に対して合理的な配慮をすること、②合理的な理由なしに相互信頼を損なう行動をとらないこと、③報酬に関して、被用者を恣意的（arbitrarily）、気まぐれ（capriciously）、または不合理（irrationally）に扱わないこと、④雇用契約の終了について合理的な予告[18]をすること。

15）Rehabilitation of Offenders Act 1974.「1974年罪人更生法」と訳されることもある。
16）Adams, Z., Barnard, C., Deakin, S., & Bultlin, S.F.（2021）pp.342, 358.
17）Collins, H., Ewing, K.D., & McColgan, A.（2019）. *Labour law*（2nd ed.）. Cambridge University Press. p.103.

次に、被用者の黙示義務として以下の五つが示されている。①使用者の適法な命令に従うこと、②契約履行に際して合理的な注意を払うこと、③使用者の利益に対して忠実に行動すること、④契約条件の範囲内で雇用主に誠実に仕えること、⑤契約終了について合理的な予告を行うこと。

2.3　David Cabrelli 教授による分類[19]

David Cabrelli 教授は、使用者に課される黙示義務として次の五つを挙げている。①仕事を提供する義務」、②賃金支払い義務、③合理的な注意（配慮）義務、④相互信頼義務、⑤裁量的利益の黙示条項と［利益給付など］回避防止の黙示条項を挙げている。最後に挙げた「裁量的利益の黙示条項」と「［利益給付など］回避防止の黙示条項」は相互信頼義務に関連する義務である。前者は、裁量給付を与えるか否かの決定は、非合理的に（irrationally）、倒錯的に（perversely）、または信義に反して（contrary to good faith）行われてはならないという黙示条項である。後者は、使用者が労働者に有利な特定の利益や条件付きの利益を与えることを避けるために、雇用契約を一方的に終了させないことを求める黙示条項である。一方、被用者が負う黙示義務として、以下の四つが示されている。①指揮命令に従って労働する義務、②適応・注意・協力義務、③相互信頼義務、④忠誠・忠実・信頼の義務（duty of loyalty, fidelity and confidence）。

Cabrelli 教授によれば、近年、相互信頼維持という黙示条項の重要性が高まっているため、その影に隠れ、追い越され、ある程度は簒奪されているものの、被用者の忠実、誠実、信頼という義務は、依然として雇用契約の司法解釈の中心を占めている[20]。また、この黙示条項は、忠誠心と経済活動の自

18）当事者の行為に関する判断基準として随所に見られる「合理的」という基準は、日本で論じられている「合理性」とは異なるニュアンスを持つと考えられる。ここでいう「合理的」とは、一般的な「合理性」ではなく、「理にかなっている」とか、「合理的な人」がその場でどのように行動するかを基準とするものである。したがって、「合理的な予告」とは、予告の期間や方法を含め、合理的な人ならそのように行っていたであろうと想定される予告を意味している。

19）Cabrelli, D.(2020). *Employment law in context : Text and materials* (4th ed.). Oxford University Press. pp.175-229.

由という政策目標を両立させるための主要な手段であり、秘密保持義務や競業避止義務に加え、説明する義務、秘密裏に利益を上げない義務や、自分の非違行為や同僚の不正行為を開示する義務が含まれている。

2.4 Douglas Brodie 教授による分類[21]

Douglas Brodie 教授は、2008 年に出された「雇用契約」という研究書において、「法による黙示条項」として、以下の六つを挙げている[22]。①被用者が使用者による適法で合理的な命令に従う義務、②仕事の場所・移動に関する黙示条項、③推薦状に関する権利に加えて、④相互信頼義務、⑤忠実義務、⑥賃金に関する黙示義務である。

このうち、②の勤務地に関しては、これについて明示的な条項が設けられていない場合、勤務地は黙示条項の推定によって解釈されることになる。この点に関して、判例法に照らせば、基本的に異論は見られないようである。しかし、明示的な合意がない状況では、雇用主が従業員に対して転勤をどの程度まで強制できるのか、さらなる検討が求められると説かれている。③の推薦状に関しては、雇用契約に明示条項がない場合、推薦状を求める一般的な権利はないとしながらも、そのような権利が出てくる可能性があるとされている。

2.5 特　徴

以上のように、研究者による雇用契約上の黙示義務に関する多様な見解を考察してきたが、これらの体系化においてはどのような傾向が見出されるであろうか。

まず注目すべきは、従来の包括的な概念で論じられた忠実（服従）、協力、注意義務が依然として存在する一方で、新たな黙示条項（黙示義務）が研究者

20）Cabrelli, D.(2020). p.213.

21）Brodie, D.(2008). *The contract of employment.* Thomson W. Green. p.57.

22）やや古いが、雇用契約の体系に関する理論的な良書であるため、取り上げることにした。

によって細分化されている点である。この細分化の試みにより、さまざまな義務が抽出され、それぞれの内容についての議論が増加している。特に、これらの新しい義務は1997年の貴族院判決において承認された「相互信頼条項」[23]と強い関連性を持ち、この黙示条項から派生したものがほとんどであると考えられる。そこには、雇用関係における人的要素や被用者の経済的利益を重視する特徴が見受けられる。

次に、2000年代初頭においては、黙示的相互信頼条項は協力義務の一環として捉えられることが多く（Deakin教授らの分類もこの点では当時から変わっていない）、そのことに異論を唱える見解は少数派であった[24]。この時期には、相互信頼義務は一般的に使用者が負う義務と解されており、被用者の義務として捉えられることは稀であった[25]。しかし、現在ではほとんどの論者がこの黙示条項を独立した義務として認識し、使用者と被用者の両方が負うものであるという点に異論はない。この認識の変化は、相互信頼条項が「相互性」を本質的な側面として持つと理解されるようになったことによる。

さらに、この条項は従来の黙示条項とは異なり、信義則や公正取扱い原則（good faith and fair dealing）に類似した新たな当事者義務を創設する機能を有する。また、明示的権限の行使に対する制限を担い、権利濫用を防止する側面も併せ持つ。このような理由から、相互信頼義務は雇用契約における中核的な原則として位置づけられるようになっている[26]。

最後に、イギリスにおける雇用契約上の黙示義務のもう一つの特徴を挙げると、それは「理にかなっている（rational）」かどうかという視点が強く反映されていることである。イギリス契約法の基本的視点の一つは、先述の「客観主義（objectivism）」であり[27]、これは当事者の視点や第三者の視点から見て、「合理的な人（reasonable person）」ならばどのように理解するかを契約履

23）Malik v BCCI S.A.,［1998］AC 20（HL）.

24）Brodie, D.（2008）, 57.

25）Macdonald, L.A.C.（2001）. *Managing e-mail & internet use.* Tolley. p.125.

26）Sanders, A.（2017）. Fairness in the contract of employment. *Industrial Law Journal,* 46（4）, 508-542.

27）第Ⅰ編第3章参照。

行や解釈の基準とする考え方である。次章以下では、上記の各論者が挙げた特定の黙示義務の一部について検討していくが、特に推薦状に関する黙示義務、報酬に関する黙示義務、使用者の裁量権行使に関する黙示義務、配転に関する黙示義務などにおいて、このような視点が見えてくるであろう。

第2章　使用者が負う主な黙示義務

第1章で検討したように、雇用契約における黙示義務の範囲を明確にし、その全貌を示すことは容易ではない。イギリス法においては、従来、被用者に多くの黙示義務が課されてきた一方で、使用者が負う黙示義務の範囲は限定的であった。この状況は、相互信頼条項の定着によって徐々に変化を遂げており、その詳細については第4章で論じる。本章では、まず被用者の健康・安全に対する合理的注意義務を検討し、次にイギリス特有の論点である、推薦状に関する注意義務を分析する。

これらの議論を通じて、使用者に課される黙示義務の拡大や、黙示条項が明示条項を制約し、場合によっては優先される状況について動態的に考察する。

第1節　被用者の健康・安全に対する合理的注意（配慮）義務

1．コモン・ローと制定法による健康・安全保護のアプローチ

1.1　制定法とコモン・ロー

まず、被用者の健康と安全に対する使用者の合理的な注意義務[1)]について考察しよう。被用者の健康と安全に関する使用者の義務は、1974年労働安全衛生法（Health and Safety at Work Act 1974）[2)]や1989年枠組み指令[3)]などのEUの規制によって包括的に定められている。これにより、使用者には明確な法的義務が課されているが、コモン・ローに基づくネグリジェンス（不法行

1）Austen-Baker, R.(2023). 75-77.

2）Health and Safety at Work Act 1974, S1(1). 雇用者が被用者の「健康、安全、福利を合理的に実行可能な範囲で確保する」義務を負うと定められている。

3）労働者の健康及び安全確保に関する枠組み指令（Directive 89/391/EEC).

為）の原則も、健康・安全に関する雇用契約上の義務の発展に大きな影響を与えてきた。

一般に、ある義務について制定法が存在する場合にも、コモン・ロー上の黙示義務が無意味（otiose）であるとは言えない。たとえば労働安全衛生法は刑事法的な性質を持ち、違反に対して罰則が設けられているが、個別の被用者に対する契約上の権利や損害賠償請求権は、依然としてコモン・ローに依拠する部分が残されている[4]。この2つの法的アプローチは相互に補完する関係にあり、多くのケースにおいて、被用者は双方の基準に基づいて訴訟を提起することが可能である。したがって、たとえ使用者が労働安全衛生法の規定を遵守していても、コモン・ロー上の合理的な注意義務を履行していないと判断される場合がある[5]。このように、コモン・ローの義務が雇用契約に黙示的に含まれる一方で、制定法による義務は直ちにその枠内に収まるわけではないという点が重要である。

1.2　不法行為法上の注意義務と契約上の注意義務

不法行為法上の注意義務は、1932年のDonoghue v Stevenson事件[6]で確

4）Austen-Baker, R.(2023). 75. もっとも、この点は、日本においても労働安全衛生法による規制とは別に、安全配慮義務が認められている状況と類似している。

5）たとえばBux v Slough Metals［1973］1 WLR 1358（CA）事件において、使用者は制定法上の義務にしたがって、被用者にゴーグルを提供したが、被用者はそれが目をかすませるためかけなかった。これについて、控訴院は、次の見解を示した。すなわち、使用者が制定法上の義務に違反していないものの、ゴーグルをかけるよう強く要求しなかったことは、コモン・ロー上の義務を怠ったのである。したがって、融けた金属が被用者にはねかかったことによって、被用者が失明したことについて、使用者は責任を負うと判示された。

6）Donoghue v Stevenson,［1932］AC 562. この事案では、原告が友人とカフェでジンジャービールを注文した。友人が注文したビールは不透明なガラス瓶に入っており、内容物が確認できなかった。原告はビールを飲んだ後、瓶の中に腐ったカタツムリが入っていることに気づき、これによって体調を崩し、健康被害を受けたとして、ビールの製造者である被告に対して損害賠償を求めて訴訟を提起した。この事案で重要なのは、原告自身がこのビールを直接購入しておらず、契約関係（privity of contract）が存在しなかったため契約責任を追及することができず、不法行為（過失）に基づく請求を行う必要があった点であった。しかし、最終的に貴族院は、他者に対して合理的な注意を払うべき義務があるという一般的な注意義務の法理を確立し、原告の主張を認めた。

立された。同判決により、「他者に合理的な注意を払う義務」が全ての人に課されることが示され、この原則は使用者と被用者の関係にも適用される。使用者は被用者の健康と安全を守るために合理的な注意を払う義務を負い、これに違反した場合、ネグリジェンスとして損害賠償を請求される可能性がある。

一方、契約上の義務としての使用者の義務は、1945年以降の雇用契約法の発展とともに明確化され、大きな展開を遂げた。それ以前にも一定の認識はあったものの、十分に具体化されたものとは言い難かった[7]。この点に関連し、1955年のLister v Romford Ice and Cold Storage Co事件[8]では、Radcliffe卿が雇用契約上の黙示義務と不法行為法上の義務に実質的な違いがないことを示し、両者の区別は重要な問題とはならないとの見解を示した。

ただし、実務上、不法行為法と契約法にはいくつかの違いが存在する。例えば、不法行為に基づく損害賠償請求権は、損害が発生した時点から消滅時効の時効期間が開始するのに対し、契約に基づく損害賠償請求権は義務違反が発生した時点から消滅時効の時効期間が始まるため、被用者には不法行為の方が有利となることがある。また、不法行為では、将来の稼得能力の喪失なども損害として考慮されるが、契約法に基づく請求では通常、このような損害は考慮されない。

それでも、契約違反の主張が被用者にとって有利となる場合もある。たとえば、使用者による重大な健康・安全義務違反があった場合、被用者は契約の履行拒絶（repudiatory breach）を主張し、みなし解雇（constructive dismissal）[9]として損害賠償を求めることができる。このようなケースでは、契約法上の義務違反の主張が、被用者にとって特に有効な手段となる。

本書は雇用契約上の黙示義務を中心に検討するが、被用者の安全や健康に関する使用者の義務については、不法行為法の基準が契約上の義務の判断に

7）Adams, Z., Barnard, C., Deakin, S., & Bultlin, S.F.（2021）p.327. ここでは、1937年のWilsons & Clyde Coal Co v. English［1938］AC57事件では、貴族院が使用者の義務の要素を示したものの、契約上の義務としての側面は必ずしも多くなかったと指摘された。

8）Lister v Pomforg Ice and Cold Storage Co［1957］AC555.

9）Employment Right Act 1996. S95（1）（C）. 第4章第3節1も参照。

も頻繁に援用されるため、これらは別個に論じる必要性は必ずしも高くない。そこで、次に不法行為法における注意義務の判断基準に焦点を当て、さらなる考察を進める。

2．コモン・ロー上の義務違反に関する判断基準

2.1 「予見可能性」をめぐる基準

コモン・ローにおけるネグリジェンスに基づく判断基準は、使用者が予見可能な危害を防ぐために合理的な措置を講じるべきであるというものである[10)]。この中でも「予見可能性（foreseeability）」は重要な要素であり、使用者がすべての負傷に対して責任を負うわけではなく、あくまで予見できた範囲内の危害についてのみ義務を負う。予見可能性の基準についての判断は、判例法によってある程度確立されており、以下で具体的な裁判例をもとにその判断基準を考察していく。

2.1.1 被用者の常識（common sense）と使用者の義務

第一に、使用者の「予見可能性」を判断する際には、被用者が持つべき「常識」も考慮される。つまり、使用者は、被用者がある程度の常識を持っていることを前提に、具体的な状況に応じた合理的な予防措置を講じることが期待されるからである。では、被用者にどの程度の常識が求められるのか、以下に事例を通して検討する。

まず、Latimer v AEC 事件[11)]では、暴風雨により浸水した工場で、使用者は床におがくずを撒いて滑りやすい箇所を警告したものの、完全に対応しきれず、被用者が滑って負傷した。裁判所は、使用者が合理的な措置をすべて講じたと判断し、工場を閉鎖することまでは過度の負担であると認めた。また、被用者は滑りやすい床の危険性を認識できる程度の常識[12)]を持つべきだと判示している。

10）Lockton, D.J.(2003). Employment law（4th ed.). Palgrave Macmillan. p.77.
11）Latimer v AEC［1953］AC 643（HL).
12）判決では、「わずかばかり（modicum)」の常識と表現した。

次に、O'Reilly v National Rail 事件[13]では、被用者が職場で不発の爆弾を発見し、他の同僚のそそのかしでハンマーでたたいた結果、爆発を引き起こした。裁判所は、使用者に「爆発物をたたくな」と教える義務はなく、被用者がその危険性を常識として認識することが期待されていたと判示した。

さらに、Vinney v Star Paper Mills 事件[14]では、被用者がモップで床を掃除中に滑って負傷したが、裁判所は、使用者が被用者に対しモップの使い方や滑りやすい床の危険性について教育する義務はなく、これらを被用者の常識として認識していると想定することが妥当であると判断した。

以上の裁判例から明らかなように、使用者の義務を判断する際には、被用者の常識が重要な要素として考慮される。被用者が最低限の常識さえ欠いている場合、使用者はその結果に全面的な責任を負うことは求められない。また、ここでいう常識は専門的知識ではなく、一般的な生活上の判断能力を意味する。具体的には、滑りやすい床や爆発物の危険性など、日常的な危機回避能力が求められる。

2.1.2　現時点の知識に基づく判断

「予見可能性」の判断において、もう一つの重要な要素は、損害発生時点で使用者が利用可能であった知識や情報の水準である。使用者は、その時点における医学的・科学的知見に基づきリスクを予見し、適切な対応を講じる義務を負う。この原則は、多くの判例を通じて発展してきた。

まず、Down v Dudley Coles Long 事件[15]では、被用者が電動ハンマードリルの使用により聴力の一部を失ったものの、当時の医学的知見では、そのリスクが認識されていなかった。使用者が耳栓を提供しなかったことについて、裁判所は、使用者が予見可能な危害に対してのみ責任を負うという原則に基づき、使用者に責任はないと判示した。この事例は、使用者に発生当時の医学的知見を超える対応を求めることはできないという重要な原則を示し

13）O'Reilly v National Rail［1966］1 ALL ER 499（Liverpool Assizes）.

14）Vinney v Star Paper Mills［1965］1 ALL ER 175（Liverpool Assizes）.

15）Down v Dudley Coles Long［1969］（unreported）. Lockton, D.J.（2003）. p.78.

ている。

次に、Wright and Cassidy v Dunlop Rubber Co. and ICI 事件[16]では、使用者は化学薬品がガンの原因となる可能性についての情報を工場から提供され、全被用者へのスクリーニングを推奨されたにもかかわらずその措置を講じなかった。裁判所は、使用者が新たに予見可能な危険を認識した時点で直ちに対策を講じる義務があると判示した。この事例は、危険が新たに認識された場合、迅速な対応が求められることを強調している。

さらに、Baxter v Harland & Wolff plc 事件[17]では、被用者が長期間騒音にさらされ、難聴を発症したにもかかわらず、1963 年に労働大臣が職場の騒音レベルに関する指針を出した後も、使用者が適切な対策を講じていなかった。裁判所は、この時点で科学的知見が十分に得られていたとして、使用者に法的責任があると判示した。この事例は、既存の科学情報に基づき、使用者が労働環境の改善に努める義務があることを明確に示している。

以上の裁判例から明らかなのは、使用者の義務が、損害発生の時点で利用可能な知識や指針に依存しているという点である。たとえば、前掲 Down v Dudley Coles Long 事件では、当時の医学的知見が限られていたため、使用者が予見できなかったリスクに対して責任を問われることはなかった。一方で、前掲 Wright and Cassidy v Dunlop Rubber Co. and ICI 事件や同 Baxter v Harland & Wolff plc 事件では、新たな科学的知見が得られた場合、使用者が迅速に対応する義務を負うことが明確に示されている。こうした原則は、使用者が変化する時代に対応し、最新の情報を継続的に収集する責任を負うことを強調している。

また、この文脈の延長上で、次の二つの問題が重要になる。一つは、使用者が危害の発生可能性やその深刻さと、被用者を保護するために必要な費用とのバランスをどの程度取るべきか、という点である。もう一つは、使用者が時代の進展に対応し、どの範囲までその分野の知識を追求し続ける義務を負うかという点である。以下では、これらの問題に対する裁判例の立場を詳

16）Wright and Cassidy v Dunlop Rubber Co. and ICI［1972］13 KIR 255（CA）.
17）Baxter v Harland & Wolff plc［1990］IRLR 516（CA）.

述する。

2.2　安全注意義務の範囲（程度）：費用対効果のバランスという視点

1968年のstockss v Guest, Keen & Nettlefold（Bolts & Nuts）Ltd事件[18]において、Swanwick裁判官は、使用者が安全注意義務を履行する際の範囲と基準に関する五つの要素を示している。

1. 使用者は、現時点で有する知識、または持つべき知識に基づき、被用者の安全を確保するための適切な措置を講じなければならない。
2. 明らかに不合理な場合を除き、使用者は一般的な慣行に従うべきである。
3. 危険に関する新しい知識が得られた場合、使用者はそれに迅速に対応し、適切な対策を講じなければならない。
4. 使用者が特定の危険について通常以上の知識を有している場合、その知識に見合った注意を払う義務がある。
5. 使用者は、危害が発生する可能性とその潜在的な深刻さを、予防措置にかかるコストおよびその効果と比較検討しなければならない。

この五つ目の要素は、最も解釈が難しい要素であり[19]、使用者は危害の可能性やその深刻さを考慮しつつ、費用対効果のバランスを取ることが求められている。しかし、異なる事案において、そのバランスの取り方は一様ではなく、状況によって要求される基準は変動することがわかる。ここで、前掲Latimer v AEC事件（2.1.1参照）とBath v British Transport Commission事件[20]を比較することで、裁判所がどの要素を重視するかを検討する。

Bath事件は、被用者が高所から落下し死亡した事案であるが、被告である使用者は被用者に対して何ら保護措置を取っていなかった。使用者は、保護措置にかかるコストが非常に高額であると主張したが、裁判所は、危害が発

18) Stocks v Guest, Keen & Nettlefold（Bolts & Nuts）Ltd［1968］1 WLR 1776（Birmingham Assizes）.
19) Lockton, D.J.(2003). p.79.
20) Bath v British transport Commission［1954］2 ALL ER 542（CA）.

生する可能性が高く、かつその結果が重大である場合、使用者はコストにかかわらず、法的責任を負うと判断した。この判決は、危害の重大さに基づき、使用者に対してコストを度外視しても保護措置を取る義務があることを示している。

一方で、前掲 Latimer v AEC 事件は、上記のように、工場が浸水し、使用者が床におがくずを撒いていたものの、被用者は滑って負傷したという事案である。裁判所は、滑る可能性は低く、また発生した場合でも重大な結果を招く可能性は低いと判断し、工場を封鎖するほどのコストをかける必要はないと結論づけた。このように、裁判所は、使用者がどの程度のコストをかけて被用者を保護すべきかを判断する際に、危害が発生する可能性とその結果の深刻さを最も重要な要素としている。

2.3　安全注意義務の履行における四つの側面

使用者の安全注意義務は、被用者の安全を確保するための一般的な義務であるが、1938 年の貴族院判決[21]により、この義務には三つの主要な側面があることが示された。すなわち、適切に選任された職場の同僚、安全な設備や用具、そして安全な作業システムの提供である。この三つの側面に加え、学説や裁判例では「安全な作業場」を提供する義務が追加され、重要な要素として認識されている。以下、これらの側面が具体的にどのように判断されるべきかを考察する。

2.3.1　安全な作業場の提供

上記の裁判例にも反映されたように、使用者が安全な作業場を提供する義務は広く認められており、裁判所はこの義務を合理的に履行しているかを判断する際、様々な要因を考慮する。その判断には、使用者が建物や構内の安全性をどのように維持しているかという点も含まれる。

21）Wilsons and Clyde Coal Co. v English［1938］AC 57（HL）.

a．報告システムと構内整備

裁判例では、使用者が適切な報告システムを有しているかどうかが重要な判断要素となる。つまり、安全・健康に関する苦情が報告された場合に、使用者がどのように対応し、建物や構内の整備を適切に行っているかが問われる。一般に、使用者は被用者の作業場に関する不満に対して、報告手続を制定し、その後迅速に対応することが求められる。

Franklin v Edmonton Corporation 事件[22]では、被用者がトラックのブレーキに異常があると報告したにもかかわらず、使用者はその報告に対して何も行動を起こさなかった。その結果、被用者は事故により損害を被ったため損害賠償を請求したところ、裁判所は使用者が苦情に対応しなかったことに法的責任を認めた[23]。一方、Braham v Lyons & Co. Ltd 事件[24]では、作業場の管理者が床に落ちた食べ物をすぐに清掃するよう整備員に指示したが、その清掃が完了する前に被用者が滑って転倒し、負傷した。裁判所は、使用者は合理的にすべての対応を行ったとして、責任を問わなかった。

これらの事例は、報告システムとその対応の実際の運用が重要視されていることを示している。使用者は、報告手続の制定だけでなく、それに基づいて迅速かつ誠実に対応する義務を負う。適切な報告と整備の体制が整っていれば、義務は果たされたとみなされる。

b．使用者の構内以外の場所での安全注意義務

使用者の義務が自社構内以外の作業場所の場合にどこまで及ぶかという問題は、特に配管工や電気技師のように顧客の家で作業する場合に生じる。一般に、使用者のコントロールが限られるため、義務は軽減する可能性があるが、使用者が安全性の確保を被用者自身に任せることは許されない。

General Cleaning Contractors v Christmas 事件[25]では、使用者である被告

22）Franklin v Edmonton Corporation［1966］109 SJ 876（Lawrence J）.

23）ただし、被用者が苦情を書面にしなかったこと、ブレーキに異常があると知りながらも続けてそのトラックを運転したことによって、損害は過失相殺で減少されたと判断された。

24）Braham v Lyons & Co. Ltd［1962］3 ALL ER 281（CA）.

は被用者である原告に安全ベルトを提供していたが、特定のビルにはベルトを固定する装置がないために、装着していなかったところ、被用者は建物の外側の窓を清掃していた際に転落して負傷した。原告は、被告が適切な訓練や指示を提供せず、安全な作業環境を確保しなかったとして、損害賠償を請求した。控訴院は、窓清掃のような危険な作業において、適切な指導を行うことが使用者の黙示義務であると判断し、原告の請求を認容した（貴族院判決でも維持された）。また、Smith v Austin Lifts Ltd 事件[26]では、被用者が他の建物でエレベーターの整備を行う際、危険な状況を報告したにもかかわらず、使用者が適切な対策を取らなかったことが問題となり、裁判所は使用者の義務違反の事実を認めた。

これらの事例からもわかるように、使用者は自社の構内外を問わず、知り得た危険性に対して適切な対応を行う義務がある[27]。また、危険が存在する場合、使用者にはその場所で安全に作業を行う方法を講じる義務がある。

なお、これまで述べた作業場の安全に関する義務の一環として、使用者は安全な職場環境を提供するために、受動喫煙の影響を最小限に抑える措置を講じる義務を負う可能性があるとする見解も存在する[28]。しかし、現在のところ、裁判所が喫煙問題を健康安全の一般的問題として広く扱う傾向にあるとまでは言いがたい[29]。

2.3.2　安全な設備と用具の提供

被用者が使用する機械や設備が安全であることは、使用者の義務の一環として求められている[30]。ただし、提供される設備や用具の安全性については、製造者との関係も存在し、すべての場合において使用者に責任を負わせるべきかどうかは、複雑な問題を提起する。

25）General Cleaning Contractors v Christmas ［1953］ AC 180（HL）.

26）Smith v Austin Lifts Ltd ［1959］ 1 ALL ER 81（HL）.

27）これと同様な立場を示した裁判例として、King v Smith and Another ［1995］ 5 ICR 399（CA）も参照。

28）Lockton, D.J.(2003). 81.

29）雇用契約において、喫煙の権利に関する黙示条項が存在しないと判断した裁判例として、Dryden v Greater Glasgow Health Board ［1992］ IRLR 469（EAT）.

従来、この問題について裁判所は、使用者が評判の良い製造者から購入した設備に欠陥が隠れていた場合、その欠陥が使用者の知識の範囲外にあるのであれば、使用者は合理的に行動したと見なされ、責任を免れると判断してきた[31]。他方で、一旦その欠陥が明らかになれば、使用者は迅速に対策を講じる義務を負うと判断してきた[32]。

このアプローチには、一つの問題が残されている。それは、使用者が知っている欠陥に対してのみ責任を負うとすると、被用者が契約上の救済手段を失う可能性がある点である。つまり、被用者は、過失に基づいて製造者を訴えることができるが、その実施や立証は困難であり、被用者が損害賠償を受けられないケースが多い。このような状況に対処するために、1969年に使用者責任（欠陥設備）法が制定された[33]。この法律により、設備や用具の欠陥が第三者の過失に起因していた場合であっても、被用者がその欠陥によって負傷した場合、使用者が責任を負うことが定められた[34]。同法の施行により、設備や用具の欠陥に関して、使用者は全面的な責任を負うことが明確になったのである。

30）たとえば、Bradford v Robinson Rentals Ltd［1967］1 ALL ER 267（CDevon Assizes）事件においては、被用者が長距離運転をするドライバーであるが、使用者は彼が運転する小型トラックのヒーターが壊れたことを知っていたにも関わらず、何もなさず寒い季節に被用者に運転させたため、被用者が凍傷したことにつき、使用者は法的責任を負うと判断された。

31）Davie v New Merton Board Mills［1959］AC 604（HL）.

32）Taylor v Rover Car CoLtd［1966］2 ALL ER 181（Birmimgham Assizes）事件は次のような内容である。使用者は一束のたがねを購入したが、そのうち一つは粉々に割れるまでそれらのたがねが変に固まったことを知らなかった。最初に割れたたがねでは負傷を引き起こさなかったため、使用者はそのたがねの使用を止めなかった。しかし、二つ目が割れた時被用者を負傷させた。そこで、裁判所は、最初に割れたたがねによって被用者が負傷したのであれば、使用者は知らなかったため責任を負わないものの、二つ目のときには全てのたがねに割れる危険性があることを意識し、使用を中止する義務があるため、被用者の負傷に責任を負うと判示した。

33）Employer's Liability（Defective Equipment）Act 1969.

34）それに加えて、1969年使用者責任（強制保険）法〔Employer's Liability（Compulsory Insurance）Act〕は、被用者の人身負傷をカバーするために全ての被用者に保険をかけるよう義務付けた。

2.3.3 安全な仕事のシステム（proper system of work）

安全な仕事のシステムを提供することは、使用者の重要な義務の一つである。この義務は、被用者が安全に作業を遂行できる方法を整備することを意味し、裁判所はこの義務が履行されているかを判断する際、職場のレイアウト、訓練、監督、警告、さらには安全設備の支給といった様々な要素を総合的に考慮する傾向にある。合理的な行動が裁判所の基準となるため、判例では以下の二つの点が特に強調されている。

第一に、合理的な使用者は、被用者に対して安全設備や用具の設置場所を明示する義務がある[35)]。

第二に、使用者は被用者が一定の常識を持っていることを前提に、明白な危険については警告を発する必要がないと考えることができる[36)]。この基準は、2.1.1で述べた裁判例にも反映されており、仕事のシステムに関しても同様の前提となっている。

さらに、コモン・ローでは、使用者に一定の義務を課す一方で、被用者も自身の安全に対して責任を負うべきだという原則が存在する。この点で、被用者の責任も安全な仕事のシステムにおける重要な要素となる[37)]。しかし、使用者が完全に保護を提供していない場合と、被用者が常識を欠いている場合の間には、判断の難しい問題が存在する。裁判所は、危険の明らかさや負傷の深刻さなどの要素に基づき、個別の事案ごとに判断を下している[38)]。

もう一つの問題として、使用者が安全設備の装着を求めたにもかかわら

35) Finch v Telegraph Construction & Maintenance Co. Ltd［1949］1 ALL ER 452（KBD）.

36) Lazarus v firestone Tyre and Rubber Co. Ltd［1963］The Times 2 May（Paull J）.

37) Smith v Scott Bowyers Ltd［1986］IRLR 315. この事案において、被用者が油で汚れた床に滑って負傷した。使用者はその危険を知っており、被用者に隆起した靴底がついているゴムの長靴を提供していたが、被用者達は靴底が滑りやすく危険性があることを使用者に知らせた後、使用者は長靴を新しいものと取り替えた。しかし、原告被用者は靴の取替えを求めなかった。裁判所は、使用者は取替えが必要かどうかを確認するために毎日長靴を検査する義務はなく、しかも被用者が自分の安全に対してある程度責任を果たすことを想定することができると判示した。

38) Qualcast（Wolverhampton）Ltd v Haynes［1958］1 ALL ER 441（CA）. Berry v stone Maganese Marine Ltd［1971］12 KIR 13（QBD）.

ず、被用者がそれを怠り、結果的に負傷した場合が挙げられる。このような場合、使用者は合理的に可能な限りの対策を講じたと見なされ、法的責任を免れることができるとされる。特に、被用者が安全な方法で作業を行わないことで他の被用者を危険にさらす場合、使用者は最終的な手段として解雇を行うことが正当化される。つまり、使用者は安全規則の遵守を規律違反行為として定め、違反が続く場合にはその被用者の解雇が可能である[39]。

2.3.4　適格な同僚の配備

使用者は、被用者同士の事故に対して代位責任（vicarious liability）[40]を負うことがあるだけでなく、ある被用者が他の被用者に危害を及ぼす可能性を認識していながら、適切な対応を取らなかった場合にも、法的責任を問われる可能性がある。

a．被用者の職務遂行能力

被用者が職務を安全に遂行できるかどうかは、使用者の責任範囲を判断する上で重要な要素である。使用者が被用者に対して十分な訓練を提供しない場合、法的責任を問われる可能性があることが、いくつかの裁判例から示されている。

Hawkins v Ross Castings Ltd 事件[41]では、被告使用者 Y は、英語をほとんど話せない 17 歳のインド人被用者に溶けた金属の取り扱いに関する訓練を与えなかったため、他の被用者が重傷を負う結果となった。この事例において、裁判所は、使用者が被用者の適格性を確認しなかったことが事故の原因であるとして、使用者に法的責任があると判示した。

39）Lockton, D.J.(2003). p.84.

40）基本的には日本における「使用者責任」（民法 715 条）に類似する概念であるが、使用者が注意義務を尽くした場合にも、「non-delegable duty」（(委譲不可能な義務）という概念に基づき責任が課されることがあるなど、制度設計に若干の違いもある。

41）Hawkins v Ross Castings Ltd［1970］1 ALL ER 180（QBD).

b．被用者の悪ふざけ

被用者がその業務に適格性を有するか否かの判断は、被用者の行動にも影響される。特に悪ふざけ（practical joke）によって他の被用者に危害が及んだ場合、使用者はその被用者の行動を事前に把握していたかが法的責任の焦点となる。常習的に悪ふざけを行っていた被用者であれば、使用者はその行動によって他の被用者が負傷した場合、法的責任を負うことが考えられる[42]。

ただし、悪ふざけが稀にしかなされておらず、使用者がその行動を事前に知らなかった場合には、使用者は責任を免れる可能性がある[43]。ここでも、裁判所は、使用者がその危険性を知っていたかどうかを重視する傾向がある。

2.4 「個別」に負う安全注意義務

使用者が負う安全配慮義務は、被用者全体に対して負うものだけでなく、特定の被用者に対して個別に負うものでもある。特に、身体的に脆弱であり、または特定の危険にさらされやすい被用者に対しては、使用者はより高い水準の注意を払う義務があるとされている。この原則は、Paris v Stepney Borough Council 事件[44]で明確に示されている。この事件では、片方の目しか見えない被用者が、金属部品の錆を取る作業中に鉄片が唯一の視力を持つ片目に入り失明する事故が発生した。裁判所は、使用者が被用者の特別なリスク（片目の視力に依存していること）を考慮し、そのリスクに応じた適切な措置（ゴーグルの提供）を講じる義務を怠ったと判断した。

この「個別的」な安全注意義務の原則は、法令や裁判例によって現在も有効な指針として認識されており、特に近年の職場安全基準の強化とともに、使用者の責任は広範囲にわたるようになっている。

42）Hudson v Ridge Manufacturing Co. Ltd［1957］2 QB 348（QBD）.

43）Coddington v International Harvester Co. of Great Britain Ltd［1969］6 KIR 146（Ormrod J）. この事案において、悪ふざけをしたことのない被用者が、悪ふざけでシンナーの入った缶をもう一人の被用者の近くに蹴ったが、その被用者は缶を蹴りだして、第三者の被用者に負傷を負わせた。裁判所は、当該被用者は今まで悪ふざけをしたことがなく、使用者は彼が他の被用者に対して危険の元凶であると知らなかったため、法的責任がないと判示した。

44）Paris v Stepney Borough Council［1951］1 ALL E.R. 42（HL）.

2.5　義務範囲の拡大：被用者のメンタルヘルスへの注意義務

さらに、使用者の注意義務は職場の物理的安全を超えて、被用者のメンタルヘルスや過労といった新たなリスクにも拡大している。以下、この点について、事例を通じて考察する。

まず、Walker v Northumberland CC 事件[45]では、原告XはY州議会で中級管理職として勤務していた。業務の増加に伴い、Xは上司にスタッフの増員や業務の再配分を求めたが、適切な対応はなされなかった。1986年11月、Xは神経衰弱を発症して4ヵ月間休職した。翌年3月に復職した際、上司は業務内容の軽減を約束したものの、実際には何の改善もせず、Xは再び神経衰弱を患った。その後、病状が改善しないことを理由に1988年に解雇された。Xが解雇が不当であるとして損害賠償請求をしたところ、裁判所は、2回目の発症に関して、上司は再度の精神疾患のリスクを予見できたにもかかわらず、適切な措置を取らなかったことが注意義務違反であると判断し、Xの同請求を認容した[46]。

次に、Waters v Commissioner for the Police of the Metropolis 事件[47]では、女性警官である原告Xは、職務外の時間に同僚の男性警官から性的暴行を受けたことを上司に報告した。しかし、使用者（警視総監）である被告Yは、適切な対処をなさず、その後Xは同僚から嫌がらせを受け、精神的な健康に深刻な影響を受けた。そこでXは、Yが苦情を適切に処理しなかったことによる精神的な被害を理由に、損害賠償を求めた。第一審と控訴院ではXの訴えは退けられたが、貴族院はこれらの判決を破棄し、使用者には被用者の精神的健康を守る義務があり、予見可能なリスクに対して適切な保護措置を取らない場合、注意義務違反に該当すると判示した。

一方で、精神疾患のリスクに関する使用者の義務は無制限ではなく、その

45）Walker v Northumberland CC［1995］IRLR 35（QBD）.

46）この事件は、公的機関の注意義務に関するものであるため、政策決定の面で難しい面があると思われる。この点に関して、判決は、全裁判官による判示の中で、公的団体使用者は、財政制限があることから、通常の民間事業者より、決定する際の柔軟性が欠けるかもしれないものの、安全な仕事システムを提供するために、合理的なことをなす義務を負うことは、他の使用者と何も変わらないと述べた。

47）Waters v Commissioner for the Police of the Metropolis［2000］IRLR 720（HL）.

範囲は合理的な使用者が予見可能な状況に限定される。このため、予見可能性基準の精緻化により、義務の範囲がより明確化される側面もある。仕事上のストレスが原因で発症する精神疾患に関する使用者の注意義務違反について基準を提示したのが Hatton v Sutherland 事件である[48]。この事案では、仕事上のストレスにより精神疾患を発症した複数の被用者による損害賠償請求が併合して審理された[49]。控訴院判決は、使用者の義務範囲を一定の枠内にとどめる見解を示した。まず、「使用者の義務は、ストレスが明確であり、合理的な使用者が健康リスクの高さを予見できた場合にのみ発生する。この予見可能性は、使用者が当該被用者の健康状態や脆弱性をどの程度把握していたかに依存するものであり、特に使用者が特定の状況で知っていた事実が重要である」。次に、「使用者が取るべき措置は、その実行可能性やコスト、リスクの深刻さを考慮して合理的に判断されるべきである」[50]。

こうした「合理的予見可能性」と「合理的措置」の基準は、その後の Barber v Somerset County Council 事件[51]において、貴族院によって再確認された。同事件では、財政削減の影響で仕事量が増加し、一週間に 70 時間を超える勤務を強いられた学校教師 X が、ストレスに起因するうつ病を発症し、3 週間の休職を余儀なくされた。復職後も学校管理職は X の健康状態に配慮することなく、業務軽減措置を講じなかった結果、X は再び精神疾患を発症し、以降職場復帰が不可能となった。X は使用者である州議会 Y に対して、注意義務違反（ネグリジェンス）に基づく損害賠償を請求した。

---

48) Hatton v Southerland［2002］EWCA Civ 76；［2002］ICR 613（CA).

49) Barber v Somerset County Council, Baker Refractories Ltd v Bishop、Sandwell MBC v Jones, Sutherland v Hatton 四つの事案が併合で審理されたケースである。

50) Hale 裁判官は、「仕事上のストレスによる精神的または身体的な疾患について、使用者に対して特別な管理手法（special control mechanisms）は求められない」と述べている。

51) Barber v Somerset County Council［2004］IRLR 475. この事案は、上記の Hatton 裁判例によって判示された事案の一つが貴族院に上告されたものである。この裁判例に関する評釈や論文として、Brodie, D. (2004). Barber v Somerset and the ACAS guide. *Employment Law Bulletin*, 64, 2–3；Brodie, D. (2004). Health and safety, trust and confidence, and Barber v Somerset County Council: Some further questions. *Industrial Law Journal*, 33, 261.

第一審の郡裁判所判決は、Xのストレスが仕事に起因し、Yがそのリスクを予見可能であったにもかかわらず、適切な対応を怠ったとして、Yによる義務違反を認めた。しかし、控訴院では、Xの精神疾患リスクがYにとって予見可能でなかったこと、仕事上のストレスが一時的なものであり、Yがそれを十分に認識していなかったことを理由に第一審判決を覆した。貴族院は、Xの請求を認容した第一審判決を支持し、Yは「Xが精神的な負荷に耐えられない状況を認識していたか、または認識すべきであったにもかかわらず、適切な対応を怠った」として、Yに対して損害賠償を命じた[52)]。

3．明示条項の優位性への挑戦
——Johnstone v Bloomsbury Area Health Authority 事件[53)]

このように、被用者の安全・健康リスクに関する使用者の注意義務は、予見可能性に基づく合理的な範囲内に限定される。一方で、予見可能なリスクが存在する場合、使用者には合理的な使用者として、被用者の健康が損なわれないよう適切な対応を取ることが求められる。これは、ネグリジェンス上の義務にとどまらず、雇用契約上の黙示条項（黙示義務）としても不可欠な要素である。使用者は被用者の健康状態や特定の脆弱性に配慮する義務を負う。

しかし、雇用契約に長時間労働を求める明示条項が存在する場合、明示条項の優位性が強調されるイギリス法において、上記黙示義務との関係をどのように整理すべきかが問題となる。この点を深く検討し、注目を集めたのは、Johnston v Bloomsbury Area Health Authority 事件である。

【事実】

原告Xは病院の医師で、基本労働時間は40時間であるものの、雇用契約では、追加で48時間の時間外労働を課す可能性が認められていた。Xは、この長時間労働が自らの健康を害するリスクがあると主張し、使用者であるY

52）ただし、Scott of Foscote 卿は、下級審判決によって設定された注意義務の基準を再検討する控訴院判決は極めて重要であると考え、控訴院の判決を支持する立場で異議を唱えた。

53）Johnstone v Bloomsbury Area Health Authority［1992］ICR 269（CA）.

がリスクを合理的に予見できるにもかかわらず長時間労働を要求することは健康に悪影響を及ぼすとして、かかる要求を適法にできないとの宣言判決を求めた。

【判旨】 請求認容（反対意見あり）。

時間外労働に関する契約上の明示条項は使用者に時間外労働を課す裁量権を与えるに過ぎないため、48時間を上限とする時間外労働はXの健康を害さないという一般的な義務に基づく範囲内で、許容されうる。ただ、以下の通り、Stuart Smith 裁判官と Leggatt 裁判官は明示条項と黙示条項の関係について異なる視点を示した。

Stuart Smith 裁判官：「被用者の健康を害しないように合理的な注意を払うYの義務は、『取引効果』を満たすためのコモン・ロー上の基準に基づいて初めて推定されるものではなく……法による推定によって生じるものである」。また、48時間の時間外労働を認める契約条項は、「そのような義務を制限しまたは排除する契約上の明示条項として解釈される可能性があるが、Xはそのような解釈に同意しなかった。……仮にそのように解釈されるとしても、1977年不公正契約条項法第2条(1)に違反する」[54]。

Leggatt 裁判官：「一般的な契約条項（たとえば被用者の健康を害さないための合理的な注意義務）と、具体的な条項（たとえば、明らかに健康に危険をもたらすにもかかわらず、契約で明示されている特定の業務を行う義務）が同時に存在する場合、使用者の注意義務の範囲は、明示条項がない場合よりも狭くなる」。「契約の明示条項と黙示条項は、矛盾せずに共存できる必要がある（have to be capable of coexistence）」。

もっとも、この二人の裁判官の異なる見解は、弾力化条項に対して大きな違いをもたらすものではないと捉える見解もある[55]。しかし、この判決の意義は、コモン・ローの伝統的な「明示条項が黙示条項より優位に立つ」とい

54）ただ、公序（public policy）によって無効にならないことに全員一致で判示した。

55）Collins, H., Ewing K.D., & McColgan, A.(2005). *Text and Materials : Labour Law,* (2nd ed.). Hart Publishing. p.994.

う原則に初めて挑戦した点にある。特に、Stuart Smith 裁判官の見解は、健康注意義務に従う明示条項の解釈に新しい視点をもたらし、明示条項と法による黙示条項の関係に対する再考のきっかけとなった（第Ⅳ編第1章第1節参照）。その後の裁判例の展開を見れば、実際にこの見解は重要な転換点となり、明示条項が黙示条項を排除するのではなく、両者が矛盾なく共存できるとする解釈が広く認められるようになったと言える。

第2節　労働者の利益保護における注意義務の拡張：推薦状提供に関連する合理的な注意義務

通常、雇用契約に特段の定めがない限り、使用者には被用者に対して推薦状を提供する法的義務はない。しかし、実務においては、使用者が雇用契約終了時等に推薦状を提供することが多い。また、推薦状を提供する際には、使用者は合理的な注意義務を負うことが認められている。この義務は不法行為法に基づいて課されるものであるが、場合によっては、雇用契約上の黙示義務としてもこの注意義務が推定されることがある。

1．義務の確定——Spring v Guardian Assurance Co. 事件[56)]

【事実】

Y（元使用者）は保険証券会社Gの販売代理店であり、X（元被用者）はYに雇用されていた。Xは雇用契約終了後、別の保険証券会社での再就職を希望し、その際に推薦状が必要となった。XはYに推薦状の発行を求めたが、Yの元マネージャーが誤った情報を提供した結果、Xに不利な内容の推薦状が発行された。この推薦状の内容により、Xは再就職に失敗し、経済的損失を被ったとして、不注意および名誉毀損を理由に、Yに対して損害賠償を請求した。

【判旨】 一部容認、一部差戻し（虚偽の推薦状がXに損害を与えたか）

56）Spring v Guardian Assurance Co.［1994］3 ALL ER 129（HL）.

使用者が虚偽の推薦状を発行し、それが損失を引き起こした場合には不注意（ネグリジェンス）に基づく賠償責任が生じる（多数意見）。また、雇用契約における黙示条項の違反に基づく請求も認めるべきであるとの見解も示された（Woolf卿およびSlynn卿）。

名誉毀損に基づく訴訟と不注意に基づく訴訟の違いについては、「名誉毀損に基づく訴訟が推薦状の内容そのものに基づいて判断される一方でネグリジェンスに基づく訴訟は、推薦状の作成者に不注意があったか否かに焦点が当てられる」。すなわち、名誉毀損になるか否かにかかわらず、使用者は元被用者に対して「推薦状の記述に関し、注意義務を負い、過失で虚偽記述をした結果、被用者の被った損害について賠償責任を負う可能性がある」。

Woolf卿：「［雇用］契約の本質に鑑みると、黙示条項として次のような義務を推定すべきである。［すなわち、］使用者は、［雇用］契約が存続している間またはその後の合理的な期間内に、将来使用者となる可能性がある者（prospective employer）の求めに応じ、その状況において合理的な使用者としてなすこと、すなわち、合理的かつ慎重な調査を行った上で明らかになった事実に基づき推薦状を提供する義務を負う。」

このように、貴族院の判決から、使用者が被用者に推薦状を出す際に負う合理的な注意義務[57]は、雇用契約の黙示義務としても、成立しうることが示唆されているように見える。そして、このアプローチはその後の裁判例によって、さらに次のように展開した。

2．義務の発展

Spring事件の判決を受け、使用者が推薦状を提供する際に負う注意義務は、後続の裁判例を通じてさらに具体化され、精緻なものへと発展していった。

Bartholomew v London Borough of Hackney事件[58]では、控訴院が、使用

57）この注意義務を確立させるべきか否か、その必要性と妥当性に関する議論は、Caparo Industries Plc v Dickman［1990］1 ALL ER 568（HL）において展開された。

者に対して「完全で包括的な推薦状を出す義務はない」としつつも、その推薦状は必ず「虚偽がなく、正確かつ公正であり、受取人に誤解を与えるような内容であってはならない」との判断を示した。この判決は、推薦状に求められる最低限の注意義務を明確に定義したものと言える。

Kidd v Axa Equity and Law Life Assurance Society 事件[59]では、推薦状における注意義務がさらに拡大された。高等法院は、推薦状の作成者には情報を不公正に選別しないことや、合理的な受取人に誤解や虚偽の印象を与える可能性のある事実や見解を含めないことが求められると判示した。これにより、推薦状の内容における公正性がさらに強調されるようになった。

TSB Bank v Harris 事件[60]では、被告銀行が原告である元被用者のために作成した推薦状に多数の苦情を記載した。そのうちの一部は確認済みであったが、他の一部は未確認のものであった。また、推薦状には被用者の能力に関する言及が欠けていた。この推薦状により原告は次の仕事を見つけることができず、後にその内容を知った原告は辞職を余儀なくされたとして、みなし解雇を申し立てた。

雇用控訴審判所は、被告が推薦状に原告の知らない苦情を記載した行為が、使用者と被用者の間の「相互信頼義務」に違反していると判示した。この判決は、推薦状の内容が被用者の信頼を損なわないものであることが、使用者の義務の一部であることを再確認したものである。

このように、推薦状が正確であったとしても、合理的かつ公正でない場合には注意義務に違反する可能性があると解されている[61]。この義務はもともと、被用者の安全に対する合理的な注意義務の延長として派生したものであるが、現在では独立した義務として展開しつつある。この展開は、イギリスの裁判例や学説において、雇用契約における黙示義務の一環として、被用者

58）Bartholomew v London Borough of Hackney［1999］IRLR 246（CA）.

59）Kidd v Axa Equity and Law Life Assurance Society［2000］IRLR 301（HC）.

60）TSB Bank v Harris［2000］IRLR 157（EAT）.

61）そのほか、被用者が性差別に関する訴訟行為を行ったことを理由に、紹介状を提供することを拒否したことは、性差別法の規定に反すると判示された事案もある。Coote v Granada Hospitality No. 2［1999］IRLR 452（EAT）.

の経済的利益がますます重視されるようになっていることと深く関係している。この点については、他の黙示義務とも関連がある[62]ため、後にさらに詳述したい。

このような義務形成の背景として、イギリスでは、推薦状で否定的な意見を直接述べることは避けられる傾向があり、これにより文章表現には細心の注意が求められることも、使用者の注意義務に影響を与える要因となっている。すなわち、推薦状を作成する際には、事実を正確に伝えるだけでなく、表現が受取人に誤解を与えないよう慎重に配慮することが重要である。また、イギリスでは「行間を読む（read between the lines）」という表現がよく使われ、控えめな表現の裏に低い評価が含まれている場合がある。したがって、使用者はこうした文化的背景を踏まえ、合理的かつ公正な推薦状を作成する必要がある。

第3節　まとめ

本章では、イギリス法において使用者に課される従来の黙示義務（法による黙示条項）、特に不法行為法上の注意義務を中心に検討を行った。使用者が負う黙示義務は、必ずしも多くないが、不法行為法に由来する健康・安全注意義務の判断基準には多くの示唆が含まれており、また明示条項との関係を論じる上で、極端な事例を提示するものとして重要である。こうした背景から、本章では主要な裁判例を通じてその軌跡を辿った。

まず、本章で明らかにされたのは、使用者にはコモン・ローに基づく黙示義務として、被用者の健康・安全を保護するために合理的な注意を払う義務があるという点である。この義務は、1974 年労働安全衛生法などの制定法と併存し、使用者は予見可能なリスクに対して適切な対応を取ることが求められている。具体的には、前掲 Johnstone 事件（第1節 3）をはじめとする判例を通じて、被用者の健康や安全を度外視するような明示条項が存在する場

62）例えば、第Ⅳ編第2章第1節2で考察する被用者の不特定な権利に注意する義務に関しても、この点が注目されるべきである。

合でも、使用者の黙示義務は完全には排除されないことが確認された。また、黙示義務と明示条項が矛盾せずに共存しうるという解釈がなされた点も重要である。

さらに、使用者には推薦状に関する注意義務も課されている。この義務も不法行為法上の注意義務から派生したものであり、前掲 Spring 事件において、推薦状に虚偽や誤解を招く内容が含まれていた場合、使用者が合理的注意を怠ったとして損害賠償責任を負う可能性が示された。この判決により、使用者は推薦状を作成する際には正確かつ公正な情報提供が強く求められることとなり、その後の判例を通じて、この義務はさらに精緻化されている。結果として、使用者は推薦状の作成においても合理的注意を払い、被用者の経済的利益をも保護する側面を持つ義務を負うこととなった。

このように、使用者に課される黙示的な注意義務は、被用者の健康・安全を守るだけでなく、被用者の経済的利益の保護へと拡大する傾向が見られた。これに加えて、明示条項と黙示義務の関係は、いずれか一方が他方に優越するものではなく、むしろ状況に応じて相互の解釈に補完的な役割を果たす可能性がある。具体的な状況において、両者がどのように同時に機能しうるかという課題は、今後のさらなる議論を必要とするものである。本章での検討を基に、第4章では相互信頼条項に関連する議論においても、この明示条項と黙示義務の調和について再度考察を行う予定である。

次章では、被用者に課される黙示義務について検討を進める。法による黙示条項の形成とその発展について、特に被用者の側に適用される義務を中心に、裁判例の動向を探ることとする。

第3章　被用者が負う主な黙示義務

第1節　服従義務

1．雇用契約における位置づけと範囲

雇用契約において、被用者の最も基本的な義務は、使用者の命令に従い労働することである。この義務は、使用者が報酬を支払うという基本的な対価に対して、被用者が命令された業務を遂行するという形で応じるものであり、命令に従うことが被用者の契約上の本質的な約因（consideration）となっている。この義務に違反した場合、それは契約の本質的な違反とみなされ、コモン・ローの下では例外なく、使用者が予告なしに被用者を解雇することが認められている[1)]。

また、ストライキなどの特殊な状況においても、コモン・ロー上、被用者が職務に関する命令に従わないことは契約違反となる。ただし、被用者はすべての命令に無条件に従う義務があるわけではなく、「適法かつ合理的な」命令に限定される[2)]。

2．「適法かつ合理的な」命令の判断

2.1　個別具体的な判断

被用者が従うべき命令は、使用者の「要請（request）」ではなく、明確に

1）Pitt, G.(2004). *Employment law* (5th ed.). Thomson Sweet & Maxwell. p.107；Lockton, D.J.(2003), 101.

2）Laws v London Chronicle［1959］1 WLR 698（CA). 服務義務に関する規範的な判断を示したのは、Evershed M.R. 卿の判示部分である。Evershed 卿は、「適法かつ合理的な命令に対する故意の違反は、雇用契約（contract of service）の本質的な条件、すなわちサーバントがマスターの正当な命令に従わなければならないという条件を無視するものであり、これによって両者の関係が根本的に損なわれる」と述べている。

「命令」として発せられたものでなければならない[3]。また、「適法」という基準は比較的明確である一方で、どのような命令が「合理的」とみなされるかは必ずしも明確ではなく、多くの場合に曖昧さが残る。

特に、労働条件通知書[4]に記載された義務の範囲をめぐり、紛争が生じやすい。たとえば、機械操作員に工場の床を清掃するよう命じることは、一見すると合理的ではないように思われる。しかし、もしそれが機械修理中の一時的な命令であり、他に作業ができない状況であれば合理的であり、この命令の合理性は状況次第と言える。このように、合理性の判断は、事案ごとの具体的な状況に大きく左右される。

2.2　判断に影響する要素

命令の合理性を判断する際には、命令が被用者の技能レベルや職務内容に適しているか、その命令がどの程度一時的なものであるか、さらにはその時点の雇用市場の状況といった要素が考慮される。特に、企業が経営難に直面している場合、被用者が契約で定められた職務に厳密に限定して命令を拒否することは、不合理であると判断されることがある。これは、被用者が使用者に対して協力義務を負っているかどうか、という論点（本章第3節）にも関連している。

以下では、これらの点を踏まえ、イギリスの裁判例においてどのような基準や要素が考慮されているかを検討する。

3．「主たる職務」に関連する命令への服従義務

3.1　裁判例による柔軟な解釈

被用者が服従義務に違反したか否かを判断する際に、まず前提としてこの義務が合理的なものであるかどうかを確認する必要がある。一般に、これは当該命令が被用者の契約上の義務の範囲内にあるかどうかを判断することを意味する。

3）Lockton, D.J.(2003), 102.
4）第Ⅱ編第2章第1節参照。

実際、多くの命令は、被用者の職務に関連するものであり、雇用契約にどのような業務上の義務が規定されているか、また、その義務の履行を拒否することが契約違反となるかを判断しなければならない。しかし、裁判例では、被用者の義務は契約に明示的に記載されたものより広く柔軟に解釈される場合が多い[5)]。

3.2　弾力化条項に対する制約

このように、判例によれば、被用者は雇用契約に定められた義務のみを負担するとは限らず、場合によっては、使用者は「弾力化条項（flexibility clause）」[6)]を用いて将来の問題に対応することがある。被用者に使用者の命令に従うよう求める包括的な条項が雇用契約に含まれている場合、理論上、被用者は使用者から命じられたあらゆることに従う義務を負うと解される。こうした解釈は解雇の場面にも重要な影響を及ぼすことになるが、そのような過度な適用を避けるために、控訴院は次の判例において「弾力化条項」の適用に一定の制限を設けている。

Haden v Cowan 事件[7)]

【事実】

XはY社に雇用されていた地方建築積算士であり、その雇用契約には、「合理的に彼の能力範囲内にあるあらゆる仕事」を遂行する義務が明示されていた。その後、Xは地区積算士に昇進し、彼が従事していた業務は他の被用者に引き継がれた。しかし、Y社の業務量が減少した結果、同社は地区積算士

5）被用者に対して契約上の義務を超えた義務を負わせる問題は、しばしば被用者の協力義務（本章第3節）と結びつけて論じられる。例えば、Sim事件（本章第3節）において、学校の教師である被用者は、校長の合理的命令に従い、学校の運営に協力する義務を負うとして、他の教師の授業を代講する義務が認められた。また、Cresswell事件（本章第3節）では、国税局の税務官が、新しく導入された電算化システムに適応する義務を国税局の命令に従って負うと判断された。

6）雇用契約における「弾力化条項（flexibility clause）」とは、使用者が業務内容や勤務地、勤務時間等を変更できる権利を定めた条項を指す。経営状況や業務上の必要性に対応するための手段として導入されるが、被用者に過度な不利益を与える場合には、法的な問題が生じることがある。

7）Haden v Cowan［1982］IRLR 314（CA）.

のポジションを廃止することを決定し、X は剰員整理の対象となった。

X は、この措置が不公正解雇に該当するとして訴訟を提起したが、産業審判所は、Y 社が地区積算士のポジションを不要としたことを適法な理由と認め、1978 年雇用保護（統合）法に基づく適法な剰員整理であると判断した。しかし、産業控訴審判所は、X の雇用契約に含まれていた「その他の仕事」に対する Y 社の需要が減少したか否かを検討すべきであったとして、X の控訴を認容した。そこで、Y 社は控訴院に上告した。

【判旨】上告容認。

「X は彼の能力範囲内にある職務を遂行すべきという要求は、まず地方建築積算士としての職務に限定され、その後の昇進によって地区建築積算士の職務に限定されるものである。したがって、Y 社は X を他の建築積算士の職務に配転させる権利を有しない。」これに基づき、X の解雇は 1978 年雇用保護（統合）法に基づく適法な剰員整理である。

この判決は、被用者の業務命令違反を直接取り扱うものではないが、包括的な雇用契約条項に対して、被用者の職務範囲に明確な限定を画した点で評価に値する。雇用契約における柔軟な弾力化条項であっても、被用者の主たる職務に立ち返って（refer back to the employee's main job duties）、その適用範囲を検討する必要があることが確認されている[8]。

4．配転命令・残業命令等に対する服従義務

「主たる職務」に関連する命令のほか、配転命令や残業命令などが発される場合もある。このような命令に対して、被用者は、拒否する権利があるのであろうか。

4.1　明示的配転条項が欠如する場合の配転命令に対する服従義務

以下の Courtaulds Northern Spinning Ltd v Sibson 事件[9]は、勤務場所お

8）Lockton, D.J.(2003), 102.

9）Courtalulds Northern Spinning Ltd v Sibson［1988］IRLR 305（CA）.

よび明示的配転条項が存在しない場合において、裁判所が配転命令の範囲を黙示条項として推定した事案である。

【事実】

X は 1973 年から Y 社に雇用されていたトラック運転手であり、その雇用契約には勤務場所に関する明示的な条項が含まれていなかった。1985 年、X は全員加入していた労働組合から脱退した。これを受け、Y 社は、組合に加入していない運転手によるストライキを防ぐため、X に対し「労働組合に再加入するか、過去に勤務したことのある他の拠点に移動するか」を選択するよう求めた。X はこの要求に応じず、辞職した後、不公正解雇（みなし解雇）[10] に基づき産業審判所に申し立てた。

産業審判所は、1978 年雇用保護（統合）法に基づき、X が解雇されたと認定し、その判断は雇用控訴裁判所によって支持された。そこで、Y 社は上告した。

【判旨】上告認容。

「雇用契約に取引効果を持たせるためには、当事者が契約締結時に合理的に同意していたはずの条項が、契約に黙示（推定）される必要がある。すなわち、使用者は、何らかの理由により、被用者が毎日通勤可能な距離にある勤務地で働くよう求める権利を有するものと推定される」。したがって、Y 社が X に対して他の拠点への配転を命じた行為は、契約上の権利に基づくものであり、X の辞職は「みなし解雇」には該当しない。

本件では、雇用契約に明示的な配転条項が存在しなかったため、裁判所は「毎日通勤可能な範囲」という条件を前提に、使用者の配転命令を制限的に認める黙示条項を雇用契約に推定した。しかし、近年では、一般的に雇用契約に明示的な配転条項が設けられており、被用者が配転命令を拒否することは

---

10) 本編第 4 章で詳述するが、「みなし解雇」（constructive dismissal）とは、使用者が重大な契約違反を行った結果、労働者が自ら退職せざるを得ない状況に追い込まれた場合を指す。例えば、労働条件の大幅な変更や職場での嫌がらせを受けて、労働者は、使用者の行為が契約の根本的な条項に著しく違反していると感じた場合、解雇と同等の扱いを受け、法的に不公正解雇の主張を行うことが可能である。

通常、契約違反と見なされる。もっとも、明示的な配転条項が存在する場合でも、その行使が黙示的な相互信頼義務によって制限される場合があることは、（第4章以降に）後述するとおりである。

このように、「黙示条項」といっても、その性格にはさまざまな違いがあることがわかる。本件における裁判所の判断は、雇用契約に本来含まれていたはずの当事者合意に基づく「事実による黙示条項」（第Ⅰ編第3章第3節参照）であり、「法による黙示条項」（第Ⅰ編第3章第3節参照）として論じられる「黙示義務」の範囲とは異なるものと考えられる。この結論は、以下の二つの理由に基づく。第一に、この黙示条項は、特定の契約関係において合理的な当事者であれば同意していたであろう事実に基づいて認定されたものである。第二に、この条項は、明示的な配転条項が存在しない場合に代替的な役割を果たすものであり、明示的条項を制限するものではないと理解できる。

4.2　残業命令に対する服従義務

次に検討するのは、被用者が使用者の残業命令に従う義務を負うかどうかに関する裁判例である。この点に関して参考になるのが、Horringan v Lewisham London Borough Council 事件[11]である。

【事実】

X は 1966 年から Y 社の社会事業部に運転手兼看護人として雇用され、身体障害者の送迎を担当していた。週 40 時間勤務の契約で雇用されていたが、その契約には残業に関する明示的な規定は含まれていなかった。しかし、通常業務が予定より長引くことが多く、X は午後 4 時半の終業時刻以降もしばしば勤務を続け[12]、残業手当が支払われていた。1968 年には、Y 社と労働組合の間で、運転手の残業手当の支払いに関する条件付きの合意が成立していたが、1976 年以降、X は雇用契約に残業義務がないと主張し、残業を拒否するようになった。このため、Y 社から注意を受けたが、X は拒否を続け、最

11）Horringan v Lewisham London Borough Council［1978］ICR 15（EAT）

12）つまり、彼が基本時間のみ勤務すれば 4 時半に仕事が終わるはずだが、実際には 5、6 時に仕事が終わることが多かった。

終的に解雇された。

X は解雇が不当であるとして産業審判所に申立てを行った。審判所は、X が過去10年間にわたり残業を行っていた事実を踏まえ、残業が通常業務の一部でないとする主張は現実的ではないと判断した。さらに、残業義務を黙示条項として推定し、残業拒否を契約違反と認定した上で、Y 社の解雇を正当と認めた。これに対し、X は控訴した。

【判旨】控訴棄却。

「Y 社が X の残業への承諾を毎日得られるかどうか分からないという状況に直面するのは問題である」ため、残業拒否を理由とする Y 社の解雇は正当である。

ただし、産業審判所の契約上の黙示義務に関する判断については、「X が Y 社に雇用された当初、被用者に残業義務を課す黙示条項の推定は『取引効果』の達成に必要であることを示す根拠が不十分であり、その後契約が変更されて残業義務が加えられたという証拠も存在しない。」[13)]

この裁判例では、裁判所が使用者の命令に対する被用者の義務を幅広く解釈する傾向を示している。理論的には、被用者は雇用契約で明示的に定められた義務にのみ従うべきとされるが、実務において裁判所は被用者の義務を柔軟に捉えている。

たとえば、職務内容に関しては、前述の「主たる職務」が明確に定義されている場合、それと無関係な業務に従事する命令は被用者の義務の範囲外と見なされる。一方で、配転に関しては、前掲 Courtaulds Northern Spinning Ltd v Sibson 事件のように、明示的な条項が存在する場合はもちろん、条項が存在しない場合であっても一定の範囲で配転命令が認められる傾向が見られる。

さらに、Horringan v Lewisham London Borough Council 事件では、被用

13) この指摘を見る限り、産業控訴審判所は、残業義務に関する黙示条項を「事実による黙示条項」として捉えており、「法による黙示条項」と区別する視点がまだ確立していなかったといえる。

者に残業義務が認められなかったものの、業務遂行に支障をきたす状況下では、残業拒否が解雇の正当な理由となり得ると裁判所は判断している。このように、裁判所は残業について、勤務場所のように契約で明確に規定されるべき事項とは異なる性質を持つと考え、残業義務の推定に慎重な姿勢を示している。

5．服従義務の限界

5.1　不正な命令に対する服従義務

まず、被用者が不正な命令に従わなければならないかどうかを問う典型的な事例として、Morrish v Henlys 事件[14)]がある。

この事案では、ガソリンスタンドで勤務していた被用者が、マネージャーによる燃料記録の改ざんに加担することを拒否したことで解雇された。X はこれを不当解雇として訴訟を提起し、産業審判所は解雇を不当と認定したが、損害賠償額をめぐり、X と Y 社の双方が控訴した。そこで、産業控訴裁判所は、書類の不正操作は被用者の職務範囲に含まれないことを指摘し、X がマネージャーの命令を拒否したのは正当であると判断した。その結果、解雇は不当とされ、損害賠償額に関する審理が差し戻された。

この判決は、不正な命令に対する被用者の服従義務の限度を明確に示している。すなわち、明らかに不正または違法な命令であれば、被用者はその命令に従う義務を負わないのである。また、被用者に対して重大な危険を伴う命令についても、その合理性が厳しく問われるべきである。この点については、次に検討する裁判例でより詳細に議論されている。

5.2　危険を伴う命令に対する服従義務

被用者が危険を伴う命令に従う義務があるかどうかを検討した裁判例として、Ottoman Bank Ltd v Chakarian 事件[15)]は注目に値する。

---

14) Morrish v Henlys（Folkestone）Ltd［1973］IRLR 61（NIRC）.

【事実】

Xはアメリカ国籍を持つトルコ人で、Y銀行に期間の定めなく雇用されていた障害者であった。Xは1922年にスミルナ支店で雇用されていたが、コンスタンティノープルにある本店の業務に従事するために派遣された。しかし、Xはトルコ当局から死刑判決を受けたが免除された経験をしており、トルコでの生命の危険をYに知らせたうえで、トルコ以外の支店への移転を求めた。Yはこの請求を拒否したため、Xはコンスタンティノープルから逃亡した。Yはこれを理由にXを即時解雇し、Xは訴訟を提起した。キプロス最高裁判所では一定額の損害賠償が認められたが、Xはその金額を不服として、Yも支払い命令自体を不服として控訴した。

【判旨】

「証拠によれば、Xの身の安全はコンスタンティノープルにおいて実際に重大な危険にさらされていた。したがって、Xの逃亡は、Yに解雇する正当な理由を与える『重大な過失（faute grave)』とはならない」。

この判決において、Yは命令の合理性について主張しておらず、判決も合理性に関する議論にはあまり触れなかった。しかし、この判決は、被用者が生命の危険を伴う命令に従う義務がないことを明確に示したといえる。

この裁判例は、被用者が危険に直面する命令にどのように対応すべきか、という問題について、興味深い議論を提供している。判例法は、この問題に対して二つの方向からアプローチしているといえる[16)]。

第一のアプローチは、Ottoman事件のように、被用者は生命や重大な危害のリスクを伴う命令に従う義務を負わないとする立場である。このアプローチでは、被用者の生命や安全が脅かされるような命令は、合理性を欠いており、被用者には服従の義務がないとされる。

一方で、第二のアプローチは、被用者が雇用契約に同意したことによって、

15）Ottoman bank ltd v Chakarian［1930］AC 277（PC).

16）Brodie, D.(2005). *The employment contract：Legal principles, drafting and interpretation.* Oxford University Press. pp.54–55.

職務遂行に伴う一定の危険性も受け入れたと解釈される場合があるとする。特に、危険性が仕事の性質に固有のものである場合、被用者がそのリスクを契約の一部として同意しているとみなされる[17)]。このアプローチでは、使用者の安全注意義務とのバランスが重要な論点となり、「使用者が被用者の安全に対して合理的な注意を払わない限り、被用者に危険な命令を発することはできない」とする見解が存在する[18)]。この見解は、使用者の義務を強調する一方で、過度に厳格な要求が一部の職業（たとえば警察など）の業務遂行を妨げる可能性があることから、一定の制限が必要とされる。

このように、危険を伴う命令に関しては、命令の合理性と被用者の同意が重要な要素となるが、使用者の安全注意義務が適切に果たされているかどうかも別の重要な判断基準となる。

5.3　小括―当事者義務の相関関係の観点

以上の検討を通じて、イギリス法における使用者の義務と被用者の義務の関係は、相互に作用し合う（インタラクティブな）ものとして捉えられることがある。この相関関係は、特に危険を伴う命令に関する判例において学説で示されている視点であり、使用者が合理的な安全注意義務を果たさない場合、被用者がその命令に従う義務を負わないとされる。もっとも、この点は、権利と義務のバランスを考える上で示唆に富んでいるが、法的原則として確立しているわけではなく、学説上の解釈にとどまっている。

そもそも、特定の職業においては、被用者が業務上の危険を受け入れていると見なされる場合もあるが、それによって使用者の安全注意義務が軽減されるわけではなく、むしろ高度な安全対策が必要とされる。このように、使用者と被用者の義務の相関関係を動的に捉える学説の見解は、雇用契約における当事者義務の構築において重要な視点を提供している。

---

17) McDonald v Moller Line（UK）［1953］2 Lloyd's Rep 662（QBD）.
18) Brodie, D.(2005), 55.

第2節　合理的注意義務

本編第2章では、被用者の安全や健康に対して使用者が負う合理的注意義務について検討したが、同様に被用者も、仕事を遂行する過程において合理的注意義務を負うと考えられる。この注意義務は、一般的に三つの側面に分類できる。

まず、被用者には、使用者の財産、すなわち生産用具や設備などに対して合理的な注意を払う義務が課されている。さらに、被用者は同僚や第三者に危害を及ぼさないよう、合理的な注意を払うことも求められている。そして従来のコモン・ローにおいては、被用者は訓練を受けていなくても、自己の技術に対して合理的な注意を払い、業務を遂行する義務があるとされていた[19)]。

しかし、近年では、不公正解雇に関する法理や制定法による手続的な保護が充実したことにより、技術不足を理由とする解雇や人事評価についての規制が強化され、被用者が技術不足に対して過度な責任を負う必要はなくなりつつある。その結果、自己の技術に対する注意義務の重要性は相対的に低下してきている。

以下では、この三つの側面について、それぞれの具体的な内容を論じる。

1．使用者財産に対する合理的注意義務――Superlux v Plaister 事件[20)]

まず、被用者は使用者の財産に対して合理的な注意義務を負うと考えられる。この義務を明確に示した判例が Superlux v Plaister 事件である。

この事案では、X は Y 社の電気掃除機販売チームの管理職であり、勤務終了後に自宅へ帰り、車の中に 14 台の電気掃除機を保管していた。しかし、その夜、すべての掃除機が盗まれてしまったため、Y 社は X に対して損害賠償を求める訴訟を提起した。

19）Harmer v Cornelius［1858］5 CBNS 236（Exch ch).
20）Superlux v Plaister［1958］C LY 195（CA).

控訴院は、Xが「責任のある地位（responsible position)」にあることを強調し、Y社の財産を保護するために合理的な注意を払う義務を負っていたと判示した。そして、Xがこの義務に違反したことから、Y社の損失に対して責任を負うべきだとの結論に至った。この判決では、Xの「責任のある地位」が強調されており、控訴院はこの地位が使用者の財産を保護する注意義務と関連していることを示唆しているように思われる。

2．第三者を負傷させないための注意義務
――Lister v Romford Ice and Cold Storage Co. 事件[21]

被用者は、職務の遂行により、同僚や第三者に対して不注意によって負傷させる場合がある。本編第2章で使用者の義務を論じた際に触れたように、このような場合、使用者が適任な同僚を提供しなかったことで安全注意義務違反とされる可能性があり、また、代位責任が問われることもある。しかし、理論的には、使用者は被害を引き起こした被用者に対して契約違反として訴訟を提起することが可能である。

現実には、このようなケースは決して多いとは言えないものの、Lister事件はそのような事例である。

本件では、Y社にトラック運転手として雇われていたXが、工場の構内にトラックを乗り入れる際に誤って他の被用者を負傷させた。この負傷した被用者は、Y社に対しトラック運転手の過失を理由に損害賠償を請求し、賠償はY社の保険会社によって支払われた。その後、Y社はXに対して損害賠償額の一部を補償するよう求めて訴訟を提起した。貴族院は、Xに対して合理的な注意義務が存在していたことを認め、Y社がXに対して損害額を請求する権利があると判示した。

3．被用者技能に関する注意義務と被用者の地位

さらに、ここでは事実関係の詳細は省くが、Janata Bank事件[22]において、

21）Lister v Romford Ice and Cold Storage Co.[1957] AC 555 (HL).

控訴院は前掲 Lister 事件での貴族院判決に基づき、銀行のマネージャーが業務を遂行する際に必要な技能を発揮しなかった（failure to exercise skill）ことに対しても、高額な損害賠償（34,640 ポンド）を認めた。

このように、イギリスにおける被用者の注意義務を評価する際には、二つの点に留意する必要がある。

第一に、注意義務の範囲は被用者の地位と切り離して考えることができないという点である。前掲 Superlux 事件および同 Janata Bank 事件は、この点を示唆しているといえる。一般の被用者よりも、管理職にある被用者はより高度な注意義務を負うとされ、特に業務上の技能の発揮については、使用者の経営利益と密接に関連しているため、合理的な注意義務がより強く求められることが理解される。

第二に、被用者の注意義務は従来から議論されてきた義務ではあるものの、実際にこの義務が問題になる場面は限られているという点である。また、このこととの関連で述べると、被用者の義務は、より広範な概念である「協力義務」の下で論じられる場面が多く、注意義務はその一部として位置づけられているに過ぎない。

第3節　協力義務

1．協力義務の内容と法的性質

被用者は、雇用契約の遂行において注意義務が重要であることは明らかだが、さらに広範な射程を持つ義務として、協力義務も課されている。この義務は、単に使用者の指示に従うだけでなく、業務の効率化や組織の円滑な運営に積極的に協力することを求めるものであり、雇用関係の基盤となっている。

協力義務は、被用者が使用者との信頼関係の中で業務を遂行する際に期待され、その内容は職種や具体的な状況によって多様である。注意義務と異な

22）Janata Bank v Ahmed［1981］IRLR 457（CA）.

り、協力義務は柔軟かつ包括的な性質を持ち、被用者が使用者の合理的な要求に応じることが前提となる。この義務は、指示された業務の遂行に留まらず、使用者の利益を守りながら、自主的に協力する行動を含む。

協力義務の具体的な内容や範囲については、判例や学説で見解が分かれているため、本節ではその法的根拠と適用範囲を検討する。特に、被用者の行動がどの程度協力義務に含まれるのか、使用者の期待に応じる際の限界についても論じたい。

1.1　一般契約法における協力義務

雇用契約における協力義務を理解するためには、まず一般契約法における協力義務の位置づけを確認することが重要である。一般契約法における協力義務の概念は、雇用契約における協力義務の基礎を成しており、その解釈や適用範囲に影響を与える可能性がある。特に、契約関係において協力がどのように求められ、どの程度まで負わされるかを理解することで、雇用契約における協力義務の具体的な役割がより明確になる。

一般契約法における協力義務は、消極的側面と積極的側面の両方を持つとされている。消極的側面としては、契約上の先行条件の発生を妨げないことや、相手方の契約履行を妨害しないことが求められる。一方、積極的側面としては、契約の相手方を補佐し、取引の安全な実現に資するために必要な措置を取る義務が含まれる。これには、契約の履行に際して必然的または追加的に求められる行動が該当する。

ただし、協力義務が要求される範囲は無制限ではない。契約上、明示的に定められていない積極的な行動にまで義務が拡大するわけではなく、協力はあくまで、明示された契約内容を履行可能とするために必要な範囲に限定される[23)]。したがって、協力義務は、契約の目的や具体的な条項に基づいて柔軟に解釈されるが、過度に広範な義務を負うものではない。

---

23) 唐津博「イギリス雇用契約における被用者の義務――雇用契約における implied terms とコモン・ロー上の被用者の義務」同志社法学 33 巻 4 号 120 頁。

1.2　雇用契約における協力義務

現在、イギリスの裁判例では、被用者が協力的な方法で雇用契約を履行するという協力義務を負うとの考えがほぼ定着している[24)]。しかし、裁判所が最初にこの協力義務という概念を導入した際には、学説から多くの批判を浴びていた。

まず、Bob Hepple 教授は、適法かつ合理的な命令に従うべき黙示的な服従義務を協力義務として捉え、次のような見解を示している。すなわち、同教授は、服従義務を協力義務として再解釈することにより、現代の裁判所は、19世紀の判例に基づく「適法な命令に従わなかったという理由だけで使用者に解雇権を与える」というルールを、そのまま適用するという本質を覆い隠していると指摘している。また、協力義務という概念を用いることで、命令の適法性について詳細な議論を行わずに済む点でも都合が良いとしている[25)]。

さらに、Mark Freedland 教授も当初、これに似た立場から協力義務の導入を批判的に捉えていた。彼は、協力原則は裁判所による契約の創造的解釈を正当化するための口実に過ぎないと論評している[26)]。

被用者に協力義務が課されるとするならば、その義務がどの範囲まで及ぶのかを明確にする必要がある。以下では、これらの問題について、いくつかの重要な裁判例を中心に考察を進めることにしたい。

1.3　裁判例における協力義務の形成

雇用契約における協力義務の概念形成の出発点は、Secretary of ASLEF (No. 2) 事件[27)]であるとされている[28)]。

この事件では、労働組合が実施した順法闘争（work-to-rule）が契約違反に該当するか否かが争われた[29)]。控訴院は、順法闘争が特定の黙示的な義務に違反すると判断し、Denning 卿はその義務を「使用者の事業を故意に妨害し

24）Pitt, G.(2004), 108.
25）B.A. Hepple, *Employment Law*, 3rd ed.(Sweet & Maxwell, 1979) p.122.
26）M.R. Freedland, *The Contract of Employment*,(Oxford, 1976) pp.19-20.
27）Secretary of ASLEF (No. 2) [1972] 2 QB455 ; [1972] 2WLR1370 (CA).
28）Pitt, G.(2009). *Employment law* (7th ed.). Sweet & Maxwell. p.131.

ない義務」と表現した。また、Roskill 大法官はこれを「被用者は、適法な指示に従う際、事業を妨害する可能性のある不合理な方法で行動してはならないという黙示的な義務」と述べ、この協力義務をより具体的に言及した。

この結論に対しては、「被用者が合理的な命令に従い、契約の条件を遵守する義務を負うことは明白であるが、それ以上の協力を期待する余地はない」とする批判がなされた[30)]。つまり、被用者が契約上の義務を怠ったり、合理的な命令に従わなかったりした場合は契約違反となるが、それ以外の行為については契約上適法であり、制約されるべきではないという考え方である。この批判は説得力を持つものであるが、黙示的な協力義務という概念が既に確立されているという事実を否定することは難しい。

さらに、Buckley 大法官は、協力義務を「使用者の商業的利益を促進する忠実義務の一側面」と位置づけ、この見解は後の Ticehurst v British Telecom（1992 年）事件（本節 2 参照）においてさらに発展を見せている。

また、第 4 章で論じるように、相互信頼関係維持義務が協力義務から導かれるとの見解も多く存在する。相互信頼関係維持義務が主として使用者に課される義務である一方、被用者に課される協力義務は、その義務と相互に対応する関係にあると理解されるべきである。

このように、協力義務は包括的かつ柔軟な義務として判例法の中で議論されているが、その具体的な適用範囲を明確にするためには、個々の裁判例を通じてさらなる詳細な考察が必要である。

2．使用者の事業を故意に妨げない義務

2.1　裁判例――Ticehurst v British Telecom 事件[31)]

【事実】

被上告人である X_1 と X_2（以下「X ら」）は、それぞれ Y 社（イギリス電気通

29）Painter, R. W., & Holmes, A.（2004）. *Cases & Materials on Employment Law*（5th ed）. Oxford University Press. p.103.
30）Pitt, G.（2009）, 108.
31）Ticehurst v British Telecom ［1992］ IRLR 219（CA）.

信 plc）に雇用されており、技術学校のマネージャーおよびコンピュータサポートマネージャーとして勤務していた。両名は通信管理職組合[32]の組合員でもあった。1989年6月以降、組合員はY社と得意先との間の契約撤回問題をめぐって争議行為を開始し、Xらもこれに参加した。

Y社は争議行為の継続を雇用契約違反とみなす旨を通告し、Xらに対し保証書への署名を求めたが、Xらは署名を拒否した。このため、Y社は彼らに敷地を離れるよう求め、引き続きストライキを行っていると見なした。

その後、Xらは未払い賃金の支払いを求めて訴訟を提起した。一方、Y社は、保証書への署名を拒否した行為が雇用契約違反に当たると主張した。ロンドン郡裁判所はXらの主張を支持したが、これに対しY社は控訴した。

【判旨】控訴容認。

「雇用契約には、管理職（manager）である被用者が、他の従業員に指示命令や管理監督を行い、使用者の利益に忠実に仕えるという黙示条項が推定されなければならない。被用者が善意を撤回し（withdrew his goodwill）、使用者の事業を崩壊させるような行動を取る場合、その黙示条項に違反することとなる。Xらは、雇用契約に基づき職務を遂行する意図を欠き、争議行為を続けるつもりであった。このような行動は雇用契約上の黙示条項に違反するため、Y社は雇用契約を終了することなく、部分的な履行を受け入れずに、Xらの勤務しなかった時間分の賃金を控除する権利を有する。」

2.2　小括：被用者の地位と協力義務の程度

Ticehurst事件における控訴院の判決で示された協力義務の特徴は、被用者の管理職としての地位を強調した点である。前述の通り、協力義務という概念の形成過程には、学説上多くの批判があった。したがって、協力義務はすべての被用者に共通して課される義務として定着しているものの、裁判所は被用者の地位や職務内容に応じて、どの程度まで使用者の事業に協力すべきかが異なるという意識を持っていたのではないかと考えられる。

32）the society of Telecom Executives.

学説においても、この判決が次のような見解を反映していると指摘されている。すなわち、「おそらく正しい結論は、職務において高度な自由裁量や自己管理（self-direction）を享受する専門職の被用者に対して、［その裁量等を］制限する形で、使用者の事業に全般的に協力する義務を課すことが必要である」というものである。これに対して、「その他の被用者については、契約上の業務や合理的な命令に従うという義務の結合が契約上のすべての義務であり、協力義務を理由に、それ以上の義務を課すことはできない」[33]。

3．新しい技術や技能に適応する義務

3.1　裁判例――Cresswell v Board of Inland revenue 事件[34]

【事実】

原告Xらは、被告Y（イギリス国税局）に雇用され、P.A.Y.E. システム[35]の管理・運営に従事していた税務官および事務員である。彼らは、従来の方法で書類の整理や作成、計算の業務を行っていたが、その後、YはCOP（P.A.Y.E. の電算化）システムを導入した。COPの第一段階（COP1）では、Xらを含む職員たちの協力を得て、システムの導入は順調に進んだ。しかし、後に納税システムの電算化が進む中で、YはCOPの第二段階（COP2）の導入に伴う剰員整理が不可避である状況となった。

これを受けて、XらはCOP1の操作およびCOP2の協力を拒否し、従来の手動式（マニュアル）による業務への復帰を求めた。しかし、Yは雇用契約を終了させないことを明示した上で、手動方式への回帰を認めず、Xらが電算化システムの操作を拒否する場合には賃金の支払いを拒否すると通知した。

これに対し、Xらは、雇用契約上、電算化システムを操作する義務はないと主張し、Yがシステム操作を要求しながら賃金を支払わなかったことは、事実上の無給休職（suspending them without pay）に該当し、契約違反であるとして、賃金の支払いを求める宣言判決（declaration）を求めて訴訟を提起し

33）Pitt, G.(2009), 108.
34）Cresswell v Board of Inland revenue［1984］2All ER 713；［1984］ICR508（Ch D）
35）イギリスの納税システム（pay as you earn の略称）。

た。

【判旨】請求棄却。

「使用者が新しい技能に関する必要な訓練を提供すれば、被用者は雇用契約上の義務を履行するために、その新しい方式や技術に適応することが期待される」。そして、「この適応が仕事の性質を根本的に変更するものでない限り、被用者の雇用契約上の義務を超えた変更とは言えない。新方式や技術の導入が、被用者が同意した業務内容を超えるかどうかは、事実問題である。……COP システムの導入は、確かにXらの業務遂行方法を変えたが、Xらは引き続き P.A.Y.E. システムの管理を行っており、税務官としての義務を果たしている。……その義務は雇用契約の範囲内で変更され得るものである[36]。」

3.2 小　括

本件において、Walton 裁判官は、Y社がXらに対し、ペンや紙、電卓の代わりにコンピューターの使用を要求したことが、Xらの業務を根本的に変更するものであったかどうかを問題提起した。通常、雇用契約は使用者と被用者の合意に基づいて成立しているため、契約の内容を変更するには、双方の新たな合意が必要だと考えられる。しかし、Cresswell 事件の判決では、業務の遂行方法を変更することが、業務そのものを根本的に変えるものではないとする立場が示されている。

ここで注目すべきは、新しい業務そのものに適応することと、新しい方式に基づく業務に適応することの違いである。この違いは一見明確であるように思えるが、実際には、どの程度の変更が「業務そのものの変更」とみなされるべきか、その線引きが曖昧である点で興味深い論点を含んでいる。この問題は、被用者に求められる適応の範囲や、使用者が一方的に変更できる契約条件の限界を問うものであり、雇用契約の柔軟性と安定性のバランスという根本的な課題に繋がっている[37]。

36）税務官は公務員であるため、その職務内容がいつでも変更されうると解されるからである。

また、この判決は協力義務における被用者の職業の重要性を示唆しているように見える。前掲 Ticehurst 事件では、協力義務と被用者の地位との関連性が一定程度示されているが、Cresswell 事件判決では、被用者の職業、すなわち「税務官」としての立場が重要な要素として取り上げられている。

協力義務は多面的な性格を持つ包括的な義務である一方、イギリスの裁判例が契約の原則を重視する姿勢を見せる中で、この義務をすべての被用者に適用することには慎重な姿勢が見られる。

次に検討する裁判例では、被用者の職業と裁判所が考える協力義務との関係がさらに具体的に明示されている。

4．被用者の職業と協力義務

4.1　裁判例――Sim v Rotherham BC 事件[38)]

【事実】

Y（地方自治体）は、教師である X が欠勤した同僚のために授業を代講することを拒否したため、彼女の賃金から 35 分相当の額を控除した。これに対し、X は、自分の雇用契約には代講義務が含まれていないとして、賃金の全額支払いを求めて訴訟を起こした。

【判旨】請求棄却。

「教師の契約上の義務は、その職業の性格に基づいて説明されるべきであり、必ずしも明確に記述されていることに限定されない。これには、校長の合理的な命令に従い、学校の運営に協力する義務が含まれる」。

4.2　小　括

この判決は、教師という専門職において、代講義務が契約の一部であることを認めたものの、一般の被用者にも同様に、欠勤した同僚の業務を代わり

37）この点に関して、Walton 裁判官はそこまで判断していないが、次の裁判例を引用している。O'Neill v Merseyside plumbing Co. Ltd［1973］ICR 96（NIRC, National Industrisl Relations Court）. この事案は、協力義務に関するものではないものの、上記の Cresswell 事案と違って、仕事内容の変更に関する事案である。

38）Sim v Rotherham BC［1986］Ch, 216, IRLR 391（Ch D）.

に行う義務があるかどうかについては、明確な判断を示していない。

さらに、これまでに検討してきた協力義務に関連する裁判例に共通しているのは、いずれも「協力義務」という用語を明示的に使用していない点である。しかし、学説上は「言葉としては使用されていなくとも、これらの判決は協力義務が雇用契約の固有の側面（intrinsic feature）として受け入れられたことを示している」と解釈されている[39]。

とはいえ、協力義務という概念はあくまで理論的な枠組みを提供するに過ぎず、より重要なのは、この義務がどのような側面を持ち、具体的にどの被用者がどのような義務を負うのかを明確にすることである。

第４節　忠実義務・誠実義務

１．忠実・誠実義務の概念的意義

最後に、忠実義務と誠実義務の概念についても少し触れておきたい。本編第１章で検討したように、学説上の黙示義務（法による黙示条項）の体系化において、Carbrelli 教授が指摘した通り、被用者が負う忠実義務・誠実義務は相互信頼義務の影に隠れ、次第にその役割が縮小してきた面がある。しかし、雇用契約における司法解釈の中では、依然として忠実義務・誠実義務は基本的な概念の一つである。

その具体的内容としては、一般的に被用者が負う秘密保持義務や競業避止義務に加え、会計に関する説明義務、そして秘密裏に賄賂などの不正利益を受け取らない義務などが含まれていると解されている。

なお、秘密保持義務や競業避止義務に関しては、制定法との関わりが深く[40]、また実際に特約によって定められることが多い。これらの義務については、日本でも各論的な研究が多くなされている[41]ため、本書では裁判例の

39）Freedland, M.R.(2003), 147.

40）関連性が高い法律としては、1968 年の制限的取引行為法（Restrictive Trade Practice Act）、1974 年の職場健康安全法（Health and Safety at Work Act）、1998 年公益開示法（The Public Interest Disclosure Act）が挙げられる。

41）たとえば、石橋洋『競業避止義務・秘密保持義務』（信山社、2009 年）など。

詳細な検討は割愛し、秘密裏に利益を受け取らない義務に焦点を当てて考察を進めることとする。

2．秘密裏に賄賂などの利益を受け取らない義務

2.1　忠実義務における秘密裏の利益受領禁止

被用者には、雇用関係において得た全ての利益を使用者に対して開示し、報告する義務がある。これは、被用者が使用者の業務に従事している間、使用者の財産や自身の職務上の地位を利用して得た利益について、広く会計報告をすべきという義務を意味する。したがって、被用者は雇用関係から秘密の利益を受け取ってはならない。例えば、供給業者から賄賂を受け取り、その供給業者からの注文を保証する行為は、契約の根本的な違反となる。

2.2　裁判例――Boston Deep Sea fishing v Ansell 事件[42)]

【事実】

原告会社Ｙの発起人は、被告Ｘに対し、計画中の会社で責任者（マネージング・ディレクター）に就任することを約束し、正式に書面で合意を交わした。その後、Ｘは、Ｙ社を代表して漁船製造の契約を締結したが、Ｙ社に無断で造船会社からコミッションを受領していた。数か月後、Ｙ社はＸの別の非違行為を理由に臨時会議を開き、解雇を決議したが、当時、Ｘがコミッションを受け取っていた事実は把握していなかった。

さらに、Ｘは製氷会社および魚運送会社の株主として、これらの会社との取引を通じて配当金やボーナスを受け取っていた。Ｙ社は、Ｘがこれらの受領行為が忠実義務違反に該当するとして損害賠償を請求した。一方、Ｘは不当解雇と解雇前の未払い賃金を求めて反訴を提起し、高等法院大法官部はＸの請求を認容した。そこで、Ｙが控訴した。

【判旨】控訴容認（原判決取消し）。

「Ｘが造船会社から受け取ったコミッションは独立した行為であり、解雇

42）Boston Deep Sea fishing v Ansell［1888］39 Ch D 339（CA）.

の数か月後に判明したものであっても、解雇の正当な理由を構成する」。また、「Y 社は X が受け取ったボーナスを直接取得する権利を有していないものの、X は製氷会社や運送会社から受け取ったボーナスについて、Y 社に報告する義務を負っていた」。さらに、「X が自分の利益を優先する誘惑に屈し、Y 社の支出を削減するどころか、かえって増加させた行為は、……義務違反である」。

2.3 小 括

この裁判例により、被用者が秘密裏に利益を受け取ることが忠実義務違反であることが確認された。ただし、この義務を巡る具体的な事例はそれほど多くない。被用者にとって、秘密裏に利益を受け取らないことは根本的な義務であり、改めて言うまでもないと考えられているのだろう。

まとめ

第３章では、被用者が負う様々な黙示義務について検討を行った。これらの義務の多くは、日本の付随義務に類似する側面を持ちながらも、いくつかの特徴が浮き彫りになった。

第１に、イギリスの裁判例では、被用者の黙示義務の形成に関して十分な理論的根拠を示しているとは言い難いものの、各義務の拡張には慎重であり、その限界を明確にしようとする姿勢が見られる。特に、被用者に課される協力義務や注意義務は、単に抽象的な義務にとどまらず、被用者の地位や職業に応じて、その範囲や内容が異なることが強調されている。

第２に、被用者の地位や職業が、協力義務や注意義務の判断において重要な要素となる点が多くの裁判例で示されている。Cresswell 事件では、技術的変化に適応する被用者の義務が議論され、Sim 事件では教師が負う代講義務が認められた。これらの事例は、被用者の職業的役割が協力義務の内容に影響を与えることを示している。また、Ticehurst 事件では、管理職としての被用者の地位が協力義務の範囲を拡大させる一方で、一般被用者には過度な義務を課さないという配慮が見られた。

第3に、本章では十分に検討できていないが、学説では、使用者の義務と被用者の義務が互いに関連し合う「相互性」の観点が強調されている。使用者が負う安全注意義務や相互信頼関係維持義務は、被用者の協力義務や注意義務と密接に結びついている。つまり、雇用関係において、双方の義務は独立して存在するのではなく、互いに影響を与え合い、相互に補完し合う関係にあると考えられる。この「相互性」や「互恵性（reciprocity）」の視点[43]は、使用者と被用者の義務を理解する上で重要であり、この点については第Ⅳ編でさらに詳しく検討する。

次の第4章では、雇用契約におけるもっとも中核的な黙示条項である「相互信頼条項」に焦点を当て、使用者が負う黙示義務と被用者が負う黙示義務が、どのようにこの条項を通じて相互に収斂・促進・制限されるかを考察する。

43)「互恵性（reciprocity）」とは、相互に利益や義務を与え合う関係を指す概念である。一方が何かを提供すれば、その見返りに相手からも何かを提供されることが期待されるというものである。たとえば、協力義務において、被用者が業務を円滑に進めるために協力する一方、使用者は適切な労働環境を提供し、互いに利益を享受する関係が成り立つ。このように、互恵性とは、双方が利益を得るために、互いに義務や責任を果たすことを基盤とするものであると理解できる。

第4章　相互信頼条項への収斂

第2章と第3章では、黙示条項の形で、使用者と労働者が雇用契約上それぞれ負う黙示義務について検討した。続く第4章では、これらの黙示義務が相互信頼義務に部分的に収斂し、互いに重なり合うプロセスを描き出す。本章では、まず相互信頼条項の全体像を概観し、みなし解雇との関連における形成過程をたどる。その後、裁判例を類型化することを通じて、相互信頼義務の適用場面とその機能を一定範囲で明らかにする。具体的には、労働者に対する不合理な批判や非難行為に関する事案、雇用条件の変更に関する事案、明示条項に基づく権利を恣意的に行使する事案など、それぞれの事案類型において、相互信頼義務が示す特徴とその側面を分析する。最後に、黙示的相互信頼条項と従来の個別黙示義務の基本概念との関連性や重なり（overlap）を指摘し、相互信頼義務が黙示条項論に与えたインパクトについて考察を行う。

第1節　相互信頼条項の概念的基盤

黙示的相互信頼条項がすでに雇用契約における中心的な原則となっていることに関しては、ほぼ異論がない。また、「裁判例と学説の間で、相互信頼条項の内容が自明ではないという認識において、暗黙の一致が存在している」[1]。以下では、まず、黙示的相互信頼条項の概念的基盤について、Brodie 教授と Freedland 教授による分析をそれぞれ詳しく考察する。

1）Freedland, M.R.(2003), 158-160.

1．公法と私法の融合による相互信頼条項の進化

2000年代初頭、Brodie教授は、黙示義務の発展において二つの概念的根拠が存在し、それによって黙示的相互信頼義務がさらに具体化される可能性があると指摘している。第一の根拠は、特定の種類の契約の履行に誠実さを要求するという私法上の概念である。これは、契約当事者が相手方に対して誠実に行動する義務を負うという、伝統的な私法の原則に基づくものである。第二の根拠は、適法性、合理性、手続きの適正、および正当な期待を考慮し、権利行使を制限するという公法的な概念である。Brodie教授は、この公法における権利濫用防止の考え方と私法における誠実義務の概念を統合することで、黙示的相互信頼条項における一貫した支配的な概念を導き出したと述べている[2)]。

Brodie教授の見解は、イギリスにおける公法と私法の融合に関する議論を背景としており、黙示的相互信頼条項を、権利濫用防止を図る誠実義務として再構築しようとするものである。この視点をもとに日本法との比較を試みると、黙示的相互信頼条項は今後、日本における権利濫用法理と信義則という二つの機能を兼ね備えた条項として発展していく可能性があると推測できる。

2．相互信頼条項の公式の精緻化

相互信頼条項が最初に現れた際、その公式を精緻化することで条項の展開を図ろうとする試みがなされてきた。第2節で考察するように、初期の裁判例において相互信頼条項は次のように公式化されている。「使用者は、合理的な理由なくして、使用者と被用者の間の信頼関係を損なう、あるいは破壊する見込みがあると推定される仕方で行動をしてはならない」[3)]というものである。

2）Brodie, D.(2001). Mutual trust and the values of the employment contract. *Industrial Law Journal*, 30, 85.

3）Bliss v South East Thames Regional Health Authority [1985] IRLR 308 (CA). etc. 本章第2節を参照。

この公式化について、Lindsay 裁判官は2001年の論文で、さらなる精緻化を試みた。彼は「見込みがあると推定される」と「見込みがある、あるいは推定される」という表現の違いを分析し、より精確な表現を目指してこの公式を改善しようとした[4]。しかし、この議論は「相互信頼条項の真の意味を理解するための決定的な鍵を提供しなかった」と評価された[5]。確かに、初期の公式化は相互信頼条項の出発点を示したに過ぎず、その条項の具体的な内容や適用範囲を明確にするには限界があったと言えるだろう。

3.「三つのアプローチ」

Freedland 教授は、上記の議論を踏まえ、黙示的相互信頼条項の内容を明確にするために、これまでの裁判例で「連続的かつ累積的に用いられてきた」三つのアプローチが存在すると述べている。以下にその三つのアプローチを示す。

まず、第一のアプローチは、この黙示的義務を精密かつ詳細な言葉で公式化するものである。このアプローチは、黙示的相互信頼条項が初期段階で展開される際に用いられたものであり、「被用者のために抗弁する弁護士によって作り出され、裁判所でさらに詳細に議論された」とされる。そのため、「初期の裁判例では、黙示的相互信頼条項は一つの公式（formula）として認識された」とされている[6]。この公式は、上記のように「使用者は合理的な理由なしに、使用者と被用者の間の信頼関係を損なう、あるいは破壊するような行動を取ってはならない」と述べられているものである[7]。

次に、第二のアプローチは、この黙示義務を、一連のより具体的かつ特定された黙示条項として展開するものである。このアプローチは、黙示的相互信頼条項を、多数の黙示条項の枠組みとして捉え、その中からより明確で詳細な黙示条項が導かれると予想するものである。ここで、黙示的相互信頼義

4）The Honourable Mr Justice Lindsay.(2001). The implied term of trust and confidence. *Industrial Law Journal*, 30(1), 8-9.

5）Freedland, M.R.(2003), 158.

6）Freedland, M.R.(2003), 158.

7）本章第2節を参照。

務は「一つの枠組みとして与えられ、その枠組み内で、より具体的な目的を定めた黙示条項が策定される。雇用契約における特定の黙示条項は理論的にはほぼすべてこの枠組みの下に位置付けられる」と考えられている[8)]。つまり、黙示的相互信頼条項を包括的な概念と捉え、その下に個別の黙示条項を位置付けるアプローチである。

最後に、第三のアプローチとして、この黙示義務を多様な行動基準として説明する手法が挙げられる。このアプローチでは、黙示的相互信頼義務が使用者と被用者にとって一般的な行動基準として機能し、雇用関係の特定の状況や背景に応じて、その行動基準がさらに詳細に具体化される[9)]。すなわち、「黙示的相互信頼義務に関する一般的な公式化」と「特定の事実に対する適用」の間で行われる規範的な組立て（normative elaboration）のプロセスとして捉えられる。このアプローチに基づき、黙示的相互信頼義務は単なる抽象的な規範ではなく、実際の事案における具体的な適用を通じて、雇用関係における柔軟かつ具体的な行動基準として機能するものとなる。

この三つのアプローチは、それぞれ異なる相互信頼条項の理論的展開の可能性を示す興味深い視点を提供している。本章で取り上げる裁判例の動向を見る限り、第三のアプローチが判例の中で最も受容されているように思われる。この点は、第Ⅱ編で検討した雇用契約における明示条項の優位性を制限しつつ、それを補完する役割を果たしており、重要な意義を有している。一方で、相互信頼条項が信義則のような包括的な概念として展開された場合、黙示義務が過度に拡張され、その理論的精緻さを損なう危険性も懸念される。したがって、相互信頼条項の規範としての位置づけは、これら二つの立場の間で揺れ動いている状況にあるといえる。この点については、第Ⅳ編第1章および第2章でさらに詳しく検討する。

8）Freedland, M.R.(2003), 159.
9）このアプローチを用いる裁判例として、Moores v Bude-Stratton Town Council [2001] ICR 271（EAT）事件、本章第4節で考察するGogay事件などが挙げられる。

4．小　括

これまで、イギリスの裁判例や学説に示された雇用契約における主な黙示義務の概念を検討してきたが、ここで一つの重要な問題が浮かび上がる。それは、黙示義務が包括的な中心概念へと発展しつつある点であり、その中心となる概念は、相互信頼義務である可能性が非常に高いということである。相互信頼義務の定義やその性格・範囲を明確にしようとする試みはなされてきたが、未だに法的予測可能性が十分に確立されているとは言えない。

現時点でも、判例法においてこの条項の特徴や将来の発展方向についての模索が続いている。以下では、黙示的相互信頼条項の具体的な展開やその適用場面についてさらに深く考察する。

第2節　黙示的相互信頼条項の全貌

1．誕生の背景

相互信頼義務が発展した背景には、イギリスにおける雇用保護立法の拡大が影響している[10)]。これに伴い、裁判所が雇用契約の内容をより詳細に検討する機会と必要性が増大し、雇用契約の各要素に関する綿密な分析が行われるようになった[11)]。この義務は、日本における信義則と類似する側面を持つものの、最大の特徴は、使用者が被用者に敬意をもって扱う義務を強調している点にある。この視点は、従来、「主従」関係とされてきたイギリスの雇用関係に新たな視点を導入し、現代雇用法の発展における重要な一部として位置付けられており[12)]、イギリス雇用契約理論に革新をもたらしたと言える。さらに、この義務の適用は、不公正解雇、特に「みなし解雇」（constructive dismissal）に対する司法救済の必要性から、より一層促進された。

1971年労使関係法によって導入された「みなし解雇」とは、使用者が重大

10）1971年労使関係法、1996年雇用権法など。

11）See D Brodie, 'Recent cases, Commentary, the Heart of the Matter, Mutual Trust and Confidence'（1996）ILJ, Vol. 25, No. 2 at 121.

12）Malik v BCCI SA［1997］IRLR 462, 468でSteyn卿の意見である。

な契約違反を犯す場合、被用者が自ら解約したものを法律上解雇と見なすことである。一般的に、「みなし解雇」該当性を判断するには、履行拒絶法理という判例法の一般契約法理が用いられる[13)]。この「履行拒絶法理」とは、「契約当事者の一方に契約の基本的条項（condition）の違反がある場合、または、当該契約違反がその契約の基本的条項であるかそれ以外の条項（warranty）であるかを問わず、その違反が当該契約の本質に抵触する場合、それは契約の履行拒絶であるとされる。そして、相手方がその履行拒絶を受け入れる（accept）場合には、その契約は終了する」という法理である[14)]。そこで、被用者にとって耐えられない使用者の行為が契約の履行拒絶と言えるために、なんらかの黙示的な条項違反に該当するとする必要が生じた。したがって 1971 年労使関係法を始めとする「雇用保護立法の拡大における副産物の一つとして、裁判所は雇用契約の中身を詳しく探求する必要性と機会が増えたのであった」[15)]。

このような背景のもとで、相互信頼義務は、従来から確立されている協力義務を基盤として発展してきた。従来協力義務はその名前にも関わらず、伝統的に被用者に義務を課すだけであり、特に服従義務と誠実義務という形式で現われた[16)]。1970 年代後半から、裁判所は協力義務を逆転させ、使用者に新しい義務を課すことを始めた。最初にこれは当事者間における特定の関係が存在する事案や使用者の行為が特に深刻化した事案に現われた。次に 1977 年の Wood v Freeloader Ltd 事件[17)]において、審判所の議長は「使用者と被用者の間には黙示的協力義務、具体的には使用者と被用者の間の継続性と信頼関係を損なうあらゆることをしないという、使用者が負う法的黙示条項が存在する」と判示し、一般的な原則が形成された。さらにこの黙示条項における現在の公式的のものは実は Courtaulds 事件（第 3 章第 1 節）雇用審判所

13）みなし解雇の概念を判例法上の履行拒絶法理によって捉えることを否定する少数派の見解がイギリスの裁判例にも見られるが、本稿ではこれを検討対象としない。
14）小宮文人『英米解雇法制の研究』（信山社・1992 年）61 頁。
15）Brodie, D.(1996), 121.
16）Secretary of State for Employment v Associated Society of Locomotive Engineers and Firemen（No 2）［1972］2 QB 455（CA).
17）Wood v Freeloader Ltd［1977］IRLR 455（IT).

判決において示され、Lewis 事件において控訴院に承認され、さらに Malik 事件において貴族院に承認されたのである[18]。

2．発　展：貴族院における承認

黙示的相互信頼条項が貴族院で初めて承認されたのは、1997 年の Malik 事件[19]である。同事件は黙示的相互信頼条項におけるリーディングケースとして、中心的な議論を提供した。

【事実】

Y 銀行の暫定精算人によって剰員整理された原告 X らは、10 年以上勤務した支店長などであった。彼らは、銀行の不正な運営により、自分たちが就職市場で雇用の機会を得られなくなったと主張し、その汚名（stigma）に対する損害賠償を求めた。下級審は請求原因がないとして却下したが、X らは貴族院に上告した。

【判旨】 請求認容。

Y 銀行の元被用者であるがゆえに、声望に押された汚名が X らを雇用市場で不利にしたので、黙示的相互信頼条項に違反する行為であるとして、それに対する損害賠償の請求ができる。

「当該銀行は、不正や不道徳な事業を行わないという黙示義務を被用者に対して負っていた。この黙示義務は、当該雇用契約が黙示に期待するような方法で雇用関係を継続すべきであるならば、必要な信頼を損うような行為を行わない、包括的な一般義務の一面である」。（Nicholls 判事）

また、雇用契約違反に対する損害賠償は、精神的損害や将来の雇用機会の損失に対する補償を含まないという原則を確立した 1909 年の Addis 事件[20]との関係について、「Addis 事件の判決は、黙示的相互信頼条項が登場する以前

18） Lewis v Motorworld Garges Ltd［1985］IRLR 465（CA）, Malik v BCCI SA［1997］IRLR 462（HL）. 相互信頼義務が貴族院で承認された直後、日本ではそれを紹介し、労働契約論の再生における付随義務論からのアプローチの重要性が説かれていた。有田謙司「イギリス雇用契約法における信頼関係維持義務の展開と雇用契約観」山口経済学雑誌第 46 巻 3 号抜刷（山口大学経済学会・1998 年）234 頁。

19） Malik v BCCI［1997］IRLR 462（HL）.

20） Addis v gramphone Co. Ltd［1909］AC 488（HL）.

のものである。この条項がすべての雇用契約に推定される現在ではもはや、その違反に対する損害賠償は、通常の契約法の原則に従って算定されるべきである」。(Nicholls 判事)

この判示は、先行判例（Addis 事件）が確立した原則に反する結果を認めたため、広く注目を集めた。

Malik 事件以前から、下級審において黙示的相互信頼条項はすでにさまざまな事案に認められてきたが、Malik 事件は、これをさらに発展させたものである。特に、被用者の声望に対する損害賠償まで認めた点は、この条項の射程距離の広さを示したものといえる。その結果、Malik 事件以降、黙示的相互信頼条項に基づく訴訟が急増した。

3．内容の定式化

黙示的相互信頼条項（義務）は、形成初期から相互性を強調されてきたものの、最も注目を集めたのは使用者の義務としての側面であった。Malik 事件以降、被用者が負う相互信頼義務に関する裁判例も現れたが、その範囲が限られている。

3.1　使用者が負う相互信頼義務

使用者が被用者に対して相互信頼義務を負う場合、多くの裁判例において「使用者は合理的な理由なく、使用者と被用者の信頼関係を損なう、もしくは破壊するように行動してはならない」[21]と述べられている。この論述は、黙示的相互信頼条項の内容として公式化されたものである[22]。具体的な判断要素は、第4節2.1で考察する Hilton 事件[23]でも明示されており、同判決は、「黙示的相互信頼条項の違反を判断するためには、以下の二つの点が考慮されなければならない」と判示している。

21）Bliss v South East Thames Regional Health Authority [1985] IRLR 308 (CA) etc.
22）Freedland, M.R.(2003), 158.
23）Hilton v Shiner Ltd-Builders Merchants [2001] IRLR 727 (EAT).

①使用者と被用者の間の信頼関係を著しく損なうと考えられる行為が存在したか。

②その行為に合理的かつ適切な理由があったか。

例えば、能力不足や非行を理由に被用者を疑ったり懲戒したりする場合、信頼関係を損なう可能性がある。しかし、使用者が懲戒措置を取るにあたり、合理的かつ適切な理由があれば、相互信頼条項に違反したと主張することはできない[24)]。

ただし、この義務は使用者が常に合理的な行動を取ることを強制するものではない[25)]。一方で、使用者の意図よりも、その行動が被用者に与える実際の影響が重視され、その影響は客観的に評価されるべきである[26)]。また、影響が及ぶ範囲は特定の被用者に対する直接的な行為に限らず、客観的に見て使用者と被用者の信頼関係を深刻に損なう行為も違反となりうる[27)]。

3.2　被用者が負う相互信頼義務

被用者が使用者に対して負う相互信頼義務については、本章第5節で取り上げる裁判例において、次のように示されている。「重大な非行が即時解雇を正当化するためには、その行為が、使用者が被用者を継続して雇用することがもはや不可能とされるほど、雇用契約に基づく信頼関係を損なうものでなければならない。」同判決はさらに、相互信頼義務違反の判断について、「相互信頼義務の範囲や違反の重大さを判断する際には、使用者の社会的組織の特徴、その組織内での被用者の役割、そして使用者と被用者の間に必要とされる信頼の程度を考慮しなければならない」と判示している[28)]。

また、別の判決では、裁判所は被用者の相互信頼義務と信認義務（fiduciary duty）を同一視すべきでないことを指摘している。すなわち、「専ら他人の利

24）この二段階の判断基準は、多くの裁判例において採用されている。たとえば本章第4節で検討する Hilton 事件、BG plc 事件など。

25）Post Office v Roberts［1980］IRLR 347（EAT）.

26）Woods v W.M. Car Services［1981］ICR 666（EAT）at670.

27）Woods v W.M. Car Services［1981］ICR 666（EAT）at670, Malik v BCCI at377.

28）Neary and Neary v Dean of Westminster［1999］IRLR 288（EAT）.

益のために行動すると約束した者に課される信認義務は、被用者の誠実義務、忠実義務、相互信頼義務とは異なる。被用者には相手方の利益を考慮する義務はあるが、必ずしも相手方の利益のために行動しなければならないわけではない」[29]。

第3節　相互信頼条項とみなし解雇

1．制定法における「みなし解雇」概念の導入

第2節で検討したように、黙示的相互信頼条項の成立は、制定法上の「みなし解雇」概念の導入と深い関連性を持つ。判例においては、黙示的相互信頼条項に基づく被用者の請求の多くが「みなし解雇」に関する事案である点が特徴的である。本節では、「みなし解雇」の枠組みの中で展開されてきた黙示的相互信頼条項の意義とその発展について考察する。

1.1　制定法上の不公正解雇（unfair dismissal）と「みなし解雇」

解雇に対する制定法上の規制として、不公正解雇制度は1971年労使関係法により導入されたが、みなし解雇の概念は、1974年労働組合労使関係法により、新たに加えられた。現在、これらの規定は1996年雇用権法（Employment Rights Act 1996）に統括されているが、解雇の概念は、①使用者による雇用契約の終了（通常解雇）、②有期雇用契約の不更新、③みなし解雇といった3つの場合に限定されている。そして、③の（法定）みなし解雇に関して、「被用者が、使用者の行為を理由に予告せずに［雇用］契約を終了しうる状況の下で、予告を与えまたは与えず、当該契約を終了した場合」（1996年雇用権法95条1項(C)号）と規定している。直訳するとやや難解な文章だが、被用者の離職が使用者の行為に起因し、また、たとえ［被用者が］即時に離職しても当該行為により正当化される場合に、被用者が離職したことを意味する。

29) Nottingham University v Fishel and another［2000］IRLR 471（QB）. 第Ⅳ編第2章第1節を参照。

1.2　コモン・ロー上の違法解雇（wrongful dismissal）と「みなし解雇」

一方で、コモン・ロー上、被用者は違法解雇（wrongful dismissal）をされない権利を有する[30)]。使用者は雇用契約に対する「根本的契約違反（fundamental breach）」や「履行拒絶的契約違反（repudiatory breach）」（以下併せて「根本的・履行拒絶的契約違反」という）に該当する行為をなした場合、被用者は雇用契約を終了することができ、この雇用契約の終了は、コモン・ロー上の違法解雇の一形態とされ[31)]、被用者はさらに損害賠償を求めることができる。この「根本的・履行拒絶的契約違反」とは、契約法上の一般法理であり、契約当事者の一方が契約の根幹に影響を与える（goes to the root of contract）契約違反行為をなした場合、または当該契約違反行為からみて、その当事者がもうこれ以上1つまたはそれ以上の重大な契約条項に拘束されたくないという意図が明らかである場合に認められる。そして、法的責任がない他方の当事者は、この「根本的・履行拒絶的契約違反」を受け入れる（同意するのではなく、相手の契約違反という結果を受け入れる）ことにより、自らの契約履行義務から免れ、契約を終了させることができる。

1.3　小　括

このように、イギリスでは、「みなし解雇」は制定法上の概念として導入されているが、コモン・ロー上においても、使用者の「根本的・履行拒絶的契約違反」が認められる場合、被用者による雇用契約の終了を解雇として取り扱ってきた。この意味において、制定法上だけではなく、コモン・ロー上においても従前より存在してきた法理といえる。

30）被用者が予告せず、または受けるべき予告期間より早く解雇された場合など。

31）General Billposting Co Ltd v Atkinson [1909] AC118 (HL). Cabrelli, D.(2009). Re-establishing orthodoxy in the law of constructive dismissal：Claridge v Daler Rowney Ltd [2008] IRLR 672 and Bournemouth University Higher Education Corporation v Buckland [2009] IRLR 606 *Industrial Law Journal,* 38 (4), 403.

2．「法定みなし解雇」における判断枠組の形成

2.1　早期の判断基準：合理性基準（reasonableness test）

前述のように、制定法上の「みなし解雇」（以下「法定みなし解雇（statutory constructive dismissal)」という）概念の中核（本質）は、使用者の行為に起因する雇用の終了という点であるが、使用者の行為に関する判断基準は、法律には明らかにされていなかった。

したがって、「法定みなし解雇」が導入された当初には、コモン・ロー上の契約違反法理（履行拒絶的契約違反法理）により解釈されるべきか、それとも異なる基準を導入すべきかについて議論がみられた[32)]。そこで、雇用審判所における初期の判決には、被用者に辞職を促した使用者の行為が不合理なものか否かという、いわゆる一般的な「合理性基準」を適用したものも少なからずあった[33)]。

2.2　「契約基準」（contract test）の定立：「契約基準」の適用へ

ところで、不公正解雇法上、不公正解雇の該当性は、①解雇があったか、②解雇が「合理的対応範囲」（the range of reasonable response）にあったかという二段階審査になっているため[34)]、みなし解雇の判断に上記「合理性基準」を適用すれば、第２段階の「合理的対応範囲」基準と重複してしまい、立法の趣旨と異なることになる。このことを主な理由として、控訴院は、リーディングケースである Western Excavating（ECC）Ltd 事件[35)]において、「合理性基準」を明確に否定した。同判決はその代わりに、コモン・ロー上の「契約基準」を適用すべきであるとし、使用者は「根本的・履行拒絶的契約違反」行為をした場合、「被用者は自らがそれ以上の契約履行から免れたと見ることができ、彼が実際そうすれば、使用者の行為を理由として雇用契約を終了

32）B. Hepple, Rights at Work：Global, European and British Perspective（London：Sweet & Maxwell. 2005), pp.51-52

33）Gilbert v Goldstone Ltd［1976］IRLR 257（EAT). Turner v London Transport Executive［1977］ICR 952（CA), 964（特に Megaw 裁判官の意見）。

34）Employment Right Act 1996, s.98（4).

35）Western Excavating（ECC）Ltd v Sharp［1978］QB 761（CA).

したのであり、解雇とみなされる」と判示した。

このように、前掲控訴院判決は、みなし解雇の判断基準を、コモン・ロー上の契約基準（「根本的・履行拒絶的契約違反」法理）に結び付け、それはその後の下級審判例においても踏襲されている。これは、みなし解雇と認められるためには、かかる法理に関するコモン・ロー上の厳密な解釈をクリアしなければならないことを意味しており、「法定みなし解雇」の効果は大幅に制限されかねないことが懸念された。

2.3 「根本的・履行拒絶的契約違反」と黙示的相互信頼条項の展開

そこで、被用者にとって耐えられない使用者の行為が上述の履行拒絶的契約違反と言えるために、何らかの黙示条項違反に該当する必要が生じた。これを背景に判例に誕生したのが、相互信頼条項という雇用契約の黙示条項であった。この黙示条項は、従前から認められている雇用契約上の協力義務をさらに展開する形で判例法理に登場し、「使用者は、合理的かつ適切な理由なしには、使用者と被用者間の相互信頼関係を破壊しまたは著しく損なうような仕方で行為しない」旨説明され、すべての雇用契約に黙示的に存在しているとされる。そして、1979年までに、当該条項の違反は雇用契約の根幹に及ぶ「根本的・履行拒絶的契約違反」になることが判示され[36]、1997年貴族院判決に承認されるまでに至った[37]。これにより、被用者は、使用者による耐えられない行為について、この黙示条項の違反を根拠にみなし解雇を申し立てることができるようになった。

その結果、コモン・ロー上の厳格な履行拒絶的契約違反法理をクリアしなければ認められないはずの「法定みなし解雇」は、黙示的相互信頼条項の誕生と展開により、その申立てを成功させるための特別な根拠を与えられ、救いの道が広がった[38]。そして、この救いの道が主流となり、実際同黙示条項

36）Courtaulds Northern Textiles Ltd v Andrew［1979］IRLR 84（EAT）, 86. 同旨、Woods v W.M. Car Services［1981］ICR 666（EAT）. 672. Morrow v Safeway's Stores［2002］IRLR 9（EAT）. Claridge v Daler Rowney Ltd［2008］IRLR 672（EAT）. 675.

37）Malik v BCCI［1997］IRLR 462（HL）.

の違反に基づきみなし解雇が認められた事案は多種多様なものに及んだ。ここでは紙幅の関係でそのすべてを網羅して述べることはできないが、主要なものを類型化して、その概略を紹介することとしたい。

一つ目は、使用者の行為そのものが被用者の人格権を侵害するような場合である。たとえば、侮辱的な言葉で被用者を罵る行為[39]、十分な証拠がないにもかかわらず、被用者が窃盗を犯したと主張する行為[40]、十分な理由がなく、被用者に精神科の受診を強く命じる行為[41]などが典型である。

二つ目は、職場環境を整えず、被用者の苦情を適切に処理しなかった場合である。たとえば、職場の安全衛生等に関する適切な苦情について詳細を調べない行為[42]、敏速かつ合理的な救済を図ろうとしない行為[43]、被用者がセクシュアル・ハラスメントを受けたことを見過ごす行為[44]、フレキシブルな勤務時間（形態）に関する被用者の請求を拒否する行為[45]などが挙げられる。

三つ目は、職場における差別に関連する事案である。たとえば、被用者に対する積極的な差別行為はもちろん、障害者である被用者に対して1995年障害者差別禁止法に基づく合理的調整義務を著しく怠った場合[46]や、被用者に人種差別となりうる業務命令を発した場合[47]も、同条項に違反し、みなし解雇の申立てが認められる。

四つ目は、使用者が行った懲戒、配転および人事考課がかかる条項に違反する場合である。たとえば、軽微な懲戒規則違反行為や些細な事実を理由に被用者を不公正に降格させる行為[48]や最終書面警告（final written warning）を

38）Pitt, G.(2008). *Cases and materials on employment law*（3rd ed.). Pearson Education. p.369.

39）Palmanor Ltd v Cedron［1978］ICR 1008（EAT).

40）Robinson v Crompton Parkinson Ltd［1978］ICR 401（EAT).

41）Bliss v South East Thames Regional Health Authority［1985］IRLR 308（CA).

42）British Aircraft Corp v Austin［1978］IRLR 332（EAT).

43）WA Goold（Pearmak）Ltd v McConnell［1995］IRLR 516（EAT).

44）Wood v Freeloader Ltd［1977］IRLR 455（IT). Western Excavating（ECC）Ltd v Sharp［1978］QB 761（CA). 772（Lawton LJ).

45）Shaw v CCL Ltd［2008］IRLR 284（EAT).

46）Greenhof v Barnsley Metropolitan Borough Council［2006］IRLR 98（EAT).

47）Weathersfield Ltd（t/a Van & Truck Rentals）v Sargent［1999］IRLR 94（CA).

48）BBC v Beckett［1983］IRLR 43（EAT).

出す行為[49]、被用者に対する事実無根の告発を理由に停職させる行為[50]、他の被用者に比べて低い昇給をさせる恣意的な行為[51]など、いずれも黙示的相互信頼条項に反する。

五つ目は、雇用契約上一般的に存在する義務とまではいえないが、そうする（またはしない）ことが労使の信頼関係を破壊するような場合である。たとえば、母性休暇の申請を希望する被用者に、申請可能な期間を知らせなかった行為[52]、鍵を変えることで被用者が会社の敷地に入ることを拒否し、顧客にもその被用者はもう会社に勤めていないと伝えた行為[53]などがある。

2.4　黙示的相互信頼条項に基づくみなし解雇の判断枠組の再整理

みなし解雇が黙示的相互信頼条項に基づき申し立てられた場合、その該当性判断には、使用者の行為の合理性は非常に重要な指標とされる。そのため、近年、前述の不公正解雇の第二段階審査に用いられた「合理的対応範囲」基準が使われた判例も再び見られるようになり、前掲 Western 事件により確立した伝統的立場（契約基準の適用）の動揺が生じたと指摘されている[54]。

この点について、控訴院は、Bournemouth University 事件[55]判決において、みなし解雇の判断基準を次のように整理しなおし、明らかにした。すなわち、①まず、[黙示的相互信頼条項のリーディングケースとされる] Malik 事件貴族院判決[56]により確立した基準により、使用者の行為が黙示的相互信頼条項の根本的違反となるかを判断する（この段階、コモン・ロー上の客観的

49） Stanley Cole（Wainfleet）Ltd v Sheridan ［2003］ 1RLR 52（EAT）.

50） Gogay v Hertfordshire County Council ［2000］ IRLR 703（CA）.

51） FC Gardner Ltd v Beresford ［1978］ IRLR 63（EAT）.

52） Visa International Service Association v Paul ［2004］ IRLR 42（EAT）.

53） Brown v JBD Engineering Ltd ［1993］ IRLR 568（EAT）.

54） Carbrelli, D.(2009). Re-establishing orthodoxy in the Law of constructive dismissal：Claridge v Dater Rowney Ltd［2008］IRLR 672 and Bournemouth University Higher Education Corporation v Buckland ［2009］ IRLR 606. *Industrial Law Journal*, 38（4）, 403.

55） Bournemouth University Higher Education Cor v Buckland ［2010］ ICR 908（CA）, 914. これは、同事件雇用控訴審判所 Peter Clark 裁判官の説示を認容したものである。

56） Malik v BCCI SA ［1997］ IRLR 462（HL）.

基準の適用が求められる)。②[黙示的相互信頼条項の] 違反が認められる場合、前掲 Western 事件判決を適用し、当該違反に対する受入れは、被用者の離職を正当化する。③この場合でも、使用者は、解雇が公正な理由による解雇であることを立証することができ、④その立証がなされれば、雇用審判所は、当該解雇理由につき、実体上および手続上「合理的対応範囲」内にあり、かつ公正か否かについて判断する。

3．まとめ

このようにコモン・ロー上の「法による黙示条項」として位置付けられる黙示的相互信頼条項は、不公正解雇という制定法上の制度におけるみなし解雇の発展において重要な役割を担ってきた。この条項は、使用者の行為が被用者との信頼関係を著しく損なうかどうかを基準に、その行為の正当性を判断する枠組みを提供している。その結果、使用者が信頼関係を損なった場合、被用者はその行為に基づいて辞職を正当化できる。

こうした黙示的相互信頼条項は、みなし解雇の判断において重要な指針となっているが、この条項の発展は単にみなし解雇の判断にとどまらず、使用者の義務の拡大に結び付いている点で注目される。次に議論すべきは、相互信頼の維持という観点から、使用者が被用者に対して負う義務がどのように拡大し、具体的にどのように適用されているかである。

第4節　相互信頼条項の発展による使用者の義務の拡大

既に述べたように、黙示的相互信頼条項は「相互性」を持つと理解されているが、一般的には使用者側が負う義務として注目されている。そして、「この条項の開放性（open-textured nature）が理想的な導管（conduit）となり、裁判所がそれを通じて雇用関係のあり方を導くことができる」[57]と評価されているように、黙示的相互信頼条項の適用される事案は多様であり、その適

57）Brodie, D.(1996), 126.

用範囲も広い。さらに、同条項に基づいて導かれる義務の中には、雇用契約の特質を鮮明にし、示唆に富むものも多く含まれている[58]。

1．特定の黙示義務の促進：被用者の苦情調査義務を例に

まず、黙示的相互信頼条項の重要な効果の一つは、関連する黙示条項の形成を促進する点にある[59]。特に、Malik 事件以降の事例を考えると、黙示的相互信頼条項がこれまでに述べられてきた黙示条項の発展を促した動きは、大きく二つの方向に分かれると理解される。第一に、雇用関係の変化に対応した新たな黙示条項を創設する方向である。第二に、既存の黙示条項に一定の制限を画すことにより、その内容を明確にする方向である。例えば、Reed 事件[60]によって確立された被用者の苦情を調査する義務は、黙示的相互信頼条項によって創設された新たな義務と解されており、これは雇用契約における人的要素を反映した発展と位置付けることができる。

【事実】

X（女性）は1995年6月に市場マネージャーであるY（男性）の秘書として雇用されたが、翌年6月、Yと共に仕事を続けることが耐えられないとして辞職した。その後、Xは性差別法に基づき訴訟を提起し、雇用審判所はXの主張を認めた。審判所はYの行為にセクシュアル・ハラスメントの要素が含まれており、それらがXにとって耐え難いものであったと認定した。

さらに、審判所はXが正式な苦情を申し立てていなかったものの、他の従業員に不満を伝えたことがあり、人事部も彼女の健康状態の悪化を認識していたことから、使用者はその原因について調査する義務があり、調査を怠った場合には契約の履行拒絶的な違反（第2節1参照）に該当すると指摘した。そこで使用者が雇用控訴審判所に控訴した。

【判旨】 控訴棄却。

58）Malik 事件までの黙示的相互信頼条項に関する裁判例の展開に関する研究は、有田・前掲「イギリス雇用契約法における信頼関係維持義務の展開と雇用契約観」も参照。

59）Brodie, D.(1996), 123.

60）(1) Reed and (2) Bull Information Systems Ltd v Stedman (1999) IRLR 299.

「Xが雇用期間中に他の同僚に苦情を述べたことで、使用者にはその問題を調査する義務が生じ、これを怠ったことが相互信頼義務の違反に該当する」。

被用者の苦情を処理する使用者義務の定着[61]は、黙示的相互信頼条項から発展した重要な成果の一つと評価できる。この判決を契機に、黙示的相互信頼義務の意義はさらに広く認識され、その誕生は雇用における人的要素が雇用契約の内容に反映されることを示すものとされた。この義務は、被用者の尊厳を促進することで、雇用関係における人的側面を法的に認めるものとして高く評価されている[62]。

2．懲戒処分と相互信頼条項違反

相互信頼条項の違反が問題となる事例は被用者に対する不合理な人格評価や職務遂行の評価が行われ、それが原因で被用者の実際の利益（昇格や昇給など）が損なわれたり、精神的健康が悪化したりした場合[63]、不合理な理由による懲戒行為などの人事権行使[64]の場合など、数多く見られる。とはいえ、たとえ使用者の行為が被用者との信頼関係を損なうものであったとしても、その行為に合理的な理由が認められる場合には、相互信頼条項の違反は否定される。この二段階の判断基準は、特に上記の事案において重要な役割を果

61）Smith, Randall, N. (2002). *Contact Actions in Modern Employmene. Law.* Butterworths. p.65.

62）Brodie, D.(2001), 85.

63）Robinson v Crompton Parkinson［1978］IRLR 61（EAT）事件もこの種の事案である。この事案において、申立人被用者は被申立人使用者のところで長年勤めてきた人格者であったが、使用者の誤解により窃盗の嫌疑をかけられ、警察に事情聴取されたにも関わらず、使用者から何の謝罪もないことから、辞職し、みなし解雇されたとして、不公正解雇の申請を行った。原審の雇用審判所は請求を棄却したが、申立人の控訴について雇用控訴審判所は、被用者が使用者側の自己に対する信頼の喪失の不合理性から使用者に対する信頼を喪失しうることを明確にし、審理を差し戻す判決を下した。

64）例えば、The Post Office v Roberts［1980］IRLR 347（EAT）事件；Lewis v Motorworld Garges Ltd［1985］IRLR 465（CA）事件；Bliss v South East Thames Regional Health Authority［1985］IRLR 308（CA）事件。

たす。以下では、不正行為の疑惑を十分に調査せずに懲戒を検討した結果、相互信頼義務違反が問われた裁判例を取り上げる。

2.1　疑惑に基づく配転命令が相互信頼条項違反となる可能性——Hilton事件[65]

【事実】

Xは被告会社Yの建築業者作業場で20年間勤務し、主に顧客対応や現金取引業務を担当していた。Yは、顧客が商品を持ち出した際に請求書が発行されていないことを三度確認し、Xに説明を求めたが、納得のいく回答が得られなかった。このためYは不誠実な行為を疑いながらも、解雇ではなく、Xを車両の荷積みや清掃などを含む別の職務に配転することを決定した。新しい職務は、時給が変わらないものであったが、Xはこれをみなし解雇と捉え辞職した。

Xは、不誠実であるとの非難が適切な懲戒手続き（事情聴取）に基づいておらず、黙示的相互信頼義務に違反していること、さらに、使用者が契約上の明示的な権限を持たないまま、職務と地位を変更したことが、根本的な契約違反に該当すると主張し、不公正解雇を申し立てた。これに対し、雇用審判所は、Xが作業場工員として雇われており、職務内容に根本的な変更はなかったと判断し、Xの申立を棄却した。Xはこの判断に不服として控訴した。

【判旨】 控訴認容。雇用審判所へ差戻した[66]。

相互信頼条項違反の判断基準については、「第一に、使用者の行為が信頼関係を著しく損なうようなものであったか、そして第二に、その行為に合理的かつ適切な理由があったかである」。たとえば、使用者が被用者の能力不足や非行を疑い懲戒を検討する場合、その行為が信頼関係を損なう可能性がある。しかし、合理的かつ適切な理由に基づいて懲戒処分を科す場合は、相互信頼条項に違反したとは言えない。

65）Hilton v Shiner Ltd-Builders Merchants［2001］IRLR 727（EAT).

66）この事案で雇用上訴審判所が控訴を認めた原因は審判所の判示理由が十分でないことだけである。結論的には（相互信頼条項に違反しないという）審判所の判決に反対を加えなかった。

2.2　調査不足による停職命令と相互信頼条項違反——Gogay事件[67]

【事実】

被控訴人X（一審原告）は、控訴人Y（一審被告）が運営する児童収容所で住み込み介護人として勤務していた。Xが介護していた少女である訴外Aは、過去に両親から性的な虐待を受けた経験があり、Xが自分に性的な関係を求めているという妄想に取りつかれていた。Aの求めにより、Yは1989年児童法に基づき、Xに対する調査を開始し、その間Xに一時停職を命じた。調査の結果、Xが虐待に関与していないことが明らかになった。しかし、Xは停職命令に大きなショックを受け、うつ病を発症したため、停職による収入の損失と雇用契約違反に基づく精神的損害への賠償を求めて訴訟を提起した。高等法院はXの主張を認めたが、これに対してYは控訴院に控訴した。

【判旨】 控訴棄却。

「Yが児童虐待の申し立てについて調査を行う合理的な根拠があったとしても、Xを停職させるべきだという結論には直結しない。本件では、Aが深刻な危険にさらされているかどうかを調査する方法と、その危険に関連してXをどのように扱うかを区別する必要がある。Aに関する調査が行われるという理由だけで、Xを必然的に停職させる決定を下すのは安易であり、根拠が不十分である。重要なのは、Xを通常の業務から引き離すことがAやXの利益、さらには調査自体にとって適切かどうかである。そして、適切と判断される場合には、次にそれをどのように行うべきかを検討すべきである。たとえば、配転や一定期間の休暇を提供する方法や、懲戒措置が適切であるかどうかが問題となる。」

「YのXに対する行為は、合理的かつ適切な理由を持たず使用者と被用者の間の信頼関係を著しく損なう方法で行為しないという黙示的相互信頼義務の違反に当たる。」したがって、「YがXを停職にしたという契約違反からXの被った心理的な病気において損害賠償を裁定した高等法院の判決は誤りがない」。

67）Gogay v Hertfordshire County Council［2000］IRLR（CA）.

2.3 小　括

以上考察した裁判例は、使用者が被用者に対して不十分な調査や合理的な根拠を欠いたまま、停職や職務内容の変更を命じた事案である。これらの事案を比較・分析することで、いくつかの重要な特徴が浮かび上がった。

第一に、使用者が安易な不信感に基づいて被用者に対して行う配転や停職などの措置は、信頼関係を著しく損なう行為と見なされることが多い。しかし、信頼関係が破壊されたとされる場合でも、裁判所は使用者の行為に合理性があるかどうかという二つ目の基準を設けている。単に信頼喪失があっただけでは相互信頼条項の違反とは認めず、使用者の行為に合理的な理由があれば、違反を否定する余地を残している[68]。

第二に、Gogay 事件判決が示す「調査の必要性と被用者の扱い方の区別」に関する判示は、調査の必要があるからといって、被用者に対する職務変更や停職が即座に正当化されるわけではないことを示している。この判決は、雇用契約における属人的要素の重要性を強調している。つまり、安易な疑惑によって被用者の職務を変更することは、被用者の人格を否定する行為となり、信頼関係の破壊につながる可能性がある。たとえ調査自体が合理的であったとしても、その理由だけで使用者の措置が正当化されるわけではなく、被用者に対する処遇については個別具体的な判断が求められる。したがって、調査が合理的であったとしても、停職や配転などの処遇が適切かどうかは慎重に検討されるべきである。

第三に、手続的公正の観点も、これらの裁判例において重要な役割を果たしている。特に、被用者に対する調査や処遇が合理的かどうかを判断する際、裁判所はその手続きが公正に行われたかどうかを重視している。手続的公正は、雇用関係において信頼関係の維持に不可欠な要素であり、使用者が被用者に対して適切なプロセスを踏まずに処遇を変更した場合、それが信頼関係の破壊につながる可能性がある。

68）このアプローチは、信頼関係の破壊を合理的な解雇理由と認めた日本の裁判例（学校法人敬愛学園事件・最1小判平成6・9・8労判657号12頁）の判断手法とは対照的な側面がある。

手続的公正とは、使用者が決定を下す前に、被用者に対して公正な機会を与え、適切な情報収集と十分な説明がなされることを指す。特に、不信感に基づいて行動する場合、使用者は被用者に対して疑念の根拠を提示し、被用者が自己弁護する機会を与え、適切なコミュニケーションを図るべきである[69]。このような手続きを経ずに行われた停職や配転は、被用者にとって不当なものとなり、裁判所は手続的公正が欠如している場合には、使用者の行為を批判的に捉える傾向がある。

この点は、裁判所の最終的な結論にも結びついている。例えば、前掲Gogay事件では、調査が行われたものの、被用者に対して手続的公正が十分に確保されていなかったため、停職命令が不当と判断された。裁判所は、単に事実を調査するだけでなく、その調査過程において被用者に対して公正な扱いが行われたかどうかを慎重に見極めている。これにより、手続的公正が遵守されていない場合には、使用者の行為が合理的であったとしても、その行為が契約違反とされる可能性が高まる。

したがって、手続的公正の遵守は、被用者に対する措置が適法かどうかを判断する上で、重要な基準となる。この観点は、信頼関係の維持とともに、使用者の行為が正当と認められるために必要な要件として強調されている。

69）Yapp v Foreign and Commonwealth Office［2015］IRLR112（CA）事件では、被用者に対する疑惑について適切なコミュニケーションを取らずに懲戒に踏み込んだ行為が、相互信頼条項違反として問われた。原告Xは高等弁務官としてベリーズに赴任していたが、2008年に即座に解任され、停職処分を受けた。この処分は不正行為の疑惑に基づくもので、Y（外務・英連邦省（FCO））は懲戒手続を実施した。その結果、一部の疑惑が認定され、Xに対して書面警告が行われた。停職は解除されたものの、Xはうつ病を発症し、心臓手術を受けるに至り、2011年に退職するまでYでの他の職務を受けることはなかった。雇用審判所は、Xに対する職務からの解任は契約違反であり、Yがコモン・ロー上の注意義務に違反したこと、Yの行為、特にXへの接し方と適切なコミュニケーションの欠如が、相互信頼条項の違反を構成すること、みなし解雇の請求が認められ、Xはうつ病およびその結果として生じた損害について、原則的に賠償を受ける権利があることを認めた。そこでYは控訴したが、契約違反および因果関係に関するYの主張は棄却された（なお、精神的損害に関する遠因性（remoteness）についてYの主張が認められた）。

3．使用者の自由裁量権の行使と相互信頼条項違反

3.1　雇用条件変更・権限行使の手法をめぐる紛争

使用者が明示された雇用条件を行使する[70]または変更する場合、その手法が執拗なものや強引なものであれば、相互信頼条項の違反になりうる。次に考察するCantor事件[71]は、雇用条件を変更する方法が強引的かつ乱暴だった点が問題になった事例であり、この局面に相互信頼義務が適用されることを明確にした[72]。

【事実】

Y社の被用者であるX_1、X_2およびX_3（以下「Xら」の雇用契約には、固定年俸とボーナスに基づく報酬制が定められ、同時にXらが雇用中および退職後20週間、過去12ヶ月以内に接触したY社の顧客との取引を禁じる条項が含まれていた。2001年末、Y社はXらの雇用条件を業績だけに基づく報酬制に変更しようとし、管理職にその内容を説明させ、Xらの同意を得るよう指示した。X_1に対しては、上司が親切かつ丁寧に対応し、説得を試みたが、X_2とX_3の上司は強引であり、罵声を浴びせ、ボーナスは完全に使用者の自由裁量であると脅かした。同時に、Y社は給料日に給与を一度停止したが、翌日にはXらの銀行口座に支払われるはずの給料金額を相当超える金員を振り込み、X_2が明細を示すよう要求したにもかかわらず、ボーナスの算定に

70）明示的な契約条項を恣意的な手法で行使する行為が黙示的信頼条項の違反となる事件は少なくない。例えばUnited Bank Ltd v Akhtar［1989］IRLR 507事件やWhite v Reflecting Roardstuds［1991］IRLR 331, EAT事件は、明示的な配転条項を行使する権限（手法）が相互信頼義務による制約をうけると示している。

71）Cantor Fitzgerald International v Bird and others［2002］IRLR 867（HC）

72）最初に現われたこの類型の事案は、1981年に相互信頼条項が登場して間もなく現われたWoods v W.M car Services［1981］ICR 666（EAT）事件である。Woods事件では、申請人被用者は、雇用されていた被申請人会社が買収されるにあたって、新使用者との間で従前の条件と同等の条件で雇用を継続することを合意した。ところが、買収後、新使用者は、前使用者が買収直前に申請人の賃金を相談なしに上げたことなどから、賃金の引き下げと労働時間の延長を内容とする契約条件の変更を申請人被用者に求め続けたが、申請人に拒否されたため、申請人の職務内容と仕事量に不利益な変更を行った。そのため、申請人は、離職し、みなし解雇されたとして、不公正解雇の申請をした。雇用審判所は使用者の行為が相互信頼義務違反でないと認定するのに対し、雇用控訴審判所は被用者の雇用条件を執拗に変更しようとする使用者の行為が義務違反になると示した。

関する情報は一切提供されなかった。

その間、X らは、Y 社の競争相手である A 社から誘いを受け、Y 社に雇用契約の解約を申し込んだが拒否された。そのため、A 社は X らが辞職し Y 社が X らの雇用契約に履行拒絶的な違反をしたと主張すべきであると断定し、三人はその後すぐ Y 社での仕事をやめた。そこで、Y 社は、X らの行為が雇用契約における履行拒絶的な違反を構成し、A 社が X らに Y 社と契約を中断するよう違法に勧誘したと主張し、A 社転職の差止命令を求めて高等法院女王座部に提訴した。これに対して、X らは反訴し、Y 社が新しい報酬制の同意を得る過程で黙示的相互信頼条項の違反になる手法で執拗かつ強引てきに新しい報酬計算方法における彼らの同意を獲得しようとしたのであり、その行為が雇用契約の履行拒絶的な違反に当たるため、彼らがそれらの拒絶を受け入れることにより辞職したと主張した。

【判旨】

X_2、X_3 については Y 社の請求を棄却し、X_1 及び A 社に対する Y 社の請求を一部認容した。「Y 社は X_2、X_3 に報酬を与えられる方法の変更を同意するよう説得する手法で黙示的相互信頼条項に違反した」。具体的には、「X_2、X_3 に計画を説明した二人の管理職により行われた新条件の強引な説得は、行き過ぎであり、使用者と被用者の間における信頼関係を著しく傷つける、あるいは破壊するような行為にあたる。」強引な勧め、卑猥な言葉の使用、給与支給の中断と多額のボーナスに説明がなかったこと、あらゆる協議や相談もなかったことなどの出来事を総合すれば、「使用者が合理的かつ適切な理由を持たずに、X_2、X_3 に関して黙示的相互信頼条項に違反したことを意味する。この違反は X_2、X_3 の雇用契約における履行拒絶的な違反になり、X_2、X_3 が辞職でそれを受け入れることができる。」

一方、「使用者は X_1 に対しては、黙示的相互信頼条項に違反しなかった」と判示した。その理由は、「新条件が勧められた際、別の管理職により全く違う方式で行われたことである。X_1 は威嚇、侮辱、脅迫されなかったことである。」

さらに、「信頼の喪失」と「相互信頼条項の違反」という二つの概念は区別され、「X_1は経営者に対する信頼を喪失したが、相互信頼条項の趣旨からすれば、経営者に対する信頼の喪失は、使用者の行為が使用者と被用者の間の信頼関係を著しく傷つけ破壊したことと同じではない。したがって、X_1は辞職する適切な理由が存在せず、辞職したことは契約への履行拒絶的な違反になる。Yは契約を終了することでこの違反を受け入れることができる。」

この判決により、以下の二点が明確に示されたと考えられる。

第一に、雇用条件の変更がどのような方法で強制されたかが、最も重要な判断要素となる点である。Cantor事件では、三人の原告被用者が全員雇用条件の変更に同意するよう求められていたが、使用された手法の違いが、結果として異なる判決に繋がった。たとえば、暴言を伴う強引な説得は、「新条件の押し売り」と見なされ、信頼関係を損なう、あるいは完全に破壊する行為と判断された。一方で、同じく雇用条件の変更を求められた被用者であっても、威嚇や侮辱が行われなかった場合には、使用者が黙示的相互信頼条項に違反していないと判断された。

第二に、Cantor事件は、黙示的相互信頼条項の解釈において、単なる信頼喪失が条項違反に直結しないことを示した点で注目される。雇用条件の変更を意図する行為そのものが、被用者の信頼喪失を引き起こしたとしても、それが直ちに相互信頼条項の違反と認定されるわけではない。同事件では、被用者が使用者に対して信頼を失ったとしても、それが辞職を正当化するほどの理由にはならないと判断された[73)]。

3.2　契約上の権利がないが一旦認められた条項の不利益変更

3.2.1　長年適用してきた任意ローンの変更──French事件[74)]

【事実】

73）黙示的相互信頼条項の相互性に鑑みれば、使用者が被用者に対して信頼を単に喪失したという逆の場合にも使用者が被用者を解雇できないと考えられるであろう。それは被用者への信頼喪失により使用者の解雇行為を正当化するという日本の法理と異なる考えを示唆している。

74）French v Barclays［1998］IRLR 646（CA）.

Y銀行に雇用されていたXの雇用契約には、配転条項が含まれており、Y銀行はXをどの部署にも配転できる権利を有していた。同時に、配転に伴う従業員が損失を軽減するために、Y銀行は無利子のつなぎ［過渡期］ローンを提供するなどの規定を設けていた。1989年1月、Y銀行はXに配転を命じた結果、Xは住宅を売却し、新たな住宅を購入する必要が生じた。Y銀行はXに190,000ポンドの無利子つなぎローンを提供したが、その後の不動産市場の急落により、古い住宅の価値が大幅に下落した。Y銀行はXに対し、(a) 古い住宅の市場価値の損失をXが一部負担する、または (b) ローンの未払い利子を支払う、という選択肢を提示した。Xはこれに異議を唱え、銀行にはいずれの選択肢も強制する権利がないと主張した。最終的にXは銀行に147,500ポンドで古い住宅を売却することに同意し、差額を返済するために追加の借入を行い、新住宅の一部所有権を売却する形で対応した。その後、Xは銀行に対し、契約違反を理由に損害賠償を請求した。

高等法院は、銀行がつなぎローンの条項を変更したことが契約違反に該当すると認定し、本来の査定価格と銀行が住宅に支払った金額との差額、利子、追加借入に伴う費用として47,960ポンドの損害賠償を命じた。ただし、契約違反によるXのストレスや不安といった感情的損害については、損害賠償を請求する権利はないと判示した。この判決に対し、Y銀行はつなぎローン条項の変更が契約違反に当たるとの認定に不服を申し立て、控訴院に控訴した。一方、Xも感情的損害についての損害賠償請求を否定した判決部分について附帯控訴（cross-appeal）した。

【判旨】

「Y銀行は、配転を余儀なくされた被用者に対し、引越しを支援する目的で承諾したつなぎローンの条項を変更することで損失をもたらし、雇用契約に基づく黙示条項である『信頼関係を損なってはならない』という義務に違反した」。さらに、「配転が求められる被用者に対して、つなぎローンを提供する条項や方針が、長年にわたり他の従業員にも適用されてきた場合、それを変更しようとする行為は、使用者が労使間の信頼を破壊しようとする行為に該当する」。また、「Y銀行は、就業規則に基づく無利子つなぎローンの条項を自由裁量権で運用していた以上、その立場を維持する義務がある」[75]。

3.2.2 「正当な期待」(legitimate expectation) 保護の視点

この事件では、Xに契約上任意ローンを獲得する権利がないにもかかわらず、裁判所は一旦認められた条件を変更したY銀行の行為が黙示的相互信頼条項の違反に該当すると判示した。この判決は、黙示的相互信頼条項の強力な側面を示す重要な展開である。

この事件を通じて、黙示的相互信頼条項が被用者の「正当な期待」を保護する機能を果たすことが明確にされた。この「正当な期待」は、使用者の承諾や行為の一貫性に基づいて形成されるものであり、黙示的相互信頼条項のさらなる発展によって、より確実に保護されるべきものであると指摘されている[76]。また、この事案では、黙示条項の「補足的な (supplementing)」機能が十分に反映されており、このような判決は、従来では考えられなかったものである[77]。

3.3 一人の被用者を除いて全ての被用者に一定の利益を与える事案 ——BG plc 事件[78]

【事実】

Xは1995年8月に雇用斡旋機関を通じてY社での勤務を開始したが、1996年2月以降は雇用契約の下で雇用されていたと主張した。1996年半ば、Y社は、3カ月以上勤務した常用被用者に対し、変更された雇用契約に署名すれ

---

75) なお、原告のもう一つの主張に対して控訴院は、「被告の契約違反の結果として被ったストレスと不安に対して損害賠償を取ることができない」と判示した。

76) Brodie, D.(2001), 87, 94.

77) Smith, I.(1996), 77. 被用者の「正当な期待」に対する保護が示唆される事案として、Smyth v Croft Inns Ltd [1996] IRLR 84 (CA) も挙げられる。この事案では、カトリック教徒の原告がパブでバーテンダーとして勤務中、新教徒の常連客から「パブを去るように」という脅迫を受けた事案である。原告は被告使用者に対応を期待したが、被告は適切な措置を取らず、「残るか去るかは自由」とだけ告げたため、原告は退職に至った。宗教差別およびみなし解雇を理由に原告が訴え、雇用審判所はその主張を認めた。被告の控訴も、相互信頼義務違反を理由に控訴院で棄却された。

78) BG plc v O'BRIEN, [2001] IRLR 496 (EAT).

ば、将来剰員整理の対象となった際に増額された剰員整理給付を支払うこととした。しかし、Y社はXを常用被用者とみなしていなかったため、変更された契約を提示しなかった。その結果、1998年8月に剰員整理された際、Xは増額分の剰員整理給付を受け取れず、他の被用者とは異なり、これらの給付から除外された唯一の被用者となった。

Xは雇用審判所に申し立てたところ、審判所の過半数は、Xを常用被用者と認定した上で、Y社が変更された雇用契約をXに提供しなかったことは相互信頼義務の違反に該当すると判示した。これに対し、Y社は控訴した。雇用控訴審判所では、黙示的相互信頼義務が使用者に積極的な義務を課しうるかが主要な争点となった。

【判旨】 控訴棄却。

「使用者が増額された剰員整理給付を伴う変更契約に署名する機会を他の被用者に提供しながら、Xにはその機会を与えなかったことは、黙示的相互信頼義務に違反する」。

さらに、「一人の被用者を除き、特定のクラスに属する全ての被用者に一定の利益を与える行為は、使用者と被用者との信頼関係を著しく損なう、あるいは破壊する行為と見なされ得る。そして、この行為に合理的かつ適切な理由がない場合、それは合理的な使用者が本来行うべきではない行為であり、……公正な取扱いという使用者の義務に違反することになる。」

最後に、黙示的相互信頼条項が積極的な義務を課す可能性についても触れ、「黙示的相互信頼条項が使用者に積極的な義務を課すことができないという主張は認められない。積極的な義務を課すことができないとすれば、消極的な義務と積極的な義務との間に明確な区別をつけることが困難である。すなわち、特定の行為を行わないという要求は、結果的に他の行為を許すという形で積極的な行動を求めることになり得る」。

3.4　小　括

これらの事案はいずれも、契約上の明示的な権利がないにもかかわらず、使用者が被用者の経済的利益を考慮して行動することを相互信頼関係の観点から求めたものである。特に、BG plc 事件を通じて、黙示的相互信頼条項の二つの側面が明らかになったと考えられる。

第一に、黙示的相互信頼条項が使用者に対して積極的な義務を課す可能性を示した点が重要である。この点は、黙示的相互信頼条項の適用範囲を大幅に拡大し得ることを意味している。

第二に、被用者間の不平等を黙示的相互信頼条項の違反と判断したことは、この条項が使用者に対して公正な取扱いを要請する性格を持つことを示している。黙示的相互信頼条項は、使用者に対して常に合理的に行動する義務を課すものではないとされたが、これらの事案を通じて、使用者の行為に公正さが求められる傾向が明確に示された。その背後には、権利濫用を防止するという黙示的信頼条項の役割が強調されていることがあると考えられる。

4．明示された裁量権の行使と相互信頼義務による制約

雇用契約において、使用者に与えられた裁量権はしばしば広範に及ぶが、その行使には相互信頼義務に基づく制約がある。使用者が裁量を行使する際には、合理性（＝論理性、rationality）があること[79)]を要求し、特に事実認定や重大な決定を行う場合には厳格な適用が求められる。特に、使用者と被用者の間に利益相反が生じるような状況では、使用者の判断が恣意的にならないよう、判断の過程やその根拠が十分に正当化されている必要がある。

次に考察する Braganza v BP Shipping Ltd 事件[80)]では、使用者が従業員の死亡について自殺と結論付けた際、その判断が利益相反の中で行われたことが問題となり、裁量の行使が相互信頼義務の枠内で適切であったかが争点となった。この判決は、使用者の裁量権が契約上明示されていたとしても、その行使が相互信頼義務によって厳しく制約されることを示すものである。訴

79）第Ⅳ編でも検討するが、イギリス法では、使用者の行為や判断に対して「理にかなっているか」や「論理的に導かれているか」を強調する傾向が強い。これは「適正さ」や「合理的であるか」とはニュアンスや内容が異なる概念である。そのため、ここでは便宜上「合理性」という表現を用いるが、日本法における「合理性」とは異なる概念であることを特に強調したい。

80）Braganza v BP Shipping Ltd［2015］UKSC 17.

外Aは2009年5月11日、北大西洋上で石油タンカーのチーフエンジニアとして勤務中に失踪した。彼の雇用主である被告Y社は、彼が自殺して海に飛び込んだ可能性が最も高いとの意見を形成し、その結果、遺族（Aの妻）は雇用契約に基づく死亡給付を受け取ることができないとされた。契約には「会社またはその保険者の意見により、死亡が被雇用者の故意の行為、過失、または不正行為によるものである場合、補償は支払われない」との条項が含まれていた。Y社は独自の調査チームを立ち上げ、Aが自殺した可能性が最も高いと結論付けた。この調査結果を基に、Y社の総支配人は死亡給付が支払われないと判断した。これに対し、遺族である原告Xは、Y社に対して契約に基づく死亡給付と1976年の致死事故法に基づく損害賠償を請求する訴訟を提起した。

高等法院は、Y社の自殺に関する結論は合理的でないとし、Aの死因を判断するには、自殺という深刻な結論にふさわしい説得力のある証拠が必要であったと判示した。控訴審では、Y社の控訴が認められ、雇用主が自殺の結論に至ったことは合理的であるとされた。最高裁判所は3対2の多数でXの上告を認めた。判決では、契約上の事実認定者の決定が合理的であるべきという一般的要件の解釈、および自殺の可能性を検討する際の事実認定者の適切なアプローチが問題とされた。裁判所は、契約に基づいて決定を行う際に利益相反が存在する場合、特に当事者間に権力の不均衡がある場合、契約上の権限が濫用されないようにすべきであるとした。契約における事実認定プロセスは、公法上の合理性の基準に基づき、合法的で誠実かつ契約の目的に沿ったものでなければならないとされた。

本件では、雇用契約には黙示的相互信頼義務が含まれており、Y社がAの死因について自殺と判断するには、説得力のある証拠が必要であったが、Y社が作成した報告書に基づく六つの要因は、いずれも自殺を合理的に立証するには不十分であったと判断された。したがって、第一審の裁判官がY社の決定を公法上の合理性基準で不合理としたことは正当であり、Y社の結論は適切な考慮事項を欠いていたとされた。一方、少数意見では、Y社の調査が誠実に行われたことが認められ、契約上の決定は合理的であったとし、Y社の判断を支持すべきとの見解が示された。

５．小　括：適用における特徴

黙示的相互信頼義務は、雇用における人的要素が雇用契約の内容に反映するということを意味する。上述の様々な適用場面から被用者の尊厳を向上させることを通じて雇用関係の人間的な要素を認めたこの義務の特徴を見出すことができよう。

まず、違反になると考えられる使用者の行為における共通点は、被用者を扱う態様に問題があったところである。例えば、その行為の公正さ（誠実さや他の被用者との平等待遇を含む）、被用者の人格や尊厳への尊重、被用者に対する言葉と行動の一貫性が求められる。実質的に同じ結果をもたらす行為であっても行われる態度や方式によりその結果が異なる。例えば本節で考察したCantor事件では、使用者は三人の被用者に同じように報酬制を変えようとしたが、それを実際行った上司の手法により判決の結論が分かれた。汚い言葉など乱暴な行動をされた被用者との関係においてのみ、使用者の黙示的相互信頼条項の違反は認められた。

また、裁判例の立場として、黙示的相互信頼義務が従来の黙示条項と同様に明示的な条項により排除されうるという伝統的な観点を維持しながらも、実際上微妙な変化が起こっている。例えば、解雇や懲戒などの明示的な権利を認めつつ、それを行使する手法に対して制限を加える方法で、明示条項が現実に占める範囲を狭くしたように考えられる。明示的な条項と黙示的な条項は「矛盾なく平和共存しなければならない」と示した判決[81]は、まさにこのような深い意味をもつと考えられる。

そして、黙示的相互信頼義務違反になるか否かに関する具体的判断において、かかる行為における信頼が損なわれた結果が重視されるが、信頼の喪失と相互信頼義務違反を明白に区別している[82]。判断要素として信頼の喪失を

81）これを示した裁判例に関する考察は、第Ⅲ編第２章第１節３を参照。

82）日本の裁判例（例えば、学校法人敬愛学園事件・最１小判平成6.9.8労判657号12頁）では前者は使用者が被用者に対する信頼の喪失を意味する場合が多い。

もたらす行為が証明されれば、その行為における合理的な理由があるか否かが問われるという二段階の判断手法が採られている。

第5節　黙示的相互信頼条項の発展と被用者の義務

コモン・ロー上の黙示的相互信頼条項は、裁判所に創設された時から、「相互性」という大きな特徴が強調された。しかし、忠実義務など従来の黙示条項は被用者に義務を負わせるものが多数存在しており、相互信頼義務はそれらにほぼ何も加えなかったため、使用者が負う義務としての側面がより重視されたものだと捉えられた[83)]。ところが、相互性を有する以上、相互信頼義務について使用者の義務だけを論じることには、いささか疑問が残される。1999年、被用者の相互信頼義務違反に関する事例がようやく現れてきた。問題とされた事案の中で、裁判所は被用者の非行を理由とする使用者の即時解雇を正当化とするために相互信頼義務を持ち出した。これは、極めて限定された事案であるが、相互信頼条項の重要な側面として考察する価値があると考えられる。

1．修道院聖歌隊指揮者の相互信頼義務違反――Neary 事件[84)]

【事実】

X_1 はY修道院のオルガン奏者兼聖歌隊指揮者であり、その妻 X_2 は修道院の秘書を務めていた。X_1 と聖歌隊メンバーは、給料の他に、修道院のイベントに参加することで演奏報酬を得ていた。これらのイベントの手配は X_1 と X_2 が担当していたが、財務に関する処理は財務部が行い、その後、税区分であるD種税金が課される報酬としてメンバーに分配されていた。

しかし、1994年4月、国税局は修道院に対し、被用者の給料以外の付加報酬にはE種税金が課されると通知した。これに対処するため、X_1 は財務役員と協議し、その報酬をまず X_2 の口座に支払い、その後、メンバーに分配する

83）Brodie, D.(1996), 121.
84）Neary and Neary v Dean of Westminster［1999］IRLR 288.

という方法を主催者と取り決めた。X_2は国税局に対し、自分が歌手や音楽家を提供する仲介者/貿易業者として活動していると報告し、さらに自身が唯一の株主兼取締役となる音楽有限会社を法人化した。

この間、X_2は修道院聖歌隊メンバーが参加したイベントで仲介費を受け取り、口座には剰余金や利子が蓄積された。修道院長は新しい支払いシステムについて知らなかったが、1998年3月に監査役からそのことを報告された。翌月、X_1とX_2は、仲介費を受け取り、剰余金を保留していたという重大な非行を理由に、即時解雇された。

X_1は、新しい支払い方法を実行するにあたり承認を得ており、自分と妻は聖歌隊メンバーにとって最も有利になるように行動したと主張した。また、X_2が得た金銭は、イベントでの彼女の業務に対する正当な報酬であると述べ、修道院の巡視官として来訪した女王に対して、修道院長との紛争解決を申し立てた。さらに、X_2と国教の地方監督（Dean）との間の紛争についても仲裁を求めた。

【判旨】 請求棄却。

「Y修道院の聖歌隊メンバーが参加するイベントにおいて、外部の主催者から仲介費を受け取り、そのイベントから生じた剰余金を保留するというXらの行動は、重大な非行に該当し、即時解雇を正当化する。」

「重大な非行が即時解雇を正当化するためには、使用者が被用者を継続して雇用することがこれ以上要求されないほど、雇用契約に固有の信頼関係を著しく損なうものでなければならない。かかる非行が即時解雇を正当化するか否かは事実の問題であり、信頼義務の範囲やその違反の重大さを判断する際には、社会組織としての使用者の特徴、その組織における被用者の役割、そして両者の間に要求される信頼の度合いが考慮されるべきである。財務上の非行が主張される場合、故意の不正行為や不誠実がなければ重大な非行を構成しないとすることは受け入れられない。」

「[Xらの] 行為は彼らと修道院、地方監督（Dean）、および聖堂参事会（Chapter）との間に存続すべき信頼関係を致命的に破壊し、その結果、即時解雇を正当化した。」

この事案は、被用者が解雇の効力を争う際に、被用者自身の相互信頼義務違反が指摘され、解雇が正当化されたケースである。修道院という特殊な組織の背景を考慮して下された判決であるが、その意義は、被用者にも相互信頼義務が成立し得ることを確認した点にある。そして、被用者の相互信頼義務の範囲と、その違反の重大さを判断する要素として、①社会組織としての使用者の特徴、②組織内での被用者の役割、③被用者と使用者との間に求められる信頼の程度が挙げられた。

このような判断から、二つの疑問が生じる。第一に、修道院のような特殊な組織ではなく、一般的な使用者の場合、被用者の信頼義務の範囲が縮小されるのだろうか。もしそうであれば、この判決の影響は非常に限定的なものに留まるだろう。第二に、使用者の組織において、被用者の地位や職責が重くなるほど、相互信頼義務の範囲も広がるのだろうか。もっとも、管理職など高位の被用者に対する使用者の「信頼」への期待が高まることは考えられるものの、それが直ちに相互信頼義務の範囲の拡大につながるとは限らない。この点においては、信頼への期待と義務の拡大を明確に区別する必要がある。

2．一般被用者への適用――RDF Media Group v Clements 事件[85)]

その後、黙示的相互信頼条項は、特定の職業に限定されず、一般的な雇用関係においても被用者が負う義務として適用されることが確認された。たとえば、RDF Media Group v Clements 事件では、裁判所が通常の被用者にも黙示的相互信頼条項が適用されることを認めた。本件では、テレビ番組の制作・配信を行うＹ社上級管理職Ｘが競合他社の幹部に対し、転職後のプロジェクトに関する機密情報を開示したことが問題となった。さらに、Ｘは、Ｙに圧力をかけ、雇用契約や関連文書に定められた特定の競業制限条項から早期に解放されるようにＹと交渉するため、競合他社が雇用主との紛争をメ

85) RDF Media Group Plc, RDF Media Limited v Alan Clements [2008] IRLR 207 (HC). 被用者が黙示的相互信頼義務を負うと判断した裁判例としては、他にも Briscoe v Lubrizol Ltd [2002] IRLR 607 がある。

ディアに公表することへの協力にも同意していた。このような行為は、Yに対する不誠実な行動とみなされ、高等法院は、これが黙示的相互信頼条項および被用者が負う忠実義務や誠実義務に違反すると判断した。また、Y社がメディアに対してXに関する否定的なコメントを行ったことが信頼関係を破壊するものであったと認定したものの、X自身が事前に不誠実な行動を取っていたため、Yの違反を理由にみなし解雇を主張することはできないと判断した。そして、3年間の競業避止義務も有効と判断された。

3．義務の相互性・相関性の課題

黙示的相互信頼条項が使用者と被用者の双方に義務を課すことは、その条項の性質や雇用関係の対等性を踏まえれば当然の帰結といえる。しかし、この義務の相互性や相関性をめぐる視点には、重要な懸念と課題が存在する。特に、RDF Media Group v Clements事件では、信頼関係の破壊が「みなし解雇」の根拠となり得るものの、被用者による不誠実な行為をがあった場合には、その主張は認められないと判断された点が注目される。この判断は、黙示的相互信頼条項が一方的な義務ではなく、双方の誠実性に基づく双方向的な性質を持つことを示唆している。

一方で、被用者が義務に違反した場合に、使用者も相応の義務から解放されるべきだとする考え方には慎重な検討が必要である。このような見解が広く受け入れられると、相互信頼の均衡が崩れ、雇用関係における公平性が損なわれるリスクがある。そのため、黙示的相互信頼条項を適切に構成するためには、双方の義務を慎重に検討し、使用者と被用者の信頼関係を維持するための明確な枠組を構築することが求められる。

第Ⅳ編　「法による黙示条項」の形成規範
：苦境と葛藤

第１章　「法による黙示条項」の苦境

第１節　明示条項の優位性がもたらす矛盾と葛藤：出口の見えない模索？

1．明示条項の絶対的優位性への挑戦の始まり？

第Ⅲ編では、近年のイギリスにおける黙示条項論の新たな展開を考察した。特に、相互信頼条項を中心とする判例法の発展により、かつては明示条項が絶対的な優位性を持っていたが、その後、黙示条項が明示条項の行使を制限し、または両者が共存を模索する方向へと進展していた。

イギリスにおける雇用契約の黙示義務の法的位置づけを理解するためには、安全注意義務や黙示的相互信頼義務といった「法による黙示条項」と明示条項との関係を再検討することが不可欠である。契約法上、黙示条項を推定する際には、当事者の意図と契約の目的を達成するための正当性が問われる。明示条項は、当事者の意図を最も明確に示すものであり、その優位性は契約法において強力である。しかし、「法による黙示条項」がその枠内で解釈される限り、明示条項との整合性を保つことが可能であるが、明示条項の優位性を無視し、これを乗り越えるためには、より強力な正当化が必要となるだろう。

加えて、立法による対応を取らない限り、コモン・ローの枠組みでは、そのような解釈が矛盾に直面し、葛藤を生む可能性が高い。第Ⅱ編で検討した通り、明示条項の優位性とイギリス法における形式主義は、同国の法体系における重要な特徴と伝統として依然として強調されている。このため、黙示的な相互信頼条項などの黙示義務が明示条項に優越すると直ちに結論づけることはできない。

以下では、黙示義務と明示条項の関係に関する裁判例の変化を取り上げ、具体的な事例を通じてその動向を詳述する。

2．紆余曲折を経た裁判例の展開

2.1　明示条項の行使の仕方に対する制限

コモン・ローにおける伝統的な考えでは、明示条項は強力な権限を持ち、黙示条項はそれに比べて排除されうる脆弱な一面があるとされてきた。しかし、実際には、黙示条項は明示条項が規定していない領域を占めることで、結果的に明示条項の効力を制限することがある。特に近年、裁判所は、使用者が契約条項に基づいて行使する権利に対して、合理的な方式で行使することを求める黙示義務を通じて、明示条項の効力を制約する傾向を強めている。

この点に関して、黙示的相互信頼条項に焦点を当てた裁判例として、1989年のUnited Bank事件[1]が挙げられる。同事件では、明示的な配転条項が存在する場合に、使用者の権限行使が黙示的信頼義務によって制約されることが示された。雇用控訴審判所は、配転条項を行使する際に相互信頼義務が調和を図る役割を果たし、明示条項はこの黙示義務を条件とするものであると判断した。さらに、相互信頼義務は、「契約条項に基づく使用者の権限に対する文理解釈と離れて、優先的に適用される義務」とも位置づけられた。

同様の考え方が採用されたのが、1991年のImperial Group Pension Trust Ltd v. Imperial事件[2]である。この事案では、職域年金制度の運営および変更に関する使用者の裁量権は年金受益者である被用者や元被用者の権利を損わない方法で行使されなければならないと判断された。Browne-Wilkinson裁判官は、使用者に修正に同意する義務はないものの、その権利行使においては誠実であり、恣意的な結果を避けるべき義務があると述べた。この判断は、明示条項に基づく権限が合理的に行使されなければならないという黙示的義務によって制約されることを示している。

1）United Bank Ltd v Akhtar［1989］IRLR 507（EAT）.

2）［1991］IRLR 66（HC）. この事案に関する紹介と評価は、有田・前掲「イギリス雇用契約法における信頼関係維持義務の展開と雇用契約観」204頁以下を参照。

さらに、この考えは、1991年のJohnstone v Bloomsbury Health Authority事件（第Ⅲ編第２章第１節参照）でも再確認された。同事件では、Leggatt裁判官が週88時間の労働を認める明示的合意が被用者の安全・健康に対する黙示条項に優越するとして被用者の申請を却下しようとした。しかし、他の裁判官はこれに反対し、Stuart-Smith裁判官は、使用者には被用者の安全と健康に合理的に配慮する義務があり、この義務は明示条項に優先すると述べた。一方、Browne-Wilkinson裁判官は、Imperial事件の判断を引用し、「明示条項と黙示条項は、互いに衝突することなく共存しなければならない」との見解を示した。この事案では、時間外労働に関する明示的合意が存在するものの、使用者は被用者の健康を考慮し、合理的にその合意を行使する必要があるとされた。

2.2 迂回：伝統的な考えへの回帰――Reda事件[3]

このような判例の展開は継続しており、その後も黙示的相互信頼条項を通じて明示条項の効力が制約される事例が引き続き見受けられた[4]が、2002年のReda事件では、伝統的な考え方が再び強調され、黙示条項の適用範囲が明確に制限された。本事件の詳細を以下に述べる。

【事実】

原告X_1およびX_2（以下、「Xら」）はY社の高級管理職であり、社長および最高経営責任者（CEO）である訴外Aとともに、会社の執行委員会を構成していた。Y社はXらの基本給について、「当時のCEOに支払われる給与の90％を維持する」と約束しており（以下「連動条項」）、Xらの雇用契約には、理由を問わずY社がいつでも雇用を終了できる一方で、終了時には12か月分の基本給または残り期間の基本給とボーナスを支払うことが規定されていた（以下「雇用終了条項」）。

1997年、執行委員会が解散され、新しいCEOとしてBが任命された。Bの基本給はAよりも大幅に引き上げられたため、Y社はXらおよび他の高

3) Reda and another（appellants）v Flag Ltd（respondents）[2002] IRLR 747（PC）.
4) たとえばNational Grid v Mayes [2000] ICR 174（CA）など。

級管理職に「連動条項」の放棄を求める書類にサインするよう要求するとともに、契約上、雇用が理由なしに終了できることを改めて通知した。しかし、Xらには誤った書類が送付されており、この事実はXらが「連動条項」に基づいて給与の引き上げを要求した際に判明した。

1998年3月、Y社はXらに対し、具体的な理由を示さず即時の雇用終了を通告した。一方、他の高級管理職に対して、契約条件を改訂し、ストックオプションの付与を決定した。その後、Y社はXらの雇用終了に伴う支払金額の裁定を求めて訴訟を提起したが、バミューダ裁判所は、Xらが署名した放棄書を無効と判断し、両者の雇用が継続していると判示した。これに対し、Y社は控訴、バミューダ控訴院はY社の主張を認め、第一審判決を破棄した。さらに、Xらは枢密院に上告し、第一審判決の維持を求めた。一方で、Y社は附帯上訴を提起し、算定基礎となる基本給額およびそれに基づくXらへの給付額の宣告を求めた。

【判旨】両上告とも棄却。

「Y社に契約期間中にいつでも理由なしで雇用を終了する明示的かつ無制限の権利を与える契約条項に基づき、Xらの雇用が適法に終了されたというバミューダ控訴院の判決は正当である。そのような権利の真の性質について、行使にあたり正当性を示す必要はないとした控訴院の見解も妥当である。理由なしで解雇する権利は、いかなる理由による解雇も、まったく理由を持たない解雇も認められる権利である。」

そして、明示的な「雇用終了条項」と黙示的相互信頼条件の関係については、次のように述べた。「黙示的相互信頼条項は、理由を問わず解雇できるという明示的な権利を制限する目的では利用できない。そのような［制限できるとの］解釈は、明示的かつ無制限の権利が黙示条項によって制約されないとする一般原則に反するものである。黙示的相互信頼条項は、他の黙示条項と同様に、契約上の明示条項に従う必要がある。」

結論として、「Y社がXらの雇用契約を終了させた目的が、他の高級管理職向けのストックオプション制度から彼らを除外することであったとしても、それが黙示的相互信頼条項の違反に該当するものではない。使用者はX

らに対して他の高級管理職より不利に扱ったものの、その措置は商業的に正当であり、客観的に防衛可能な理由により正当化される。」

2.3 Reda 事件がもたらした議論

前述の Reda 事件の判決を踏まえると、Imperial 事件や Johnstone 事件の判決を主流とするのは時期尚早であったと言える。Reda 事件における枢密院判決では、「黙示的相互信頼条項は他の黙示条項と同様、契約の明示的規定に従わなければならない」と明確に判示されており、明示条項と黙示条項の関係における従来の発展が否定された。

2.4 公正の観点からの明示条項に対する修正的解釈

しかし、相互信頼条項がもたらした明示条項への影響は、簡単に止まるものではなかった。その象徴的な事案が、Stevens v University of Birmingham 事件[5]である。

【事実】

Y 大学に勤務する著名な臨床学者である X は、大学で主導していた臨床試験の運営において適正臨床実施基準の遵守が疑われたことを受け、懲戒処分の検討を目的とする調査の対象となった。その調査過程で、Y 大学は X の一部職務の停止を決定した。また、X が調査に関連する面談に際し、医療保護協会（MPS）の代表者の同席を求めたが、大学は規定に基づき、同席を許可できるのは大学職員または労働組合の代表者に限るとして、この要請を拒否した。これに対し、X は調査会議に MPS の代表者を同席させる契約上の権利があるとの宣告を求めて提訴した。

【判旨】請求認容。

雇用契約における黙示的相互信頼義務は「もはや十分に確立された法原則である。この義務は、雇用契約の一部として法により黙示的に推定された包括的なものであり、使用者に対し、被用者が合理的に耐えられないと判断す

5）Stevens v University of Birmingham ［2015］ EWHC 2300,［2017］ ICR 96（QB）.

るような行動を避けることを求めている。」

「雇用契約における相互信頼義務は、契約の明示条項を補完または修正することができても、それらと矛盾することはできない。この義務は包括的なものであり、使用者に対し、合理的かつ正当な理由なく被用者との信頼関係を破壊し、または重大に損なう可能性のある行動を取ることを禁じるものである。この義務は、雇用契約の明示条項に基づく行為であっても、信頼関係を損なう可能性がある場合には、その行為を修正または制限することができる。」

「大学が採用した立場は、契約条項を字義通りに解釈すれば［契約の］範囲内といえるものの、実際には調査会議においてXが同伴者を連れて行けない状況を生じさせるものであった。Xは非常に深刻な結果に直面しており、関係する事柄の複雑性は、調査官自身が技術的支援を必要とするほどであった。この状況は明らかに不公平であり、Y大学とXの間の信頼関係を破壊する可能性が高い。」

判決では、Y大学が相互信頼関係の破壊を回避するためにXの要求に応じるべきだったとし、黙示相互信頼義務が明示条項に優越する場合があることを示した重要な判例となった。特に、規定に厳密に従うことが被用者にとって不公平な結果をもたらす場合、雇用主はその規定の適用を柔軟に見直す必要があるとの司法判断が示された意義は大きい。

3．明示条項による相互信頼条項の制限・除外が可能かという難問

前述の裁判例における明示条項と黙示条項の関係において、最も難しい問題は、使用者が雇用契約における明示条項をもって、相互信頼条項を除外できるか、少なくとも制限できるかという点である。

この問題に関して、判例では直接争われていないようであるが、学説では様々な見解が示されている[6)]。

---

6) Collins, H., Ewing, K.D., & McColgan, A.(2019). *Labour Law* (2nd ed., Law in context). Cambridge University Press. p.151. Garbrellie, D.(2020). *Employment Law in context*: Text and materials (4th ed.). Oxford University Press. p.203.

まず、黙示条項が明示条項によって制限されるべきではないとする立場に立つ意見が多数である。Brodie 教授および Freedland 教授も、黙示的相互信頼条項を雇用契約の基礎として捉え、明示条項による制限は認められないとしている[7]。

Deakin 教授らは、Johnstone 事件における Stuart-Smith 裁判官の少数意見、すなわち労働時間を定めた明示条項が使用者の安全注意義務（黙示的義務）によって制限されるべきであるという考えを支持している。その理由は以下の三点に要約される。第一に、契約上の黙示条項であると同時に不法行為法上の注意義務でもある使用者の黙示的義務は、明示条項がこのような不法行為法上の義務を排除するような正式な放棄声明書や免責条約の形をとらない限り、明示条項によって制限されるべきではない。第二に、仮にその契約条項が使用者の不法行為法上の注意義務を制限するとしても、この義務は被用者の身体の健康や安全に関わるため、1977 年不公正契約法第 2 条(1)により無効とされる可能性が高い。第三に、この事案においては、明示条項の適用範囲自体が公序良俗によって制限されるべきことを論じる余地がある。

しかし、Deakin 教授ら自身も指摘しているように、これらの理由はいずれも、明示条項と黙示条項の関係に広く一般的に適用されるものではない。そのことの最も重要な根拠として示されたのが、相互信頼条項は使用者の最低限の義務であり、裁判例における結論を基礎づける一般原則であるということである[8]。

これに対し、Collins 教授は、現実では相互信頼条項を明示条項で排除する蛮勇な使用者がいないのであろうが、「完全合意」という形ですべての黙示条項を排除するということは可能であり、それが認められないということは、理論上困難であると指摘している[9]。

---

7) Brodie, D.(1998). Beyond exchange : The new contract of employment. *Industrial Law Journal*, 27, 79. Freedland, M.(2023). The personal employment contract. Oxford University Press. pp.164–166.
8) Deakin, S.(2001), 319.
9) Collins, H., Ewing, K.D., & McColgan, A.(2019). P.151.

4．小　括

以上のように、明示条項と黙示的相互信頼条項の関係は、矛盾と葛藤を含んでいる。黙示的相互信頼条項が明示条項を制限できる場合や、明示条項によって排除されない場面は存在するのであろうが、少なくとも建前としては、コモン・ロー上の多くのハードルを乗り越えなければならない。当事者の合意を尊重し、契約の効果達成における必要性を要件としている契約法の伝統は、そう簡単に打ち破られるものではない。

Freedland 教授は、黙示的相互信頼条項が二つの側面を持つとし、権利濫用の防止と公正さを確保するために明示条項の行使方法を制限しつつも、個別の黙示義務が明示条項に従うという理論構造を示している10)。しかし、この理論を実務で適用することは困難であると考えられる。

また、黙示的相互信頼条項は使用者の権利行使の態様を制限することにより、結果的に明示条項の管轄領域を大きく制約する可能性がある。もっとも、相互信頼条項は単に被用者を保護するだけでなく、権利濫用を防ぐことで両当事者の利益を調整し、良好な事業環境を作り出すためのものであり、使用者の経営利益にも寄与する一面がある11)。

これを踏まえると、黙示的相互信頼条項を明示条項より優位に立たせることが必ずしも望ましい発展とは言えない。それは当事者間の契約自由を侵害し、結果として、被用者を含む両者に一定のリスクをもたらす可能性がある。この点で、こうした裁判例に見られる一定の消極的な傾向は、むしろ黙示的相互信頼条項の健全な発展を促進する方向性を示していると考えられる。結局、抽象的なレベルではなく、個々の黙示義務の法的性格や内容を十分に吟味し、明示条項との関係を慎重に判断する必要がある。

10）Freedland, M.R.(2003). 163-164.

11）Collins, H., Ewing, K.D., & McColgan, A.(2005). *Text and materials：Labour law* (2nd ed.). Hart Publishing. pp.122-123, 126.

第2節 黙示条項の形成規範の曖昧さ

第Ⅲ編第4章の検討を通じて、使用者と被用者の黙示義務が、より包括的な相互信頼条項に収斂されつつあることが明らかになった。しかし、裁判所の判断のみならず、理論的に考えた場合、なぜ「法による黙示条項」が雇用契約に推定されるのか、その問いに対する明確な答えを見つけることは容易ではない。

本節では、まず雇用契約の特性に基づき、これまでの裁判例を踏まえながら、雇用契約解釈と黙示義務の方向性や明確な基準を見出そうとするFreedland教授の見解を考察する。その上で、黙示条項の形成に関する規範が確立されたかどうかについて、さらに深く検討する。

1. 雇用契約の解釈における指導原理：Freedland教授による理論構成

1.1 黙示条項と雇用契約解釈における指導原理

Freedland教授は、2003年の著書において、ひとまとまりの指導原理にしたがって、「個別雇用契約の内容における解釈と構造」という概念の見取り図を描くことを試みた[12]。

彼の考えによれば、雇用契約は不要式性（不明確性、間接性）を有するため、雇用契約の中身は黙示条項の形態をとることが多いが、黙示条項を中心とする雇用契約の内容に関する判例法（以下「雇用契約法」と称する）は、長い間の法的基準と原理の寄せ集めになりがちである。すなわち、現代労働市場に置かれている労働関係の全ての側面を反映するために、雇用契約は多様性と長期性を有し、固有の不確定性をもつと考えられる。したがって、雇用契約法をより良い方向に働かせるために、雇用契約における強力な理論的根拠の存在に頼らざるをえないと考えられる。

この点、Brodie教授は、相互信頼義務の発展から出発して、雇用契約が誠

---

12) Freedland, M.R.(2003). 115-195.

実に履行されるという一般的要請に従うものであるとの考えを示した[13]。Freedland教授は、この論証に対して、「革新的な作業」と評価しながらも、そのような一般的黙示条項が稼動する法的枠組、そして特定の事案における明確な意味に関して、やはり多くの重要な問題が未解決のまま残されていると指摘した[14]。

イギリスでは、雇用契約の黙示条項の内容と影響を確認することは、裁判所（や審判所）に委ねられる規範的な判断へのプロセスによって決まるため、法技術の面でも、政策や価値判断の面でも極めて複雑である。Freedland教授は、雇用契約に黙示条項を推定することは、契約の構造あるいは解釈の問題と考える必要があると指摘し、雇用契約における黙示条項を明らかにするプロセスを導くために、裁判所によって展開された判例法に基づいて、雇用契約の解釈における指導原理を求めている。彼によって示された、雇用契約の解釈における指導原理とは、1. 相互性または互恵性の原理、2. 注意と協力、3. 信頼、4. 忠実と経済活動の自由、5. 公正な経営管理と業務遂行との五つの原理である。そのうち、「信頼」に関する指導原理は、第Ⅲ編第4章第1節で相互信頼義務の概念として既に考察したため、以下ではその他の指導原理のみを考察する。

1.2　指導原理の内容

1.2.1　相互性または互恵性

「相互性または互恵性」の原理（the principle of mutuality or reciprocity）は、一つの黙示条項として登場するのではなく、やや漠然とした形で現われる。この指導原理は、次のことを意味する。雇用契約義務の具体的内容は、被用者と使用者の権利と義務における十分かつ合理的な程度の相互性または互恵性を確保するものである[15]。

また、この原理は、裁判例において、雇用契約関係の存在、特に労働や報

13）Brodie, D.(2001). 84-85.
14）Freedland, M.R.(2003). 160-161.
15）Freedland, M.R.(2003). 129.

酬に関する義務を具体的に示すための理論的根拠として使われた。その場面において、「相互性または互恵性」とは、雇用契約における両当事者間の約因(consideration)における対応(correspondence)の概念として表現されることができる。より分かりやすく言えば、「労働に対する約因は賃金であり、賃金に対する約因は労働である」。

しかし、Freedlandが提唱したアプローチは、もっと広い意味での、沢山の実質的な問題と関わる互恵性の観点である。すなわち、「約因の形式的な対応関係(formal correspondence of consideration)」に止まるのではなく、より広範にわたる実質的な問題に影響を及ぼすものである。

Freedland教授は、二つの具体的な問題に関して、相互性または互恵性の原理は、どのように当事者義務の中に反映されるかを論証した[16)]。

第一には、相互性または互恵性の原理は、使用者の仕事提供義務に関する議論に反映されている。Freedland教授は、仕事提供に関連する使用者の義務を二つの類型に分類し、一つは報酬を得る機会を与えるために仕事を与える義務であり、もう一つは被用者が技能、経験または名声を保持するために、報酬を与えると同様に仕事を与える義務であると述べている。裁判所は、制定法に保護される最低報酬を保証することを意味する前者の義務だけを認めることから、後者の義務もある程度認めるようになったのは、「相互性または互恵性」の考えが判例法に展開したことの一側面であると同教授は指摘する。

第二には、リスク分配と裁量への抑制に対する相互性原理の影響である。Freedland教授は、病気欠勤中の給与など様々な理由により仕事が中止した場合の報酬、または契約に明確に定められなかった場合の報酬を計算するようなリスク分配に関わる問題に対して、裁判所は相互性の原理をあまり直接に用いていないものの、雇用契約解釈の原理として示されたこともあると指摘する。たとえば、「被用者がある時間において働くことが期待されたのに、それに対する報酬を得る権利がないというのは、両当事者の意図であるはずがない」との判決には、このような互恵性の原理が暗示されていると述べて

16) Freedland, M.R.(2003). 129-140.

いる。

一方、この原理が雇用契約の当事者、特に使用者の裁量権に対する制限として、働く余地もあるものの、後述する相互信頼義務の展開により、この相互信頼義務が裁判例によく用いられることになった。ただし、相互性または互恵性という考え方が相互信頼義務の基礎をなす原理と見る余地もあると同教授は指摘する[17]。

このように、Freedland 教授によれば、相互性または互恵性との考えは、いつかイギリスの裁判例において、雇用契約を解釈するための根本基準になると予想する余地もあるものの、現在のところは、「相互性または互恵性」を含めて５つの基本原理は、それぞれ独立したものとして論じざるをえないとされる。

1.2.2　注意と協力（care and co-operation）

「注意と協力」の指導原理とは、次のように説明される。「雇用契約は、各当事者が相手の肉体と経済的利益に合理的な注意を払い、かかる雇用契約の目的を意識しながら相互に協力するよう義務付けると解釈される」[18]。

この原理に基づいて確立された領域としては、被用者の健康と安全に合理的注意を払う義務が挙げられる。Freedland 教授は、この義務が二つのバージョンに分かれるとの見解を示している。すなわち、①過失による不法行為法の直接的かつ制限的な適用と②雇用契約の特性における固有の側面として、被用者の福祉と幸福のために注意を払うという特定の義務の展開である。①のバージョンは、コモン・ロー上長い間発展してきた成果であり、1930年代に雇用に関して認められ、1950年代雇用契約上の黙示義務として認められた。②のバージョンは、みなし解雇に関する判例法により生じたものであり、使用者の行動が履行拒絶的契約違反（第Ⅲ編第４章第３節参照）になるかどうかを判断するために援用された。

同教授は、裁判所は二つのバージョンに関して、それぞれ異なる具体的な

17) Freedland, M.R.(2003). 140.
18) Freedland, M.R.(2003). 140-141.

展開をしたと指摘した。①の不法行為に基づくバージョンに関して、裁判所は、被用者を長時間働かせる明示的権限に黙示的な制限を加えることに成功したうえ、精神的損傷について肉体的な損傷よりも制限的に判断する傾向を示した。これに対して、②の不公正解雇やみなし解雇の背景に置かれるバージョンに関して、裁判所は、被用者が契約的義務を履行するに適する職場環境を提供・監視するという使用者義務を黙示条項として推定し、それが被用者を仕事上のストレスによる心理的疾病から保護する義務であると再定義（reformulation）した[19]。

ただし、上述のように、推薦状に関する注意義務の展開は、不法行為に基づく狭義の適用が中心である。この業務には、推薦状に虚偽の内容を含めないという合理的注意を払う義務だけでなく、誤解を招きやすい情報を与えないよう注意する義務も含まれる。しかし、この義務は、詳細かつ公正で徹底的な紹介状を提供することまでは求めていない。

また、Freedland 教授は、「注意」と「協力」を一つの指導原理として述べたのであるが、注意義務と協力義務の関係について、次のように論じた[20]。

注意義務は被用者にも適用することができる。しかし、その義務は使用者の注意義務の内容と異なるだけではなく、限定的な役割しか果たせない。したがって、被用者が負う注意義務は雇用契約の構成における一般的原理の最近の発展において、傍流であって、重要性を認められない存在である。

そして、注意義務、特に被用者の注意義務は、協力義務という一般原則によって、論理的に説明することができる。多くの裁判例は、協力義務という用語を使っていないものの、協力義務を雇用契約における固有の側面として受け入れることを暗示している。

なお、裁判例は、協力義務から自然に解釈されうる結論を示したものが多いにもかかわらず、協力義務という言葉を使っていない。その理由は、協力義務の多義性（相手が契約履行のため依存する明示的条件の存在を妨げない、つまり単なる消極的な義務を指すのか、それとも、契約達成のために全面的に貢献す

19）Freedland, M.R.(2003). 141-142.
20）Freedland, M.R.(2003). 146-151.

ることや、相手を実質的に助けるような積極的な義務であるのか不明確である）に帰することができる。

1.2.3　忠実と経済活動の自由（loyalty and freedom of economic activity）

雇用契約には、被用者は自らの個人的経済利益を使用者の利益と同一視することが要求される一方、自由競争による市場経済に分離した個人の利益を追い求める自由を有するという特性があると考えられる。Freedland教授は、この特性を「忠実と経済活動の自由」と名付け、雇用契約の内容と解釈におけるその他の指導原理とやや性格が異なる要素であると説明している[21]。

彼は、この指導原理に関して、忠実と経済活動の自由というタイトルの下で、コモン・ロー上の原理、黙示条項と明示条項の関係におけるルールなどを、複合の要素から構成された議論のなかで一緒に論じることが有用であること、雇用契約法において忠実と経済活動の自由という一般原理を主張することができることを提案している。この原理の具体的な結論とは、被用者が雇用契約の具体的状況にふさわしい相当程度の忠実が要求される一方、使用者は被用者の競争的経済活動を従事する自由をそれと対応する程度で尊重しなければならないということである。

ところが、一般に、被用者の忠実と経済的活動の自由は相互に矛盾するものと考えられる。この二つの概念を一つの原理に仕上げるためには、両者間のバランスと調和を取ることが必要となる。そのために、Freedland教授は二つのアプローチを提案している。一つは、「一元的アプローチ（unitarist approach）」であり、被用者の経済的利益は強い身分性をもつため、使用者の経済的利益を通じて一元的に求められると理解されるものである。もう一つは、「多元的アプローチ（pluralist approach）」であり、被用者は独立した適法な経済的利益を有し、被用者の利益は使用者の経済利益から生ずるものではなく、それと結びつけて求められるにすぎないと理解されるものである[22]。

一般に、雇用期間中において、被用者の忠実義務や誠実義務が強調され、

21）Freedland, M.R.(2003). 171.
22）Freedland, M.R.(2003). 172-173.

「一元的アプローチ」が展開されるのに対して、雇用終了後、これらの義務の代わりに、競業制限法理が登場するので、被用者利益と使用者利益の間に釣り合いを取るために「多元的アプローチ」が登場すると考えられる。

しかし、雇用期間中であっても、一部の裁判例には、「多元的アプローチ」が用いられることもあり、雇用終了後の「機密情報」に関する事案には、忠実義務が適用され、「一元的アプローチ」が用いられることもあるため、判例法の方向は一致しておらず、極めて複雑に見える。Freedland教授は、このような複雑性は、雇用契約法が実際に機能する際にその統一性を失うという恐れがあり、それに対抗するために何らかの包括的議論が必要であると考え、次の指導原理の重要性を強調している。

1.2.4 公正な経営管理と業務遂行（Fair management and performance）

最後の指導原理としてFreedland教授が提唱したのは、「公正な経営管理と業務遂行」である。この原理は、当事者が雇用契約の性格に鑑みて、公正かつ合理的な経営管理と業務遂行を行う義務に従うものとして、雇用契約が解釈されなければならないことを意味する。また、この原理は、上述の原理を総合した包括的な原理として位置付けられ、「各種の特定基準の黙示義務の統合（a sunthesis of the various particular standards of implied obligations）」である。したがって、前述の相互性原理、注意と協力原理、信頼原理、忠実と経済活動の自由の原理は、全てこの複合的概念（composite notion）に統合される[23]。

しかし、この複合的公正概念は、二つの意味で独特なものであることを同教授は強調した。第一には、この概念は、個別雇用契約法に特有のものであり、第二には、上述の基準が適用される、ある特定の雇用契約またはある特定のグループの雇用契約の性格と条項に特有のものである。

また、この公正基準は一般原理として、二つの側面において有用であると予想された。一つは、様々な状況において、どの指導原理または黙示義務に

23）Freedland, M.R.(2003). 187-188.

基づくことがより適切なのかを判断することは難しいが、それらの原理を一つの新しい一般原理に位置付ければ、相互に関連しあうこれらの原理の発展をより容易に追跡することができる。もう一つは、コモン・ロー以外の規範的な考え（例えば制定法など）を雇用契約の解釈における枠組に導入するために役立つと評価される。

Freedland 教授によって示されたこれらの指導原理は、イギリス雇用契約におけるコモン・ロー上の理論から抽出され、再構成された法的理論である。これらの原理は、雇用契約の特性を理解するために役立つだけでなく、雇用契約における黙示義務の確定作業にも示唆を与えうる。本書に有用と考えられる論点は、次の二つと考える。第一には、雇用契約における黙示義務は、単一の根拠でなく、雇用契約の各特性を反映した指導原理によって確定されることである。第二は、これらの指導原理の多くは、実際黙示義務として現れるため、黙示義務の大きな特徴は、雇用契約を解釈する根拠となりうることである。

2．黙示条項推定における「必要性」の壁：避けることは可能か？

Freedland 教授が提案する雇用契約の解釈原理は非常に魅力的である。しかし、これは黙示条項の新たな形成規範を示しているのか、それとも従来のコモン・ローの枠組みで実現可能なものなのか、疑念を抱かざるを得ない[24]。「法による黙示条項」が現代の雇用契約における重要性や有用性を持つことは否定しがたいが、当事者の意思という第一次的な基準が欠如している場合、合理性ではなく、契約の取引効果を達成するための「必要性」というコモン・ローで確立された黙示条項の推定基準は果たして避けて通れるものなのか。この基準をイギリス法の枠内でどのようにうまく説明できるか、多くの研究者がこの問題に直面している。

24）実際、筆者は 2014 年に Freedland 教授にインタビューを行い、彼の著書に書かれた規範が裁判実務にどの程度反映される可能性があるかについて直接尋ねたことがある。教授は笑みを浮かべながら、その問題がいかに難しいかを示唆し、司法判断にどれほど反映できるかは容易ではないと答えたと記憶している。

「必要性」という基準には二つの解釈が可能である。狭義には、契約を機能させるために厳密に必要かどうかを問うものであり、広義には、より広範な政策に基づく必要性を意味する。しかし、イギリスの裁判例においても、この「必要性」の基準は「変幻自在 (protean)」であり、「捕まえにくい (elusive)」とされており[25]、判例がどの立場を取るのかは依然として曖昧であるという鋭い指摘もなされている[26]。

こうした「必要性」の基準が、黙示条項の名の下で避けて通れる道であるか否かは、未だにイギリス雇用契約論が抱える難問の一つである。

---

25) Crossley v Faithful & Gould Holdings [2004] IRLR 377 (CA). 34-36.
26) Golding G,(2023). p.205.

第2章 「法による黙示条項」の自制

「法による黙示条項」は、現代の雇用契約において重要であり、基盤的な役割を果たしている。第Ⅲ編第4章で考察したように、雇用契約における黙示的な相互信頼義務は、近年その適用範囲が拡大している。この拡大は、特に使用者に対してより広範な義務を課すことを意味し、雇用関係における協力と公正の確保を目指している。

しかし、第1章で検討した通り、黙示条項である以上、コモン・ローの法原則に従わざるを得ず、雇用契約に推定される正当性ですら十分に論証できないというジレンマが存在する。このような背景の中で、相互信頼義務に対して、ある種の「自制」とも言える傾向が見られる。すなわち、裁判所は、黙示的な義務が当事者に過度の負担を課し、義務の範囲が曖昧になって広がりすぎることを警戒しているようにみえる。本章では、その実態を明らかにし、この「自制」の傾向とその影響を検討する。

第1節 積極的（過大な）義務の否定

相互信頼条項は、その「相互性」により、特に被用者に過大な義務を課すリスクを内包している。このような懸念から、裁判例においては、二つの視点から制限が設けられているように見受けられる。第一に、被用者が負う相互信頼義務について、信認義務（fiduciary duty）と明確に区別する視点が強調されている点。第二に、Scally 事件における貴族院判決（本節 2.1.1 参照）で議論された「開示義務」（本節2参照）に関しても、裁判所は消極的な立場を示している。

1．被用者の黙示的相互信頼義務と「信認義務」の区別

まず、信認義務と相互信頼義務の違いについて、この問題が争点となった裁判例と学説における議論を通じて検討する。

1.1　Nottingham University 事件[1)]判決

Nottingham University 事件は、直接的に相互信頼義務に基づく訴訟ではないが、この事件では被用者の信認義務と相互信頼義務の区別が論じられた。本節では、この判決で示された義務の区別と、それをめぐる学説の議論を考察することにより、被用者に課される相互信頼義務の性質と範囲を明確にしたい。

【事実】

被告Y医師は、試験管内受精の分野で世界的に有名な専門家であり、1985年にパートタイムで原告X大学に雇用された。1991年、X大学は新たに不妊治療部門を設立し、Y医師をフルタイムの科学技術責任者に任命した。この際、Y医師の雇用契約には、有給の外部活動を行う際には学長の許可を得るよう求める条項が盛り込まれた。しかし、Y医師はX大学に雇用されている間に、複数の海外診療所で活動し、直接報酬を受け取っていた。また、他の大学スタッフにも手伝ってもらい、報酬に関しては彼らと直接取り決めていた。X大学はこれらの事実を知っていたものの、Y医師は学長等の許可を得ていなかった。

Y医師の給与は当初、不妊治療部門の科学技術責任者としてのものだったが、その後、X大学の上級講師の給与額に不妊治療部門の診療収入に基づくボーナスが加えられる形に変更された。不妊治療部門は大成功を収め、ボーナスによってY医師はX大学で最も高給の被用者となった。しかし、X大学側はY医師の給与が不相当に高いと判断し、Y医師も不承不承ながら削減に同意した。Y医師はその後、X大学に辞職の意思を伝え、しばらくして退職した。X大学は後に、Y医師が信認義務に違反し、海外診療所での外部活動

1）Nottingham University v Fishel and another［2000］IRLR 471（QBD）.

によって契約に違反したとして、Ｙ医師に対して利益の説明を求め、さらに損害賠償を求める訴えを高等法院女王座部に提起した。

【判旨】一部認容（信認義務違反については棄却）。

まず、信認関係については、「信認関係（fiduciary relationship）の根本的な側面は、他者の利益のために行動する忠実義務を意味する。この意味で、雇用関係は信認関係とは言えない。なぜなら、雇用関係の目的は、被用者に自己犠牲を強い、使用者の利益を追求させる義務を負わせることではないからである。」

次に、信認義務と雇用関係については、「信認義務が雇用関係に現れる場合、それは特定の契約関係から生じるものであり、被用者が契約上の義務を超えて厳格な義務を負うと約束した……事実がある場合に限られる。この場合、信認義務の範囲は契約条項に反映され、制限される。そのため、信認義務は一部の雇用関係にしか適用されない」。

また、信認義務と他の義務、特に相互信頼義務との違いについては、「信認義務は、誠実義務や忠実義務、または相互信頼義務と同一視すべきではない。信認義務は、完全に他者の利益のために行動することを約束した者にのみ課される義務であり、被用者に課される誠実義務や忠実義務、相互信頼義務とは異なるものである。これらの義務は、相手の利益を考慮することを求めるものの、必ずしも相手の利益のために行動する必要があるわけではない。」

結論として、「被用者は、一般的な原則として、契約に違反して外部での仕事を行ったかどうかを使用者に知らせる義務を負わない」。さらに、「もし被用者が第三者からの金銭収入を開示する義務を負うならば、被用者が過去の契約違反や不正行為を開示する義務がないという既存の法則が回避されることになるだろう」[2)]。

1.2　相互信頼義務の性質

この判決が示すように、雇用関係は信認関係とは異なる性質を持つことが

2）相互信頼義務と関わる開示義務に関して本節２において詳述することとする。

明確にされた。信認義務と相互信頼義務は、それぞれ別個の法的概念であり、特に雇用関係において両者が混同されることがないように注意を要する。この点は、法的な安定性と、当事者間の権利と義務のバランスを保つ上で極めて重要である。

1.3　信認義務と相互信頼義務の法的区別

学説上でも、信認義務[3]と相互信頼義務の違いは広く議論されている。雇用契約における相互信頼条項という概念が導入される以前から、「『信頼(trust and confidence)』という用語は、信認関係の一形態を指し、その核心は相手の利益を追求する行動にある」。しかし、雇用法における相互信頼義務はこれとは異なり、「当事者が互いの信頼関係を損なうような行動をとらないことを要求する」義務として捉えられている[4]。

前掲 Nottingham 事件もまた、信認関係と信認義務の関係を明確に描き出している。すなわち、信認関係の本質的な特徴は、相手方の利益のために行動する義務にあり、信認義務は常に一方の当事者が他方に対して負う片面的な義務である。他方、雇用契約における相互信頼義務は、黙示条項として存在し、使用者と被用者の双方に等しく課される相互的な義務として理解される[5]。そのため、黙示的な信頼条項は信認義務の弱化された形ではなく、単に類似した用語を共有しているにすぎないのである。

1.4　信認義務と相互信頼義務の理論的な展開

しかし、学説上では、相互信頼義務と信認義務の関係について上記判決と異なる見解も存在する。例えば、Brodie 教授は、雇用契約法が進化を続ければ、最終的には雇用契約が「誠実契約」に分類される可能性を示唆している[6]。この考え方に対し、Vanessa Sims 氏は、Brodie 教授が「誠実」と「最

3）イギリスの信認関係と信認義務の法理に関する日本の先行研究として、植田淳『英米法における信認関係の法理』（晃洋書房・1996年）等を参照。

4）Sims, V.(2001). Is employment a fiduciary relationship? *Industrial Law Journal*, 30, 103-104.

5）Sims, V.(2001), 103-104.

大限の誠実」を同一視したため、相互信頼義務が信認義務へと拡張される危険があると指摘している。また、Linda Clarke 教授も Brodie 教授の見解を支持し、一定の雇用関係を信認関係と認識することで、相互信頼義務が被用者への積極的な情報提供義務を含む形で拡張される可能性を論じている[7]。

1.5 雇用関係の信認関係への拡張に対する批判

しかし、このように相互信頼義務を信認義務にまで拡張することについては、批判的な見解も根強い。最大の懸念は、相互信頼義務が被用者の権利を強化する一方で、その義務も強化する結果を招き、被用者の自主性に悪影響を及ぼす可能性がある点である。特に、相互性を持つ義務としての相互信頼義務が被用者にとって不利な負担を課すリスクがある。こうしたリスクを考慮すると、相互信頼義務の範囲や性質については、慎重に解釈されるべきであり、裁判所の判断にはより一層の配慮が求められる。

このため、相互信頼義務の解釈は、被用者の権利保護と自主性の尊重との間のバランスをどのようにとるかという問題を常に伴う。特に、義務がどこまで拡大されるべきか、またどのような制限が必要なのかが重要な論点となる。

2. 黙示条項の制限と明確化：開示義務

次に、相互信頼義務が積極的な開示義務を生じさせるかどうかについては、判例や学説で活発に議論されている。この議論は、開示義務の内容に基づき、大きく二つの側面に分けられる。第一に、被用者の年金受給権などの権利行使に関連した情報を提供する義務に関するものである。第二に、使用者が自らの不正行為を被用者に開示する義務に関する議論である。以下では、これら二つの論点について順を追って考察していく。

6）Brodie, D.(1998), 101.
7）Clark, L.(1999). Mutual trust and confidence, fiduciary relationships and the duty of disclosure. *Industrial Law Journal*, 28, 348（359).

2.1　年金などの権利行使における情報の提供

2.1.1　貴族院が創設した黙示条項

この黙示的な条項に関する裁判例の展開を検討する前に、まず、相互信頼義務が正式に貴族院で認められる以前のScally事件[8]について触れておく必要がある。この事件では、被用者Xは中途採用のため、老齢退職年金制度における満額年金の受給に必要な40年の勤続期間に達していなかった。同制度では、勤続年数が40年未満の被用者は加算年数を購入でき、採用後12ヶ月以内であれば有利な条件で購入できることになっていた。しかし、Xはこの事実を知らされておらず、その結果として損害を被ったとして、賠償を求めた。これに対し、貴族院は、被用者が給付を受けられる状況を確保するため、使用者が合理的な措置を講じる義務があることを黙示条項として認めた。

しかし、この判決をめぐっては、貴族院が被用者に対する使用者の義務を広範に解釈したと評価する見解と、極めて限定的に解釈する見解が分かれている[9]。以下では、相互信頼義務が貴族院で正式に承認された後の裁判例の展開を考察し、この義務に関する議論の現状について明らかにしていきたい。

2.1.2　下級審の制限的な解釈

Ⅰ．事案a：年金受給権行使の錯誤を注意する義務の否定

貴族院は、Scally事件の判決で使用者に新たな義務を課したように見えたが、1999年のUniversity of Nottingham事件[10]では、完全に反対に見える解釈を加えた。

【事実】

XはY大学に雇用され、同大学の年金制度に加入していた。この制度の規定では、被用者が満60歳を迎えた後、勤務期間と最終的な年金算定基準給与に基づき計算される年金を受給して退職できるとされていた。年金算定基準

8）Scally v. Southern Health and Social Services Board［1992］1 AC 294（HL）.

9）有田・前掲「イギリス雇用契約法における信頼関係維持義務の展開と雇用契約観」213（371）頁。

10）University of Nottingham v.（1）Eyett（2）The Pensions Ombudsman［1999］IRLR 87（Ch D）.

給与は、退職前3年間の各年8月1日時点の基本給の平均値と定められていた。Xは、60歳の誕生日を迎える数ヶ月前の1994年6月に、同年7月31日に退職した場合の年金額について調査を依頼した。Y大学は制度規程に基づき、1991年、1992年、1993年の8月1日時点の基本給に基づく見積もり金額を提示した。この見積もり金額に基づいて、Xは1994年7月31日に退職する意思を届け出、予定通り退職した。

しかし、その後Xは、退職日を8月1日以降に延期した場合、年金が1992年、1993年、1994年の給与を基準に計算されるため、より有利な受給額になることに気付いた。Xはこの件について年金行政監察官に訴えを提起した。年金行政監察官はXの訴えを認め、Y大学がXに対し、退職日を延期した場合に年金条項でより有利になる事実を注意しなかったことが、黙示的相互信頼義務に違反すると判断した。この決定に対し、Y大学は高等法院大法官部に提訴した。

【判旨】請求認容。

「Xの年金給付の計算方法に照らして、60歳の誕生日以降［退職が］可能となる初日に退職する計画が財務上の錯誤であるということをY大学がXに注意しなかった点については、契約上の黙示的相互信頼義務に違反したとする年金行政監察官の判断は誤りである」。

さらに、同裁判所は、黙示的相互信頼義務から被用者の財務上の錯誤の可能性を注意する義務を導き出せるかについては、「雇用契約における黙示的相互信頼義務は、使用者が被用者に対し、雇用契約に関連する重要な権利を行使しようとする際に、その行使方法が財務的に最も有利ではない可能性について警告する積極的な義務を含まない。理論上、相互信頼義務が使用者に積極的な義務を負わせる場合もあるが、被用者に財務上の錯誤を犯す可能性を注意する積極的な義務を含むものではない。仮にそのような義務を認めるとすれば、雇用関係において広範な（重要な）影響を及ぼすことになり、雇用背景において法により推定される他のデフォルト義務（default obligations）との並存が困難となろう。」

この判決は、被用者が年金受給権を行使しようとする際、その方法が財務上最も有利なものでない可能性を警告するという使用者の積極的な義務は相互信頼義務に含まれないことを示している。しかし、この判決は次のようにも解釈できる。すなわち、年金受給権などの権利を行使する被用者への情報提供について、基本的な情報と付加的な情報を区別して判断しており、相互信頼義務が後者、すなわち付加的な情報を提供する義務まで含まないとしたに過ぎない、という解釈である。

Ⅱ．事案 b：年金受給権を知らせる積極的な義務の否定

しかし、2002 年の Hagen[11]事件判決は、Ⅰで述べた事案 a に残されていた可能性、すなわち基本的な情報を提供する義務が認められる可能性まで完全に否定した。

【事実】

原告 X らは、第一被告である Y_1 社の A 部に勤務していた。Y_1 社は、年金をはじめとする手厚い福利厚生や雇用保障で高く評価されていた企業である。1994 年、Y_1 社の A 部は第二被告である Y_2 社に譲渡された。譲渡条項の下で、Y_2 社は X らを雇用し、Y_1 社と同一の雇用条件で契約を継続すること、そして Y_1 社の制度とほぼ同等の年金制度を提供することを約束した。一方、Y_1 社は、業務の内容や水準の維持、未払年金給付金を補うに十分な元金を拠出することなどに同意した。

X らは、Y_1 社と Y_2 社間の交渉内容を十分に把握していたが、Y_1 社を離れることに消極的であった。この状況を受けて、Y_1 社と Y_2 社は、X らの支持がなければ、譲渡が円滑に進まないと判断し、譲渡後の雇用保障や雇用条件が変更されないこと、さらに Y_1 社と同様の年金受給権が確保されることについて説明して、説得を試みた。しかし、実際には譲渡後、一部の被用者の年金受給額が最大で 5%減額される結果となった。これを受け、X らは Y_1 社と Y_2 社の説明が不誠実であり、特に Y_1 社の行為が相互信頼義務などの黙示

11）Hagen and others v ICI Chemicals and Polymers Ltd and others［2002］IRLR 31（QBD）.

条項に違反すると主張して、被った損失に対する損害賠償を求めて高等法院女王座部に訴訟を提起した。

【判旨】一部認容。

使用者は契約上も不法行為上も、「[被用者が] 雇用されていた事業の譲渡に関する説明が真実であることを確保するために、合理的な注意をする義務を負う」(ただし、Y_2社については証拠に基づき、義務違反は認められなかった)。一方で、被用者の年金受給権に関する開示義務や説明義務については、「使用者には、被用者が自らの年金受給権(または他の雇用条件)を把握できるようにする積極的な義務は負うものではない。Scally事件の貴族院判決は、使用者に年金条項に関する情報を提供する義務を一般的に認める典拠(general authority)とはならない。」

この判決は、Scally事件の貴族院判決(本節2.1.1参照)を極めて限定的に解釈し、年金条項に関する情報開示義務が一般的な義務であるとされる可能性を否定したものである[12)]。これは、前掲の事案aの結論をさらに補強するものであるが、事案aよりも一層消極的な立場を示している。具体的には、貴族院判決が創設した黙示条項には、被用者に対し年金受給権を有利に行使する方法を注意する義務だけでなく、その権利を被用者自身が知るよう促す義務さえ含まれないと解釈されたのである。

---

12) この判決におけるもう一つの焦点として、裁判所は営業譲渡に関する情報を二つに分けて論じた。一つは譲渡の状況に関する説明である。これに関して「営業譲渡規則」(Transfer of Undertakings Regulations)に基づき、「法的手続および救済手段について被用者に譲渡に関して情報を提供し、相談する」という法的義務とは別に、「譲渡の状況を被用者に説明する際のコモン・ロー上の配慮義務」を認めた。もう一つは譲渡に際しての使用者のアドバイスである。この点について、裁判所は次のように判示した。「譲渡に際して原告に最も有利となるアドバイスを与える義務を被告が負うわけではない。使用者は、提供する情報について配慮する義務を負うものの、被用者がその情報をもとに下した決定に対して意見を述べることができる。そして、その意見が誤りであると後に証明されとしても、法的責任を負うものではない。また、信頼義務に基づく契約関係において、契約上または不法行為上、そのような誠実な意見陳述に対して配慮義務を課することは、使用者の義務を過度に拡大させることになる。」

Ⅲ．事案 c：年金制度の加入に必要な措置を知らせる義務の否定
――Marlow 事件[13)]

【事実】

X は、1993 年に Y に福祉職員として雇用された際、年金制度への加入方法や資格、保険料などに関する参考書類や労働条件通知書を受け取った。しかし、X は一度も年金制度に加入しようとしなかったため、年金保険料が給与から控除されることは一度もなかった。

1997 年 4 月、X は交通事故により病気休暇を取得し、同年 6 月に一度職場復帰したものの、7 月には再び休業した。その後、X は永久に福祉職員として仕事を続けることができないと主張した。同年 11 月、Y は X に対し、N 保険会社と取り決めた「持続的な健康保険制度」への申請を提案するとともに「持続的な健康保険制度同意書」と題する放棄条項への署名を求めた。

この放棄条項には、X が署名することで、当初の雇用契約には含まれていなかった持続的健康保険制度に基づく給付を受ける権利を得る一方、その代償として、N 保険会社が制度の適用対象外と判断した場合、X は Y に対する訴訟権を放棄することが定められていた。

N 保険会社は、1999 年 10 月 21 日まで X に対して給付を支払い続けたが、その時点で X の傷病が治癒したと判断した。これを受け、X は Y に対し、契約違反による損害賠償を求めて訴訟を提起した。

【判旨】

「使用者は、契約上、X に一般的な信頼義務の一部あるいは誠実義務として、X がその制度をこれ以上受ける資格がないという理由で保険業者が X への給付を中止し、そして被用者が保険契約の当事者でないため保険業者を直接訴えることができないし、使用者が契約上保険業者から給付を受ける時に保険料を払う義務のみを負うため直接使用者を訴えることができない状況において、X への給付を保険業者から獲得する全ての合理的な措置を取る義務を負う。」

13）Marlow v East Thames Housing Group Ltd［2002］IRLR 798（QB).

「使用者は、契約上の黙示相互信頼条項に従って、原告に年金制度に加入するための必要な措置を知らせる義務を負うものではない。年金に関する情報を被用者に与える使用者側の義務は、〔Scally 事件において〕貴族院により確認されたように、被用者が知らないということに根拠づけられる。本件において、X は自分が制度に加入してないことを知っており、そしてその制度の申請書類と詳細な情報を得るために人事部に行く必要があるという明白な条項が定められていた。従って義務の違反はなかった。」

2.1.3 小 括

三つの下級審判決から、この義務への制限は以下のようにまとめることができよう。まず、貴族院に創設された義務は、被用者に年金受給権や他の雇用条件を知らせる義務ではない。また、それは、被用者が権利を行使する際に有利な方法をアドバイスしたり、間違ったことを警告する積極的な義務でもない。そして、この義務の生じる前提は、被用者が自分の有する権利を行使する方法を知らないことである。しかし、これら三つの事件はいずれも Scally 事件（本節 2.1.1 参照）と類似する事実関係でありながら、なぜこれだけ異なる判決が下されたのだろうか。特に、事案 a の判決で、相互信頼条項が積極的な義務をもたらさない理由として、積極的な義務が他の不履行義務と並存し難いことが述べられた。この点は黙示条項におけるコモン・ローの伝統的な考えを示したと考えられる。第1節で考察したように、黙示的な相互信頼条項は法的な黙示条項として、これらの伝統的な考えをいかに乗り越えるかという点は、これからの展開を左右する前提となる問題でもあろう。Malik 事件が相互信頼義務の大きな発展を図った後に、このような消極的な傾向が出現したことは、注目すべき現象である。

事案 a の判決について、学説においては、次のような批判的な見解が多かった[14]。黙示的相互信頼条項の核心は「使用者の行為が客観的に見れば被用者の使用者に対する信頼を破壊しないことや著しく損なわない」ことであ

14）例えば Linda Clark, mutual Trust and confidence, Fiduciary Relationships and the Duty of Disclosure（1999）ILJ 355.

るため、使用者が二十年間も勤務した被用者に一ヵ月退職日を延長すれば年金給付が増額されることを警告しなかったことは、明らかに相互信頼関係を損なうと考えられる。その趣旨を暗示したScally事件の貴族院判決（本節2.1.1参照）の判旨がさらに展開して、黙示的な相互信頼条項に基づいて被用者の権利行使に有利な情報を提供するという積極的な義務の創設が期待されたが、結局期待はずれであった。

2.2　不正行為を開示する義務の否定

さらに、このような消極的な傾向は、上述の年金受給権に関する黙示条項においてのみ現れたものではない。不正行為の開示義務に関わる裁判例を見ても、同様の傾向が見られる。この義務を論じた裁判例、相互信頼手順のリーディングケースであるMalik事件で当事者となった銀行に関連する一連の訴訟が挙げられる。そのうちの一つを、以下で検討する。

BCCI v Ali事件[15)]

【事実】

Y銀行は事業再編成の一部として1990年におよそ900名の被用者を剰員整理した。被用者は法定予告と剰員整理手当、そして勤務期間に基づく恩恵給付からなる剰員整理パッケージの他、「法令、コモン・ロー、衡平法の下で、現在または将来起こりうるすべての訴訟に対する完全かつ最終的な解決」として、一ヵ月分の給料に相当する給付を受け取ることに同意し、調停仲裁勧告庁の定型紙COT3による協定（以下、「本件協定」）に署名した。

1991年、Y銀行は破産による清算手続に入り、さらに1200名の被用者が職を失った。Y銀行は、遅くとも1986年から支払不能になり、その後もこの状況を隠す目的で、不法かつ不当な方法で事業を運営していた。清算後、一部の元被用者が訴訟を提起し（前掲Malik事件）、Y銀行が不道徳かつ不誠実な方法で事業を運営したことが契約上の黙示的相互信頼条項に違反するとし

15）BCCI v Ali and others［2001］IALLER 961（HL）. なお、本判決については、本書ですでに紹介しているが（89頁を参照）、［事実］［判旨］ともに、別の視点から紹介しているので、重複する部分もあるがあえて再録している。

て、雇用の見込みに影響を与えた汚名（stigma）に対する損害賠償を得ることができた。その後、1990年に剰員整理された元被用者の一部であるXらはY銀行に対して、雇用契約違反による汚名への損害賠償と、事実を曲げた陳述への損害賠償を請求したが、Y銀行は、本件協定によりXらは損害賠償請求権を有さないと主張した。これに対してXらは、銀行が自らの支払不能を開示せず、そして不誠実に事業を運営したことを理由に異議を唱えようとした。すなわち、これらの問題を知っていれば本件協定に署名しなかったはずであるということであった。そこで、Yが高等法院大法官部に提訴した。

【判旨】

Xらと Yの間の「協定は『放棄』ではなく『妥協』的なものであるため、使用者は協定が結ばれる前に被用者達に前の不正行為や契約違反を開示する義務を負わない」。

「放棄協定の場合、彼に対する訴訟を放棄してもらうには当該当事者が開示義務を負うものの、妥協協定の場合にはそのような義務がない。妥協協定と放棄協定の本質的な区別は、妥協協定の場合は価値のある報酬のために訴訟を放棄するのに対して、放棄協定の場合はそのような報酬がない。『放棄』協定であるか『妥協』協定であるかは、当事者間の契約の形式ではなく、その実質によって判断される。」

「使用者は、妥協協定を結ぶ際、雇用契約における黙示的相互信頼条項に基づき自らの契約違反を開示する義務を負わない。」

「雇用契約の下の開示義務に関する最近の法律は、一般にBell v Lever Bros事件で貴族院判決に理解されるように、最大の信頼（uberrimae fidei）という限られた契約の例外のほか、どちらの当事者も相手当事者が契約を締結するか否かを決定するのに重要な事実を開示する義務がない。雇用契約も妥協契約も上述の例外の範疇に属しないし、使用者も被用者も、いったん契約関係に入れば相手に自らの契約違反を開示する義務を負うのではない。」

「Malik事件において相互信頼条項の範囲が拡大されたことによって使用者に『被用者の身体、金銭及び心理的な福祉』を危険にさらすという契約違反を開示する義務を課す効果がもたらされるという、被用者の利益となる主張は受け容れられない。このような革命的な変化は横風［間接的方法］或は貴族院より低い裁判所［筆者注：下級審］により遂げられることはできない。また、Malik 事件判決にもこれ（［筆者注：変化］）が生じそうであると示すものはなかった。」

「そのうえ、全ての緩和（relaxation）の代償は大きい。信頼関係条項は、使用者と被用者との相互的な義務である。使用者の行為が被用者に汚名を与えると同様に、被用者の行為も使用者に汚名を与える可能性がある。信頼条項を不正行為における開示義務を負わせるものと見れば、被用者により良い保護を与えることに離れて、被用者により負担の重い義務をもたらし、そして職場に遂げられない過度な基準をもたらすと考えられる。」

このようにBCCI v Ali事件では、高等法院が不正行為における開示義務を否定した[16]。興味深い点は、裁判所が最後に述べた理由である。1997年Malik事件までは、相互信頼義務が著しく発展してきた。ところが、その相互性を考えてみれば、使用者に負わせる義務を拡大することは、決して被用者にとって良いことばかりではない。使用者が負わせる義務を被用者に同様に負わせる危険性がある。このような考え方は、黙示的な相互信頼条項の出発点と一致していると考えられる。そのため、学説では、情報の開示と不正行為の開示を区別すべきであるとし、情報の開示義務を否定した事案 a を批判し

16) もっとも、その後 Y 銀行は控訴院に控訴した結果、控訴院判決（BCCI v Ali, [2000] I.C.R. 1410（CA））では、本件協定の解釈について、当事者の意図を客観的に判断する必要があることを強調し、高等法院判決の結論を覆した。控訴院は、契約文言を文字通りに解釈することが不当な場合には、エクイティ法による介入が必要であるとし、Y 銀行が従業員の無知を利用して不当な利益を得ることが「無節操である（unconscionable）」と認めた。その結果、「和解の一環としての一般的解除（general release）」として扱われる場合であっても、その文言がすべての請求を排除するわけではないと解釈されるべきであると判断した。しかし、控訴院は放棄契約（release agreement）と和解契約（settlement agreement）の区別について明確に述べることはなく、また、Y 銀行に不正を開示する義務があったか否かについては「無用の論点（red herring）」であるとして直接の言及を避けている。本書では、放棄契約と和解契約を区別する論点や過大な義務拡大への自制という傾向を示した点において、高等法院判決に重要な意義があると考えるため、ここでは高等法院判決を取り上げるにとどめ、控訴院判決の検討は割愛する。

ながらもAli事件の高等法院判決を肯定する見解がある[17]。

3．被用者の名誉・経済的利益を保護する積極的な義務の否定？

2018年のJames-Bowen and others事件[18]最高裁判決は、雇用契約に関する事案ではないものの、雇用契約における相互信頼義務の限界を示唆する点では、注目に値する。

【事実】

2003年12月2日、4人の警察官（以下、「別件被告警察官」）がテロ容疑者BAを逮捕する際、暴行を加えたとの訴えを受けた。2004年、独立警察苦情委員会（IPCC）は被告警察官に対し1件の告発を提起したが、これは2005年に却下された。別件被告警察官の身元が公表され、彼らとその家族に対して暴力の脅迫があった。2007年、BAは警察署長（上訴人）に対し、警察官による暴行について民事訴訟を提起したが、被告警察官はこの訴訟の当事者ではなかった。警察官は、2009年3月の裁判中に、彼らの身元保護がされないことを理由に自発的な証言を拒否した。裁判の3日目に、警察署長が責任を認め、暴行について謝罪することで和解が成立した。その後、警察官は名誉毀損、経済的損害、精神的苦痛について、警察署長に対する損害賠償を求めて訴訟を起こした。本件は、その最高裁の判断である。

【判旨】上告認容。

警察官は警察署長との間に契約がないため、雇用契約における「相互信頼義務」の延長として警察署長が警察官に対して義務を負うことは認められない。また、一般的に、「<u>名誉や経済的利益を保護するための注意義務は法的に認められず、特に警察署長が第三者に対する訴訟を弁護する際に、その義務を警察官に対して負うべき理由はない</u>」。また、利益相反の可能性が高いため、使用者が被用者の経済的・名誉的利益を守るために訴訟を行う義務を負うことは、公正さを欠き妥当ではない。

17）Clark, L.(1999), 356.

18）James-Bowen and others (Respondents) v Commissioner of Police of the Metropolis (Appellant) [2018] UKSC 40.

4．まとめ

第Ⅲ編では、黙示的相互信頼義務の拡大について検討し、この義務が、従来の「黙示条項」を超えて、使用者と被用者双方に対して広範な期待が寄せられる義務として適用されてきたことを明らかにした。しかし、第1節で述べたように、近年の裁判例では、黙示的相互信頼義務にいくつか重要な制限が設けられている。その代表的な例として、被用者の信認義務との明確な区別が強調されており、被用者に対して経済的利益に関する情報提供を求める義務や、自らの不正行為を開示する義務は否定されている。また、利益相反の状況においても、被用者の名誉や経済的利益を守るために積極的に行動する使用者義務は認められていない。これらの傾向は、相互信頼義務の適用範囲が抑制され、義務の過度な拡大に対する慎重な姿勢が見られると言えよう。

このような制限が見られた背景には、黙示的相互信頼義務の本質に関連する要因がある。この義務は広範な政策考慮に基づき雇用契約に推定されるものであり、適用が広がるにつれて、特に使用者に過剰な負担を課す可能性が懸念される。同時に、相互信頼義務の「相互性」という性質から、使用者に課される義務が拡大すれば、それは被用者にも同様に義務の拡大をもたらすリスクがある。特に、不正行為の開示など積極的な義務を課すことは、被用者に過度の負担を与えるだけでなく、労働関係全体のバランスを崩す危険を孕んでいる。これこそが、義務の拡大に対して慎重な姿勢が取られている理由の一つである。

これらの点を踏まえ、第2節では、黙示的相互信頼義務の「相互性」および「互恵性」という観点から、その適用範囲と制限の根拠についてさらに深く考察する。

第2節　「相互性」・「互恵性」の原理による制限

1．「相互」となる黙示的な義務

黙示的な相互信頼条項は、協力義務から派生した黙示義務であり、協力義務の現代版として述べられる場合が少なくない[19]。主に被用者に使用者の事業経営に協力することを要求するという協力義務の伝統的法理と比べて、近年の裁判例で強調されているのは、この義務が相互的なものである[20]という点である。

また、前述のように、黙示的な相互信頼義務が雇用契約法において中心的な位置を占めていることは、第Ⅲ編第4章で考察した多数の裁判例だけでなく、学説上もすでにほぼ異論がないところである。例えば、Brodie 教授は黙示的相互信頼条項が中心的な役割を果たしていることを示すために、二つの側面から論拠を挙げた[21]。一つは、Express 事件[22]判決から、同条項が「契約の形成に関する問題にまで影響した」と言えることであり、もう一つは、第Ⅲ編第4章第5節で検討した Neary 事件[23]判決から、「雇用契約法において同条項が中心的な位置を占めることにより、同条項の影響が終結の段階においても影響を及ぼす結果となっている」ということである。

また、Freedland 教授は黙示的な相互信頼条項と特定の黙示条項の関係において、次のような考えを示していた。「理論上では、ほとんど全ての特定の黙示条項が（黙示的な相互信頼条項の）傘下に置かれることができる」[24]。もしこの論述を前提とすれば、黙示的な信頼条項の「相互性」は必然的に特定の黙示条項の展開に大きな影響を及ぼすであろう。

したがって、相互性を特徴とする黙示的相互信頼条項は、法的黙示条項全体の展開に大きな影響を及ぼすことが予想される。言いかえると、使用者と被用者の義務は、「相互性」という前提で再整理が図られることが考えられ

19）Deakin, S., & Morris, G.S.(2012), 330.

20）第Ⅲ編第4章第5節を参照。

21）Brodie, D.(2001), 86.

22）［1999］IRLR 367（CA). この Express 事件では、原告は‘契約者が自ら勤務を履行したくない場合あるいは履行できない場合、彼自分の費用で適切な代理人を手配すべきである’と定めた条項を拒否したが、その条項に従って勤務を続けており、時々代理運転手を提供する権利も利用した。ところが、彼は自身が被用者であることを確認するよう要求した。そこで控訴院は「雇用契約には被用者側が自ら労務を提供する義務を含むことが必要である。この減じられない最小限の義務がないと雇用契約が存在すると言えない」と判示した。その理由としては、「雇用契約に相互信頼が含まれているという認識は自らの労務提供に対する要求と一致する」ということであった。

23）Neary and Neary v Dean of Westminster［1999］IRLR 288.

24）Freedland, M.R.(2003). 159.

る。それは、使用者の営業利益尊重のために被用者義務を、被用者の保護のために使用者業務をそれぞれ創設するのでなく、相互となる当事者義務をワンセットで考えていく方法もありうることを示唆している。

2.「相互性」から生じる二つの効果

では、この相互性は、法的な黙示条項の展開に対してどのような影響を与えるのであろうか。本章第一節で考察したように、黙示的な相互信頼条項は極めて柔軟性を持つという側面があり、新たな黙示義務を創設する機能をも有する[25)]。しかし、「相互性」という大きな特徴を有するため、黙示的な相互信頼条項が特定の黙示義務を導き出す場合、以下の二つの興味深い効果をもたらすこととなる。

一つは、被用者に義務を課すと同時に、使用者も相応する義務を負うこととなる。例えば、新技術に適応するという被用者の義務[26)]が生じた結果、使用者が被用者に適切な訓練を提供する黙示的義務が生じると考えられる。特に、使用者が被用者の職務遂行能力を疑うような場合においては、その義務の履行が問われる。

しかしながら、もう一つ考えられる効果は、使用者に黙示義務を課す場合、これを慎重にしなければならないということである。なぜなら、「相互性」を持つ以上、使用者に広範に積極的な義務を課すことは一定の危険性を内包するからである。例えば使用者が被用者に自らの不正行為や全ての情報を提供する積極的な黙示的義務を負うとするなら、被用者も経歴や過去の非行を開示する義務を負うことになると考えられる[27)]。前掲BCCI v Ali事件において、裁判所はこの点を次のように強調した。「信頼関係条項は、使用者と被用者との相互的な義務である。使用者の行為が被用者に汚名を与えると同様に、被用者の行為も使用者に汚名を与える可能性がある。信頼条項を不正行為における開示義務を負わせると見なせば、被用者により良い保護を与えることに

25) この点は、日本の信義則法理と同様な側面を有する。
26) Smith, I.(1996), 79.
27) もっとも、このような議論が裁判例に直接登場するとは考えにくい。

離れて被用者にもっと負担付の重い義務をもたらし、そして職場に過度かつ遂げられない基準を要求すると考えられる。」[28]

以上「相互性」の二つの効果から、雇用契約上の権利義務の精緻化に一定の示唆が得られるであろう。まず、被用者に特定の義務を課す場合、相応の義務を使用者に課すという前者の効果は、一つの天秤になり、その効果により使用者の義務と被用者の義務は常に対等かつ相応に展開されると考えられる。また、使用者に課す積極的な義務が同様に被用者に負わせうるという後者の効果は、一方当事者へ過度な義務を防止する役割を有し、特定の黙示条項を創設するという裁判所の判断に慎重さを要求すると考えられる。もっと言えば、外部から被用者を保護するアプローチではなく、雇用契約の内部にある「相互性」という特性により平等な土俵を作って、両当事者の関係を調整するというアプローチがより望ましいであろう。

第3節　相互信頼条項の「バミューダトライアングル」[29]？ ——Johnson v Unisys 事件

1．前　提：相互信頼条項の救済範囲の制限

黙示な相互信頼条項の違反に対する救済範囲には、制限が存在する。それは、1909年の Addis 事件により確立された法準則に関わる。即ち、不当解雇における損害賠償は、①解雇の態様、②被用者の傷づけられた感情、あるいは③解雇それ自体によって新しい雇用の獲得が難しくなったことにより被る損失に関わる賠償を含まないという原則である。相互信頼義務が大きく発展していく中、このような原則は、その役割の展開を大きく妨げると考えられる。

28）BCCI v Ali and others［1999］IRLR 226.

29）ここでは、「バミューダトライアングル」とは、相互信頼条項の適用が除外、否定される場面を指す。以下の論文で使われた表現を参考にしたものである。Misra, E., & Ross, A.(2020, May 19). The implied term of trust and confidence and the Coronavirus Job Retention Scheme：A reply. *Old Square Chambers*. p.4.
https://oldsquare.co.uk/wp-content/uploads/2020/05/2ITTAC_ELM_ARO_19.5.20.pdf（最終アクセス日：2024年10月15日）

近時の裁判例からみると、上述の原則に含まれる三つの制限は、それぞれMalik 事件、Johnson v Unisys 事件（以下、「Johnson 事件」）（特に控訴院判決）、Gogay 事件において論じられている。すなわち 1997 年の Malik 事件において、原告被用者が銀行の不正行為から生じた汚名により人員整理された後、雇用の獲得が難しくなったことに対する損害賠償を獲得した。そしてこの点について、「Addis 事件貴族院判決は、この条項［相互信頼条項］が法理として出現する前の判決である」ため、現在それに拘束されないという考えを示した[30]。これは Addis 事件判決に対する挑戦と考えられ、Malik 事件以降においてより徹底的な修正が期待された。こうした期待を裏切って、1999 年の Johnson 事件控訴院判決は、Malik 事件の観点を考慮に入れたにも関わらず、Addis 事件の原則を存続させた。そこで、学説上大きな批判がなされ、Addis 事件原則の残存する時代はもうわずかしかないという推測までなされた[31]。

ところが、2000 年の Gogay 事件（第Ⅲ編第 4 章第 4 節参照）は、一転して柔軟な姿勢で Addis 事件の制限における拡大解釈を避けた。Gogay 事件は、一見すると Addis 事件と Johnson 事件の判決に従って上述の原則を受け入れたかのようである。ところが、Gogay 事件の判決は、黙示条項の違反による不当解雇の結果として傷つけられた感情とその違反の結果である精神的疾病とを、そして、不当な停職（Addis 事件に拘束されない）による損失と不当な解雇（Addis 事件に拘束される）とを区別し、原告被用者に不当な停職による精神的疾病に対する損害賠償を命じた。この事案は、黙示な相互信頼条項の趣旨と一致し、大きな意義を有すると考えられる。

もっとも、使用者が信頼条項に違反した全ての状況は、このような手法で上記の三つの制限を回避することができるわけでない。こうした先行判例の「錯誤」[32]がどのように正されるかは、黙示的相互信頼条項による救済を図る場合に避けることのできない難問であろう。

30）Malik v BCCI［1997］IRLR 462, at 465-466.

31）The Honourable Mr Justice Lindsay.(2001), 15.

32）Brodie, D.(1999). Wrongful dismissal and mutual trust. *Industrial Law Journal*, 28, 262.

2．解雇における適用の否定

第Ⅲ編第4章で検討したように、Malik事件は黙示相互信頼条項の射程を広く解釈し、この条項の発展における満潮に至ったとも言える。しかし、この射程の広さゆえに、Malik事件以降の判例は、二つの方向に分かれるように考えられる。一つは、人的要素を重視するという黙示的相互信頼条項の真の価値を発揮し、従来の黙示条項が及ばなかったところまで進めるものである。もう一つの方向は、反対にこの条項に対する制限がどこにあるかを明確にしようとするものである。

後者の制限のうち最も注目される制限とは、黙示的相互信頼条項が雇用の終結に適用できないという次にみるJohnson事件における貴族院の判決により持ち出された適用制限である[33]。

【事実】

被用者Xは、1971年から1987年までの間に被告である使用者Yに雇用された者である。1985年末、Xは仕事のストレスがたまった結果、精神的な疾患を患い、医者から抗うつ剤を処方されるに到り、休職を余儀なくされた。1987年、Xは解雇されその際に健康状態について一対一のカウンセリングが提供された。1990年、XはマネージャーとしてYに再雇用され、1994年に重大な非違行為を理由に即時解雇されるまで、その地位に就いていた。Xは、Yが非違行為について説明する機会を与えなかったことが、Yの懲戒手続に違反すると主張し、解雇が不公正であると訴えた。

雇用審判所はXの請求を認容し、最大限の賠償金を裁定した。その後、Xは州民事裁判所に対し、Yによるコモン・ロー上の契約違反または過失による損害賠償を請求する訴訟を提起したが、却下された。控訴院への上訴も棄却された[34]。そこで、Xは貴族院に上訴した[35]。

33) ところが、この制限の遡った原因は1909年のAddis事件（Addis v Gramophone Co Ltd［1909］AC 488 HL.）という先行判決にある。この事件は、不当解雇における損害賠償が、解雇の態様、被用者の傷づけられた感情、或は解雇それ自体によって新しい雇用の獲得が難しくなったことから被る損失に関わる賠償を含まないという原則を残した先行判決である。

【判旨】

「不公正解雇の損害賠償への法定権利において、裁判所が被用者の解雇された仕方に対してコモン・ロー救済を展開することは、司法機能の間違った行使である。被用者の解雇された仕方に関するコモン・ロー上の権利は、不公正に解雇されないという法定権利と共存することができない」。さらに、「解雇の権利が公正かつ誠実に行使されるべきという独立な条項を推定することは賢明ではない。法定権利の創設[36]は、既にコモン・ローに不必要かつ好ましくない展開をさせた」。

また、黙示的信頼条項が適用する側面については、「あらゆる場合においても、解雇に黙示的信頼条項を適用することが不適切である[37]。黙示的信頼条項は、使用者と被用者の間に存続する継続的な関係を維持することに関わる。それはその関係が終結される方式に適用されない」。

「書面労働条件通知書に適用されうる全ての懲戒規定における記述を含むべきであるという雇用権利法の第3節(1)項の要求は、損害賠償を請求するコモン・ロー訴訟において、不公正解雇の損害賠償に対する制限を回避する手段を創出することを意味するものではない。したがって、原告の契約書（let-

---

34）Johnson v Unisys Ltd［1999］IRLR 90. この判決で一番注目されたのは、Malik 事件が新しい雇用の獲得が難しくなったことによる損害賠償を認めたという大きな発展の後、1909年の Addis 判決が決定的（先行判例）であると強調した点である。具体的に以下のように判示している。「これとそっくりの解雇が含まれた Addis v Gramophone Company Ltd 事件は、不当解雇における損害賠償が、解雇の仕方、被用者の傷づけられた感情、或は解雇自身によって新しい雇用の獲得が難しくなったことから被る損失に関わる賠償を含まないという原則を残した先行判決例である。そして、Malik 事件で、Nicholls 判事が述べた『貴族院が解雇の態様によって被る損失の損害賠償を認容することができないという Addis 事件の見解に拘束されない』という意見は、Addis 事件の判示を破棄することを意味するのではなく、両事件の事実関係の相違によって Addis 事件と区別しようとするものである。Addis 事件において契約違反が解雇の態様に限定されていることに対し、Malik 事件は不当解雇の主張ではなく、被用者達が雇用される間に使用者が彼らに負う信頼関係義務違反に関する主張である。」

35）Johnson（appellant）v Unisys Ltd（respondents）［2001］IRLR 279 UKHL.

36）貴族院は Malik 事件以降より慎重な態度を取り、広汎過ぎる法定権利の創設を制限しようとする傾向を示したように思われる。

37）このような判決の背景は、解雇において不公正解雇という法定救済が置かれており、それを用いることがイギリス議会の意図であるとされることである。

ter of engagement）に加わった従業員手引き（就業規則）で設定された懲戒手続きは雇用契約の明示条項になるが、それは直轄裁判所で損害賠償請求に関連しない。懲戒手続は不公正解雇法に影響を与えることが予定され、コモン・ロー上の訴訟による救済の対象となっていない」[38)]。

Johnson 事件判決をはじめとする判決[39)]は学説からの猛烈な批判を受けた[40)]。その主な理由は以下のものが考えられる。

第一に、このような制限は黙示的信頼条項の展開を大きく阻害し、その射程を狭くする。そして、このような制限により、使用者は解雇という方法でこの黙示的信頼条項を適用を回避し、結局被用者の雇用の喪失になる可能性が増大した[41)]。

第二に、黙示的信頼条項は、その起源からすれば、外部から雇用関係に課す義務であり、当事者の意思から推定されたものではない。この点は、これまでMalik 事件などの裁判例の積み重ねにより確認してきたものである。しかし、この判決は「黙示条項」という用語に固執することにより、黙示的信頼条項を当事者の意思から推定される一般の黙示条項と同じ位置に置き[42)]、

38）なお、この判決には、Steyn 卿の次のような補足意見がある。「黙示的な信頼義務は、その関係（が存続する間）に使用者による容認できない行為に対して制限を課すものではない。この義務の目的は、使用者と被用者の間の公平な取り扱い（fair dealing）を確保することであり、それが被用者の懲戒行為、一時停職そして雇用関係のもう一つの段階として、解雇において重要である。

本件において、被用者は黙示的な信頼義務の違反に基づく合理的な訴訟理由があった。ところが、被用者は、彼の主張があいまいなものではないことを証明できる現実的な可能性がない。そのため、控訴が棄却される」。

39）unisys 事件判決の立場を支持する裁判例として Eastwood 事件（Eastwood and another v Magnox Electric plc［2002］IRLR 447.）などが存在する。Eastwood 事件において、控訴院は以下のように判示した。「黙示的信頼条項は、使用者と被用者の関係が終了される方法に関して用いられてはいけない。これは被用者が解雇される具体的態様や解雇に伴う事情、或いは解雇と同時もしくはすぐ直前に起こった事件に限定された事案であると考えられる。また、ある別の事案において、上述の仕方と事情は一定の期間に広がる事件を含む」。

40）Brodie, D.(1999), 260. The Honourable Mr Justice Lindsay.(2001), 15.

41）Brodie, D.(1999), 260. The Honourable Mr Justice Lindsay.(2001), 15.

42）Freedland, M.R.(2003), 162.

従来の発展の後退であるように思われる。

このような発展の後退に見える傾向には、次のような背景があると考えられる。すなわち、Malik 事件が黙示的な信頼条項を従来の使用者義務と比べられないほど拡大的に捉えようとするものとすれば、それ以降の裁判例は現実主義の原点に戻って黙示な信頼条項の中身をはっきりさせようとする課題を抱えたものと言えよう。

3．解雇段階と懲戒段階の区別判断

Johnson 事件[43]の判決が黙示的相互信頼条項に乗り越え難い制限をもたらしたことは疑問の余地がない。しかしながら、実際、黙示的相互信頼条項の違反と疑われる使用者の行為が解雇の段階に含まれるか否かということを判断することは、決して容易なものではない。例えば、以下の King 事件[44]において、スコットランド控訴院単独審理室は 2002 年 1 月 30 日には解雇段階と懲戒段階を懸命に区別しようとし、「使用者は、解雇における正当な根拠が示されたかどうかを評価するためにもっとも重要な行動を行った際、信頼義務は中断したとみなされることができない。」と判断した。これは Johnson 事件の例外の一つではないかと考えられる。

【事実】

X は外部事業を扱う副学長として Y に雇用された。X の雇用契約には Y が「三ヶ月の書面予告により、正当な理由を示すことで被用者の任務を終了すること」ができるという条項が含まれていた。1998 年夏、X について、ある懲戒に繋がる告発がなされ、これを受けて、これらの告発を調査し、X の雇用を終了する正当な理由の存否に関する審査委員会が設置された。その調査の結果、X が解雇されるべきであるという決定に至った。その決定に対する X の不服申し立ては成功しなかった。その後、X は契約違反を主張して、Y に対して損害賠償を請求した。X の主張は以下の通りである。第一に、Y は、

---

43) Johnson v Unisys Ltd〔1999〕IRLR 90.

44) King v University court of the University of St Andrews [2002] IRLR 252 (Ct Sess).

Xを解雇する正当な理由がないため、契約の黙示条項に違反した。第二に、Xに対する主張を調査及び評価する過程において、Yが様々な点で黙示的相互信頼義務に違反したというものである。特に、X自身に対する告発に反論する適切な機会が与えられず、証人への反対尋問も認められなかったと主張した。

【判旨】

「黙示的相互信頼義務は、使用者が被用者への告発を調査し、予告をもって『示された正当な理由』により契約を終了することができるという雇用契約の条項に従って彼を解雇する根拠の存否を考慮する段階において存在した。」

「相互信頼義務は使用者と被用者の進行中の関係における全ての側面まで推定される。Johnson v Unisys事件において、貴族院の判決は、いったん解雇の決定がなされたらこの条項を推定する余地がないと明確に示したが、本件において主張された違反は、解雇の決定がなされる前に現われたものである。使用者は、解雇における正当な根拠が示されたかを評価するのにもっとも重要な行動を行った際、相互信頼義務は中断したとみなされることができない。使用者にとって雇用契約を終了するか存続するか両方の可能性を持つ評価を行う間に、黙示義務の違反となる行為は、使用者と被用者の関係を著しく破壊し損害を与える。その段階では、使用者は、被用者が雇用に残る可能性と残らない可能性と同じように存在することを念頭に置くべきであり、しかもそのような考えだけが合理的である。そして、その結果が解雇しないとの決定である場合、黙示的相互信頼義務は明らかに進行中の仕事関係の続行に適用する。Gogay v Hertfordshire County Council事件の原告は自らへの申し立てがなされた時からその後正式な調査結果が出るまでの間にこの黙示義務に基づくことができたように、本件の追及者も、調査手続きがなされる間に存続する黙示的相互信頼条項に基づくことができる。」

この判決はunisys事件の厳しい制限の下で黙示的相互信頼条項の射程を少しでも救い戻そうとするものである。もっとも、懲戒段階と解雇段階を区別することは困難であるが、解雇の方式などの領域を不公正解雇制度に専属させるという貴族院の意図は明らかである。

みなし解雇という背景に誕生した黙示的相互信頼条項は、そこから離れて、雇用契約の存続時のみ管轄するという変化は興味深いところである。

第4節　雇用契約条項の解釈と黙示的相互信頼

一般的に、Malik事件の判決は、「法文化にとって重要な変化を含んでおり」[45)]、雇用関係を相互信頼関係に進化させようとするものと評価される。そこから一つの疑問が生じる。即ち、相互信頼関係を促進するような仕方で雇用契約条項を解釈すべきかという問題である。この問題は1998年、Hill事件[46)]で争われた。

【事実】

Xは1988年、上級分析者としてY社に雇用された。1994年3月、Xは病気に罹患し、1995年11月にY社が剰員整理を理由にXの雇用を終了するまで、医療上の原因で仕事を休み続けた。Xは仕事を休んだ間に、従業員手引きにも定められた契約上の制度に従って、病気休暇中の給与を受けていた。同制度では、病気休暇が十分に説明され、そして適切に届け出され証明されれば、被用者はその休暇における最初の104週間について給料の全額を受け取ることとされていた。Xが剰員整理された時、彼はまだ病気休暇中の給与を受領しており、長期病気規定が適用されるまでに後4ヶ月間の期間があった。Xは、Y社がその状況において自らを解雇することが契約違反にあたり、損害賠償を得ることができるとして訴えを提起した。Xの主張の一つは、Malik v BCCI事件において貴族院の判決が法文化に重要な変化を含んでおり、契約条項が黙示的な誠実義務と相互信頼義務の観点から解釈されなければならないことを意味したということであった。本判決は、スコットランド控訴院における控訴審判決である。

---

45) Brodie, D.(2001), 90.
46) Hill v General Accident Fire & Life Assurance Corporation plc［1998］IRLR 641.

【判旨】控訴棄却。

「病気休暇中のXが短期病気手当を受領し、長期病気条項の権利付与が予期される時にY社が彼を解雇することはXの雇用契約に違反しない」。「『Y社が契約上の解雇権限を行使する際、病気手当や病気退職年金制度の下に生じる或いは生じた権利付与を挫折させるような行使をすべきでない、即ち結果として被用者の根本的な契約違反を理由とする即時解雇を除いて、被用者が無能力である際、使用者により解雇されるべきでない』という黙示条項は存在しない。」

さらに、「全ての雇用契約において相互信頼義務が存在すると判示したMalik v BCCI事件の判決から、解雇の実際上の効果が被用者の病気手当を終了することである場合に使用者が解雇権限を行使すべきでないという結論までは導き出されない。相互信頼原理を促進する仕方で雇用契約を解釈するという優先義務（over-riding obligation）が存在するという被用者側の主張は受け入れられない。Malik事件は雇用契約の解釈に対して急進的に新しいアプローチを導入しなかった。」

したがって「本件において、黙示的信頼条項を含む全体としての有効な契約解釈では、Xが仕事を休んで適切に病気中の給与を受領しあと4ヶ月で長期病気規定が適用されるようになるが、使用者は剰員整理を理由にXの雇用契約を終了することができる。」。

この判決は、黙示的相互信頼条項により当事者に過大な負担を負わせることを予防する視点から、雇用契約の解釈における適用を否定した。すなわち、当事者は今までの信頼の基礎となる慣行や約束を破らないことが要求されるが、自分の利益に矛盾する或は雇用契約の履行に関わらない思いやりまでは要求されないことは示された。

第3章 「法による黙示条項」の新たな可能性

第2章で検討したように、「法による黙示条項」の推定を正当化するにあたって、少なくともイギリスにおいては理論的な壁を完全に克服したわけではない。この点に関して、イギリスと類似した「法による黙示条項」の混沌とした状況は、イギリス法の影響を強く受けているオーストラリアでも見られるようである。Golding博士は、一つの解決策として、立法措置によって契約のデフォルト・ルールを設定し、コモン・ローは従来通り、隙間を埋める（ギャップフィリング）役割に徹するべきだと提案している[1)]。

では、「法による黙示条項」がこうした理論的な壁を乗り越えることができれば、どのような形で展開される可能性があるのだろうか。

第1節 「法による黙示条項」の展開可能性と課題

1．信義則と実質的公正・正当な期待

黙示的相互信頼条項に関する裁判例の判断は、適用される状況に応じて異なる用語で表現されることがある。たとえば、黙示的相互信頼条項を「使用者が被用者を公正に扱う義務」や「信義をもって責任ある行動をとる（responsibly and in good faith）義務」と説明した裁判例も存在する[2)]。

イギリスでは、契約法全般に信義則を法による黙示条項として導入するべきかどうかについて議論が続いているが、裁判例では、イギリス法において信義則をデフォルト・ルールとして導入することは困難であるとの見解が示されている。

1）Golding, G.(2023). Shaping contracts for work. Oxford University Press. pp.207-208.

2）Eastwood v Magnox Electric plc［2004］UKHL 35,［2004］IRLR 732, para. 11.

これに対して、雇用契約は、第Ⅰ編で触れた「関係的契約」理論や、法的な概念ではないものの「心理的契約」という新しい視点と結びつき、信義則や実質的公正、公正な取扱い、正当な期待といったキーワードで理解されることが多い。

一方、第2章で検討したように、こうした抽象的な原則から具体的な黙示条項が導き出された場合、個別の黙示条項は明示条項との相関関係で解釈されることが求められる。

これらを踏まえると、相互信頼条項は信義則と重なる形で展開される可能性もあるが、必ずしも同じ軌道をたどるとは限らないと言える。

2．人権の守護者としての相互信頼条項

2.1　相互信頼条項による人権保護の新たな展望

これまで検討してきた相互信頼条項について、Hugh Collins 教授らは、この条項が将来的に人権保護に活用される可能性を指摘している。そして、相互信頼条項という黙示条項が、将来的に人権に基づく価値観によって強化され、被用者の尊厳や自律性への尊重が雇用契約の黙示条項に組み込まれるべきだと主張している[3)]。

Collins 教授らは、現行の相互信頼条項が、使用者が被用者に対して恣意的、極めて不公平、または屈辱的な扱いを行う場合、これを規制する基盤となることを認めている。しかし、職場外での行動、たとえばオフタイムの活動やライフスタイルの選択、SNS での発言、宗教的表現などが問題となる場合には、この条項だけでは不十分であると指摘する。こうした状況では、単に契約を誠実に履行する義務を超えて、被用者の自律性や尊厳を保護するための追加的な黙示義務が必要になる可能性がある。

さらに同教授らは、こうした追加の黙示義務が認められることにより、使用者が合法的な指示を出したとしても、それが従業員の権利を過度に侵害する場合には、従業員はその指示に従う義務を負わないと主張できる可能性が出

3）Collins, H., Mantouvalou, V. Human rights and the contract of employment. In Freedland, M. et al.（2016）Location Nos. 8239-8260.

てくると論じている。たとえば、使用者が従業員にタトゥーの除去を命じた場合、従業員がそれを拒否して解雇されたとしても、現行の相互信頼条項の下では使用者の指示が正当化されることが多い。しかし、被用者の尊厳や自律性を保護する黙示義務が認められれば、その指示を拒否し、解雇に対して不当解雇の補償を求める権利を主張できる可能性が生まれる。

このような黙示義務がコモン・ローで認められる可能性は十分にあり、将来的には雇用契約の法的枠組みが変化することも考えられる。

2.2 雇用契約における人権保護条項の導入[4)]

Atkinson 博士は、従業員の人権保護における黙示条項の役割を論じ、立法による対応が期待できない現状において、コモン・ローを通じて職場での人権保護を強化する必要性を強調している。同博士は、信頼と信用に基づく黙示条項が従業員の人権保護に寄与する側面はあるものの、その範囲や保護レベルには限界があり、現状では十分ではないと指摘する。

さらに、Atkinson 博士は、すべての雇用契約において人権保護条項をデフォルト・ルールとして黙示的に導入するべきだと主張している。彼によれば、こうした条項の導入により、従業員の人権保護がより確実なものとなり、雇用契約全体における法的枠組みも強化されるだろうという。

また、雇用契約における黙示的条項の機能についても、従業員の人権が雇用関係にどのように影響を与え得るかという観点から考察している。黙示的相互信頼条項は、労働者の人権をある程度保護するものの、その範囲と保護レベルには依然として限界があり、現状では労働における人権保護のメカニズムとしては不十分であることが明らかになっている。

最後に、Atkinson 博士は「事実上」および「法律上」の黙示条項に関する既存のテストを用いて、新たな人権保護条項をすべての雇用契約にデフォルト・ルールとして導入する可能性を評価し、その妥当性についての検討を行っている。同博士の見解では、これにより雇用契約における従業員の人権

---

4) Atkinson, J.(2019). Implied terms and human rights in the contract of employment. *Industrial Law Journal*, 48(4), 515–548.

保護が強化され、労働関係の法的枠組みに大きな変革がもたらされる可能性がある。

3.「経営特権」概念の後退と手続的公正

黙示的相互信頼条項は、第Ⅲ編で検討したように、使用者のさまざまな権限行使を制限する側面を持っている。近年では、この条項から懲戒プロセスにおける手続的公正を求める新たな黙示条項を示唆する裁判例も登場し、手続的公正義務の導入に向けた動きが見られる[5)]。第Ⅲ編第4章第4節で検討したGogay事件では、控訴裁判所の裁判官たちは、懲戒手続きにおいて手続きの公正さを確保する義務を雇用主に課すことに対して比較的寛容な姿勢を示した。

第2章で検討したように、Johnson事件により、コモン・ローでは相互信頼条項の適用は雇用期間中に限定され、解雇手続きに関しては適用が排除されるという「排除ゾーン」が存在する。しかし、手続的公正義務が認められれば、懲戒的な性質を持つ解雇手続だけでなく、雇用契約を超えて、例えばワーカーと事業主との間の契約にも拡張される可能性がある。これにより、より広範な労働関係の規制に寄与することが期待される[6)]。

第2節　多様な働き方と「法による黙示条項」：自営業者等への適用拡大の可能性

黙示的相互信頼関係維持条項を自営業者に適用できるかどうかという問題については、現時点で具体的な裁判例は登場していないものの、学説上ではすでに活発に議論されている。その中で、自営業者にも適用する可能性を認める見解が圧倒的に多い。たとえば、Lindsay裁判官は、21世紀初頭から、

5）Burn v Alder Hey Children's NHS Foundation Trust [2022] ICR492(CA).
6）Collins, P., & Golding, G.(2024). An implied term of procedural fairness during disciplinary processes : Into contracts of employment and beyond? *Industrial Law Journal*, 53(2), 125-156.
7）The Honourable Mr Justice Lindsay.(2001), 10.

この条項の適用を自営業者にまで拡大すべきだという立場を示している[7]。また、Freedland 教授も、以下の理由からその適用拡大が可能であると論じている[8]。すなわち、黙示的相互信頼関係維持条項が保護する利益とは、被用者の人格への尊重や公正な取扱いといったものであり、これらの利益は自営業者と事業主の関係においても共通して存在する。したがって、こうした利益を保護する必要性が認められる以上、今後の裁判例の展開に期待が持てる。

この適用拡大の可能性は、単なる理論的議論にとどまらず、実務面でも重要な意味を持つ。特に、非典型的な労働形態が増加し、多様な働き方が一般化している現代において、相互信頼条項の適用範囲を拡大することは、働く人々の尊厳と権利を保護するために必要不可欠な手段となるだろう。これにより、使用者が自営業者やワーカーに対して不当な扱いを行うことが抑制され、労働関係全体の公正さが向上することが期待される。

8）Freedland, The Personal Employment Contract（Oxford University Press, 2003）, p.170.

結び：日本法への示唆

第1節　イギリス法における「法による黙示条項」：葛藤が示す重要な視点

1．明示条項と黙示条項のせめぎ合いから見える課題と視点

本書では、イギリスの契約法における明示条項の優位性と、黙示条項——特に「法による黙示条項」の展開について、相互信頼維持条項を軸に裁判例や学説を通じて検討してきた。イギリス法では、信義則を法体系に組み込むことに慎重であり、その結果、雇用契約においても信義則の適用が難しい状況が続いている。この点から、他の法体系とは異なる、ある種の「葛藤」が浮かび上がる。つまり信義則や一般原則を導入すれば、この矛盾や不均衡が解消される可能性も指摘されているが、イギリス法の根底にあるのは当事者の意思の尊重である。これは、当事者間の自由意思に基づく合意が最優先されるべきであるという考え方であり、それに密接に関連する「必要性」の基準によって支えられている。

すなわち、「黙示条項」を推定するための前提として、当事者意思あるいは契約取引効果による正当化が求められる。イギリス法におけるこの姿勢は、雇用契約をあくまで「契約」として厳密に捉えることから来ており、こうしたアプローチが信義則導入の困難さ、さらには明示条項と黙示条項の間で生じる摩擦の源泉とも言える。つまり、契約の自由という大原則を守りつつも、雇用契約という不平等な力関係が存在する場面では、黙示条項が果たすべき役割について再考を促しているのである。

2．「法による黙示条項」の拡大：
推定「必要性」が引き起こす課題とその行方

第Ⅱ編第2章で述べたように、イギリスにおいても標準書式契約が広まりつつある。その結果、契約当事者は「提示された条件をそのまま受け入れるか、契約を拒否するか」（いわゆる「take it or leave it」方式）という厳しい選択を迫られるケースが増加している。このような契約形態の普及により、従来のコモン・ローで強調されてきた明示条項の優位性と当事者合意の尊重は、ますます複雑な問題となってきた。

近年の裁判例では、契約の「公正さ」といった政策的考慮を基に、「法による黙示条項」を導入する傾向が強まっている。このような背景の中、「法による黙示条項」は、契約当事者の意思とは無関係に創設されるケースが増加している。

しかしながら、実際には、取引の実行可能性において「必要性」という基準を完全に無視することはできなかった。この基準は依然として契約法における黙示条項の設定において重要な役割を果たしている。また、これを背景に、契約当事者の意思から完全に乖離する形での条項創設には、依然として慎重な姿勢が見られる。たとえば、相手の経済的利益に関する開示義務と自らの不正に関する開示義務についての裁判例では、雇用者や労働者のいずれかに過度な負担を課すことを避けようとする意識が強く反映されている。保護利益と当事者の負担の間のバランスを考慮しつつ、慎重な判断が示されている。

一部の学説では、「法による黙示条項」を、雇用契約の特質に根ざしたものとして捉え、それを契約の枠組みや基盤を支える概念として解釈する見解が広まりつつある。この解釈に基づくならば、黙示条項は単なる補完的な役割にとどまらず、契約関係全体の秩序を形成する重要な要素と見なされることになる。

第２節　日本法への示唆：合意の再定義と雇用契約論の再構築への展望

1．葛藤の中で堅持される当事者意思：その価値と意義

1.1　「契約の死」と再生をめぐる契約法上の議論

そもそも、序論と第Ⅱ編第２章第２節で考察した関係的契約理論などの理論的模索の背景には、「契約の死」をめぐる議論に代表される契約への不信が存在している[1)]。しかし、これは合意自体の価値が低下しているというよりも、雇用契約のような特定の契約関係においては、当事者の意思が抑制されやすいからである。もっとも、これまでの議論において、人事権や経営特権といった組織内労働で求められる概念が、それを助長してきた側面も否定できない。しかし、序論でも述べたように、これからの時代においては、こうした概念が不要となり、合意論の精緻化が求められるとともに、実現可能になると本書は信じている。

1.2　雇用契約論と一般契約理論の対話

この点において、イギリス法は雇用契約のさまざまなルールの葛藤に苦しみながらも、結局は契約モデルから離れることがなかった。その代わりに、必ずしもうまくいっているとは言えないものの、雇用契約の枠組みを構築する概念の模索と精緻化が進められている。また、当事者の合意とのせめぎ合いを意識しつつ、過大な合意外規範を創設することへの自制も見られる。本書で検討したイギリス法の形式主義や客観主義といった特徴、さらにはコモン・ロー上の厳格なルールも影響しているが、雇用契約の契約としての側面

1）日本においても、たとえば2024年７月号の法律時報では、「『契約の死』を超えて——契約は今度こそ死ぬのか？　また、民法自体も死ぬのか」という特集が組まれている。契約法の分野において、「契約の死」とは、①責任を発生させる上での意思の果たす役割の低下または消滅と、②責任を発生させ実現する上での不法行為法の役割の増加と説明されている。詳細については、西内康人の「企画趣旨」（法律時報96巻８号４頁以下）を参照されたい。

を重視しているとも解釈できる。

さらに、雇用契約論で形成してきた独自の法理は、契約法全体の中に還元されるべきであり、雇用契約理論と一般契約理論の対話の必要性が高まっていると言える[2)]。雇用契約が一人歩きするのではなく、契約法に立ち戻り、合意の真の価値を保障する方向性が、これからの時代に求められている。

2．日本における「合意論」の再評価とその意義

2.1　労働者の多様化に応じた雇用契約の個別化：柔軟な対応の可能性

しかし、なぜ今になって合意を強調する必要があるのか。その理由として、以下の要因が挙げられる。

まず、社会的要因として、産業構造がサービス業や情報産業へとシフトしていることが挙げられる。この変化に伴い、従来の組織労働や単純作業に加えて、知識や情報、専門的なスキルを活用する知識ベースの働き方が今後ますます重要になってくる。知識ベースの働き方では、雇用の保障よりも個人のスキルや知識を高めることによって収入を確保することが重視される。そのため、業界や職種の自然淘汰が急速に進行している。このような背景のもと、労働者にとって必要なのは、特定の職に対する雇用保障（job security）ではなく、収入保障（income security）と雇用可能性（employability）への移行である[3)]。

次に、労働者側の要因として、すべての労働者に同じ保護を適用することは不可能であり、その方向性は見直されるべきだと考えられる。そこでは雇用にとどまらない労務提供形態の多様化や、労働者像の爆発的な多様化が重要な要因となっている。具体的には、ダイバーシティとインクルージョンをキーワードに、障害者や病気を抱えながら働く人々、また女性の活躍を推進する一方で、女性特有の健康問題（男女の性差を意識した平等法理）など、各々が異なるニーズを持つことが前提とされている。こうした状況において、オーダーメード型の保護が求められているのである。

2）序論で検討したように、日本でも、このような研究意識が芽生えている。
3）Collins, H., Ewing, K.D., & McColgan, A.(2019). 37.

2.2　情報リテラシーの重要性と「合意」再生への新たな可能性

さらに、ネット社会においては、企業と労働者の情報収集力の格差は今後相対的なものとなりうる。特に、日本では中小企業が90%以上を占めており、大企業に比して情報収集力は乏しいことから、この点が顕著である。したがって、情報リテラシーは労使双方にとって重要な要素となるが、特に労働者が自らの権利を理解し、積極的に交渉に臨むうえで不可欠である。

この点において、イギリスの会社負担による法律助言制度は参考になる。すなわち、情報力や交渉力の格差は、これらを強化することで解決すべき課題であり、必ずしも労働者をすべての局面で弱者扱いする必要はない。パタナリズム的な労働法の限界をしっかりと認識することが重要である。

これらを踏まえれば、すべての人が働きやすい環境を目指すという労働法の課題は、一律で画一的な労働者保護では実現できないことが明らかである。その究極の目標の実現のために近道はなく、やはり労働者の意思を尊重しつつ、その上でバランスを取るという構造しかない。この点では、イギリス法の現状と重なる部分が多い。

もっとも、こうした実現は容易ではない。これは本書で描いたイギリス法のさまざまな苦しみや矛盾からも明らかである。

3．イギリス法と日本法の「中間地帯」への到達

3.1　合意実現を目指す二つのアプローチ：中間地点における視点の比較

本書では、日本とイギリスの雇用契約論が異なる方向から同じ「中間地帯」に向かうアプローチを持つと捉えている。イギリスでは、契約モデルに対する批判が続いているものの、依然として契約の神聖領域が重視されている。一方、日本では合意を軽視する傾向が強く、法的予測可能性が低い「合理性」や権利濫用の判断に依存することが顕著である。このように、雇用契約は単なる「契約」であるだけでなく、「雇用」関係の特性も無視できないことを理解することが重要である。これを踏まえれば、日本とイギリスは異なる道筋をたどりながらも、中間地帯に向かっていると言える。

イギリスの雇用契約論における黙示条項の葛藤からは、その内在する矛盾

を見抜き、「契約」としての側面を再評価する必要がある。規制のあり方を考える前に、当事者間の合意の価値を重視し、その実質的な履行に目を向けることが求められている。

他方で、本書の序章で示したように、日本の最高裁にも合意を尊重する方向性が徐々に見られるようになった点は評価に値する。しかし、就業規則法理の下で、合意のプロセスを経ることなく労働契約の内容が一方的に変更され得る現状は、依然として重大な課題として残されている。また、雇用契約の互恵性、労働者の経済的利益や人権を十分に反映し、現代的な雇用契約論の特質に即した合意解釈の精緻化については、未だ十分な意識が醸成されているとは言い難い。このような状況を踏まえると、日本が「中間地帯」への進展を遂げるためには、克服すべき課題が山積していることが明らかである。今こそ、合意の尊重とその実効性を中心に据えた雇用契約論の再構築が、強く求められている。

3.2　オーダーメード型の合意：実現に向けた可能性と課題

労働市場の変化に伴い、知識ベース経済の進展や労働者の多様化が顕著となっている。特に、ダイバーシティ（多様性）やインクルージョン（包摂）の重要性が増す中で、オーダーメード型の雇用契約が求められる時代に突入している。日本でも、多様な労働者に対し、個々の事情に応じた柔軟な対応が求められており、多様な働き方を支えるための法的枠組みの整備が急務となっている。

つまり、すべての労働者に画一的な保護を提供するのではなく、労働者の自律性を尊重しながら、その個別事情に応じた柔軟な保護を実現することが求められている。

Flexibility（柔軟性）は、これからの労働環境において重要なキーワードである。この表現には大きく二つの意味がある。一つは使用者側にとっての柔軟性であり、もう一つは労働者側にとっての柔軟性である。使用者側にとっては、労働力の活用手段に柔軟性を持たせることに異論はほとんどないが、労働者側の柔軟性は多様であり、各労働者の具体的な事情や要望に応じて実現されるべきである。

イギリスでは、柔軟な働き方制度が急速に拡大しており、最近の法改正によりその制度がさらに強化された(第1編第1章第1節2.6.2参照)。このアプローチによって多くの課題が解決される可能性がある。これは労働者の意思を最優先するという伝統的な立場とも一致していると言える。ただし、労働者一人ひとりの自律性や自主的な選択に対して、制定法による枠付けが実現を助けている点も重要である。

また、本書で検討した「法による黙示条項」では「合理性」という基準が頻繁に登場したが、これは日本で議論されている就業規則の合理性とは異なる意味合いを持つことにも注意が必要である。イギリス法では、その状況において合理的な人の行動を探る視点が重視されている。

もちろん、最低限の保護すら受けられなかった労働者も存在する。本書で検討した方向性は、現状ではこれらの労働者に対する保護として不十分であり、リスクを孕んでいる可能性も否定できない。しかし、雇用契約の人的側面に着目すると、合意の尊重は不可欠な要素であり、脆弱な立場にある労働者に対しても合意実現のための基盤を整えることが重要である[4]。

3.3　当事者意思の尊重と「合理的」行為の追求

最後に、イギリス法における「合理性（rationality, reasonableness）」の基準は、基本的に「合理的な人が取る行動」を意味しており、日本の労働法における「合理性」とは異なる視点が取られている点が注目に値する。相互信頼維持条項により当事者の義務が拡大した場合、その範囲を確定し、制限するための「自制」の傾向が見られる。この義務の確定には、二つの制限軸が存在する。

一つ目はコモン・ローの制限であり、黙示条項は常に明示条項によって制

4）この点に関しては、たとえば、労働者の同意の自由を保障する基盤として、事前コントロールの立法化を通じて実現すべきとする見解は、示唆に富むものといえる（奥田・前掲「労働契約における合意――合意の保護とその射程」日本労働法学会編『講座労働法の再生第2巻』（日本評論社、2017年）参照)。

約を受け、その適用範囲も判例に基づいている。これにより、契約の透明性が保たれ、当事者が合意した内容に従った行動が求められる。

二つ目は、黙示条項内部の概念的制限であり、相互信頼条項の定式化がわずかに変わるだけで、ケースごとの結論が変わる可能性を秘めている。このため、当事者の意思を尊重しつつも、その合理的行動の範囲を明確にすることが求められる。つまり、当事者の合意を基にした合理的な行動を追求することが、今後の雇用契約論において重要な課題である。

事項索引

あ　行

か　行

さ　行

た　行

な　行

は　行

ま　行

や　行

ら　行

わ　行

数字・アルファベット

著者紹介

志水深雪（龔　敏）（しみず みゆき［きょう びん］）

中国西安市生まれ。

九州大学大学院法学府博士後期課程修了。

九州大学大学院法学研究院助教、久留米大学法学部講師、同准教授を経て、

現在、久留米大学法学部教授。

博士（法学）。

主要著書

『変容する中国の労働法――「世界の工場」のワークルール』（共編著、九州大学出版会、2009 年）

『講座労働法の再生 第 2 巻：労働契約の理論』（分担執筆、日本評論社、2017 年）

『労働法における最高裁判例の再検討』（分担執筆、旬報社、2022 年）

『判例労働法入門〔第 8 版〕』（分担執筆、有斐閣、2023 年）など。

雇用契約における明示条項と黙示条項

久留米大学法政叢書 22

2025 年 3 月 25 日　初版第 1 刷発行

著　　者　志水深雪（龔 敏）

発行者　阿　部　成　一

〒169-0051　東京都新宿区西早稲田 1-9-38

発行所　株式会社　成　文　堂

電話 03（3203）9201（代）　Fax（3203）9206

https://www.seibundoh.co.jp

製版・印刷　三報社印刷　　製本　弘伸製本

☆乱丁・落丁本はおとりかえいたします☆　**検印省略**

ISBN 978-4-7923-3453-6　C3032

定価（本体 5000 円＋税）

久留米大学法政叢書

1	現代海商法の諸問題	6000円	志津田氏治著
2	フランス行政契約論	6500円	三好　充著
3	ドイツ労働法の基本問題	6000円	石松亮二著
4	中国環境汚染防治法の研究	7000円	片岡直樹著
5	国際関係の戦略とパワー構造	6200円	荒井　功著
6	ルソーにおける人間と国家	4600円	西嶋法友著
7	タイプフェイスの法的保護と著作権	6000円	大家重夫著
8	刑法における因果論と侵害原理	5500円	梅崎進哉著
9	民事訴訟法の解釈と運用	4500円	東　孝行著
10	リーガルマインドの本質と機能	5300円	宗岡嗣郎著
11	民営化の責任論	3200円	松塚晋輔著
12	プーフェンドルフの政治思想	4200円	前田俊文著
13	欧州議会と欧州統合	6500円	児玉昌己著
14	租税法律関係論	5000円	図子善信著
15	所有権留保の現代的課題	5800円	石口　修著
16	職務発明制度の法律研究	5000円	帖佐　隆著
17	転換期の市民社会と法	3800円	阿部和光編
18	生活保護の法的課題	4200円	阿部和光著
19	租税法と数理	5000円	関本大樹著
20	続・ルソーにおける人間と国家	4000円	西嶋法友著
21	現代欧州統合論	5000円	児玉昌己著
22	雇用契約における明示条項と黙示条項	5000円	志水深雪(龔敏)著

(本体価格)